LA
FABRIQUE
DU
CRÉTIN
DIGITAL:

LES DANGERS DES ÉCRANS
POUR NOS ENFANTS

电子产品
如何威胁下一代

制造痴人

[法] 米歇尔·德米尔热（MICHEL DESMURGET）

著

杜若琳 译

广东旅游出版社
GUANGDONG TRAVEL & TOURISM PRESS

中国·广州

我们不该安心落意，认为蛮族离我们尚远，因为有民族任人从其手中夺去真理，也有民族自己踩灭真理的火光。[1]

　　——亚历克西·德·托克维尔（Alexis de Tocqueville），

历史学家、政治家

目　录

序　言

相信谁？

真相确实存在。人们只捏造谎言。[1]

——乔治·布拉克（Georges Braque），画家、雕塑家

年轻一代在数字娱乐领域的消费规模惊人。这些数字娱乐产品形式各异，例如智能手机、平板电脑、电视、游戏机等。在西方国家，2 岁以下的孩子平均每天使用电子产品约 50 分钟 ①②，2 至 8 岁的孩子增加到 2 小时 45 分钟，8 至 12 岁的孩子达到了 4 小时 45 分钟，而 13 至 18 岁的青少年则超过了 7 小时 15 分钟。若按每年的总时间计算，这相当于幼儿园的孩子使用时间超过 1000 小时（1.4 个月），5—6 年级的小学生超过 1700 小时（2.4 个月），对高中生而言，时长则会超过 2650 小时（3.7 个月）。这些数值分别占他们清醒时间的 20%、32% 和 45%。如果将人生前 18 年使用电子产品的时间相加，总时长相当于约 30 个学年，或者换种说法，相当于 15 年的全职有偿工作。

对此，许多媒体专家似乎并未感到不安，反而表示庆幸。精神病专家、学者、儿科医生、社会学家、咨询师、记者等纷纷发表言论为这一现象背书，以此安抚家长和公众。时代已经

---

① 在全书中，用于解释某些不常用的表达或缩写的注释位于书页底端，并以带圈数字标识：示例①。参考文献则全部置于书末，并以连续的数字编号标识：示例 1（即书末的参考文献 1），示例 1, 3, 5（参考文献 1，3，5），示例 2—7（参考文献 2—7），示例 1, 2, 4—7（参考文献 1，2，4—7）。

② 本篇短序中所有以数字标识的参考文献都将在本书正文中出现。

改变，世界从此属于所谓的"数字原住民"。这些后数字时代人类的大脑本身已发生改变，显然是获得了进化。据称，他们的大脑更为快速灵敏，更适合并行处理，更善于整合巨大的信息流，也更适于协作。这些变化对学校来说可能是绝佳的机会。这个机会绝无仅有，能够改革教育、激发学生的积极性、发展他们的创造力、消灭学业上的失败并且打破社会不平等的壁垒。

　　不幸的是，这些人对电子产品持有的狂热态度还远未得到一致认可。事实上，许多专家揭露了当前电子产品的使用给成长带来的深刻负面影响。人类的各个方面都可能被波及，从身体（如肥胖、心血管的发育）到情感（如攻击性、焦虑）再到认知（如语言、注意力）；损害如此之多，学校教育最终也无法幸免。此外，对于后者而言，课堂中出于教育目的所进行的数字化教学实践似乎也不是特别有益，正如大多数现有影响研究（包括著名的国际学生评估项目 PISA[①]）所表明的那样。近期，PISA 项目的负责人对教育的数字化进程进行了如下说明："如果有影响，这只是使情况变得更糟。"[2]

　　正是出于这些担忧，一些个体和机构人员才选择了谨慎的态度。例如，在英国，几所初中的校长威胁说要请警察和社会服务机构介入那些放任子女玩暴力电子游戏的家庭。[3]中国台湾的小学生成绩位居世界前列。[4]在这一地区，如果家长让未满24个月的幼儿接触任何一款数字应用软件，或是没有限制 2 至18 岁的孩子使用电子产品的时间（规定为不能连续使用 30 分钟

---

① PISA（Programme for International Student Assessment）是在经济合作与发展组织（Organisation de Coopération et de Développement Economiques, OCDE）的支持下进行的国际性研究项目。这一项目定期通过标准化测试对不同国家的学生在数学、语言和科学方面的学习能力进行比较。

以上），那么相关机构将会依规对这些家长处以高额罚款。[5] 在中国大陆，政府为规范未成年人对电子游戏的消费采取了严厉措施，主要原因是电子游戏会影响他们的学习成绩。[6] 在这一地区，儿童和青少年在正常的睡眠时间段（晚 10 点—早 8 点）不能玩游戏，而在周一至周五，他们每天玩游戏的时间不得超过 90 分钟（周末和假期不能超过 180 分钟）。在美国，许多数字行业的高管，包括苹果公司传奇的前任老板史蒂夫·乔布斯（Steve Jobs），似乎对保护子女远离他们售卖的各种"数字化工具"极为上心。[7]《纽约时报》（New York Times）甚至称"硅谷开始出现一种关于电子产品和儿童的黑暗共识"[8]。这种共识似乎影响深远，不仅作用于家庭环境，还促使我们的"极客"为子女注册学费高昂而不使用电子产品的私立学校。[9, 10] 正如《连线》（Wired）杂志的前任编辑、某机器人公司的现任董事长克里斯·安德森（Chris Anderson）所解释的那样："我的（5 个）孩子（6—17 岁）指责我和我的妻子过于专横，对科技太过忧心。他们声称自己的朋友们没有哪一个受到过同样的管束。这是因为我们亲眼看见了科技的危险。我曾亲身体会过，不想看到这种情况发生在我的孩子身上。"[7] 对我们人类来说，"如果要以糖果或可卡因类比，那么电子产品更类似于可卡因"[8]。法国记者、社会学博士纪尧姆·埃尔内尔（Guillaume Erner）对此总结道："这就是故事的寓意。我们放任孩子使用电子产品，而电子产品的制造者却一如既往地让子女畅游在书籍的海洋。"[11]

那么，该相信谁呢？在这些夸大其词又自相矛盾的纷乱言论中，谁对谁错？真相又如何？我们的孩子在电子产品的哺育下成长，是如专门研究新技术影响的顾问唐塔普斯科特（Don Tapscott）所言，他们是"有史以来最聪明的一代"[12]，还是像埃默里大学的英文教授马克·鲍尔莱因（Mark Bauerlein）所言，他们是"最愚蠢的一代"[13]？更笼统地说，对我们的后代而言，当前的"数字革命"究竟是机遇还是制造白痴的可悲机制？本书的目的就是回答这个问题。为明确起见，我的论述将分为三章。第一章将评价"数字原住民"这一根深蒂固的原创概念的现实情况。第二章将分析儿童和青少年使用电子产品时在量与质方面的双重性质。第三章将探讨电子产品的使用所产生的影响，这将涉及不同方面，包括学习成绩、发展和健康。但在进一步展开之前，有三点需要说明。

　　首先，尽管我想使本书符合最严格的学术标准，但它其实并不符合科学写作的规范。原因有二。其一是我希望对所有人而言，包括家长、卫生专家、教师、大学生等，本书都能够做到通俗易懂。其二是本书是在真实的愤怒下写就的。许多主流媒体在处理电子产品这一问题时既不公正，也不全面，更是不诚实的，这让我深感震惊。正如我们将在整本书中看到的，现有研究得出的事实结论令人不安，而新闻报道的内容却常常宽慰人心（甚至是积极向上的），两者之间存在着巨大的差距。然而，这种脱节毫不令人意外，它仅仅体现出数字娱乐产业的经济实力。这一产业每年盈利数十亿欧元。如果说近来发生的事情教会了我们什么，那就是在利益面前，数字娱乐产业并不会轻易让步，即使利润的增长以损害消费者的健康为代价。在重商主义掀起的这场违背公共利益的战争中，有众多自满的科学家、热心的说客以及专事于贩卖怀疑的商人推波助澜。[14] 烟草、药品、食品、全球变暖、石棉、酸雨……前车之鉴数不胜数。[14—25] 数字娱乐产业若是躲过这种混乱才会令人惊讶。在此基础上，我为书中有时较为尖锐的言论负全责。虽然我认为书中表现的情感可能并不符合冰冷客观的科学惯用表述，但就本质而言，科学与任何形式的情感表达都不相容。我并不相信这种冰冷无情的表达。在撰写本书的过程中，我尤其不愿进行无聊、平庸且刻板的论述。不可否认的是，科学论据构成了本书的核心部分，但除了这些论据，我还想同读者分享我的担忧与愤慨。

　　其次，本书不是要告诉任何人该做什么、相信什么或思考什么，也不是要谴责电子产品的用户，或是对个别家长的教育行为进行任何批判。我只是向读者提供尽可能详尽、准确且真诚的对现有科学知识的综述，以使他们获取信息。当然，我听过那种通常的说法，即不要再围绕电子产品的问题制造不必要的"道德恐慌"，以免让人们内疚、忧虑和不安。我也听过一大批思想正统的人向我们解释：这些恐慌是害怕的产物，人们将会发现它们与任何形式的社会和技术进步相关。一小撮反动的蒙昧主义者惊慌失措，早已制造了恐慌，例如关于弹珠机、微波炉、摇滚乐、印刷术或写作（苏格拉底曾抨击写作，因为写作可能影响记忆）。不幸的是，这些想法虽然具有吸引力，但不免站不住脚。问题在于，并没有研究证明弹珠机、微波炉或摇滚乐的危害性。并且，有大量研究资料指出了书籍和写作对发展产生的积极影响。[26, 27] 因此，使假设无法成立的并非其最初的表述，而是其最终的评价。有些人曾害怕摇滚乐，但没有任何证据可以证实这种恐惧，于是事情到此为止。还有些人担心写作，然而，大量科学文献证明这种忧虑并无意义，于是事情结束。对于电子产品也是同样的道理。过去歇斯底里的恐惧并不重要，重要的只有当前的论据：这些论据说了什么？从何而来？可靠与否？是否一致？限制何在？……正是通过回答这些问题，每个人都能做出明智的决定，而不是在危言耸听的言论、内疚感或道德恐慌中继续逃避现实、做无用功。

　　最后，本书也无意排斥整个数字产业，或是无条件要求重新使用有线电报、滚轮式加法器[①]或电子管收音机。我坚持认为（！），本书绝不是在排斥技术。在众多相关领域，如卫生、电信、航空运输、农业生产和工业活动领域，数字技术做出的贡献不胜枚举，不容置疑。自动装置在田野、矿山或工厂从事各种残酷的、具有重复性和破坏性的工作，而在此之前，人类需要以牺牲健康为代价来完成这些工作。看到这些后谁还会有所抱怨？谁会否认数据计算、模拟、存储和共享工具对科学和医学研究产生的巨大影响？谁会质疑文字处理、管理、机械设计和工业绘图软件的益处？所有人都可随意获取相关的教育和文献资源，谁敢说这不是一件好事？显然没有人。尽管如此，这些不可否认的好处也不该掩盖极为有害的科技进步的存在，尤其是在娱乐消费领域。我们将有机会详细了解，几乎整个年轻一代都是数字娱乐的用户。换言之，如今的儿童和青少年在使用各种电子产品（平板电脑、计算机、游戏机、智能手机等）时，并不会发挥其最明显的积极作用，而是用来进行长时间的娱乐活动。而研究最终证实了其有害性。的确，如果儿童和青少年在使用电子产品时聚焦于其积极用途，本书也就没有存在的理由了。

---

① 滚轮式加法器是 1642 年法国数学家帕斯卡给为税务所苦的税务员父亲发明的，可通过转盘进行加法运算。——编者注

第一章

数字原住民
建构神话

一名（好的）说谎者首先使谎言看似真相，最后使真相看似谎言。[1]

—— 阿方斯·埃斯基罗斯（Alphonse Esquiros），

诗人、作家

一些记者、政客和媒体专家毫不客观地对关于数字产业的荒谬神话进行转述，他们的这种能力极为惊人。人们可能对此一笑了之，但这将是低估了重复的力量。事实上，在重复的作用下，这些神话最终会在公众的心目中成为事实。于是，人们离开受证据支持的讨论的阵营，转身走入传闻的营垒，即"被认为是真实的、听上去足够可信的、主要基于传闻却被广泛流传成事实"[2] 的故事。因此，如果您总是说，因为年轻一代掌握电子产品的能力一流，所以他们有着不同寻常的大脑和学习方法，那么人们最终就会相信；而当人们相信后，他们对儿童、学习和学校系统的整体看法就会受到影响。因此，若想客观而富有成效地反思数字技术的真实影响，第一步就是解构污染思想的神话。

"截然不同的一代"

　　在奇妙的数字世界中，神话数量繁多且各不相同。然而，归根结底，它们几乎都基于同一种幻想：电子产品从根本上改变了年轻人的大脑功能及其与世界的关系。这群年轻人也因此被称作"数字原住民"。[3-7] 对于数字技术的大批传教者而言,"这(新)一代人具有三个显著特征:处理信息迅速、缺乏耐心和具有集体意识。他们希望得到即时反馈:一切都要快速进行,甚至是飞速进行!他们喜欢团队合作,并且拥有一种直观的,甚或本能的横向联合数字化素养。他们明白群体、互助和协作的力量……许多人避免步骤清晰的示范性和演绎性推理,赞成用超文本链接进行探索"[8]。因此,数字技术"与他们的生活息息相关,以至二者无法分离……他们与互联网和随后出现的社交网络一同成长,通过试验、与身边的人交流以及在特定项目上横向协作来解决问题"[9]。我们应该承认事实,这些孩子"不再像过去一样是'缩小版的我们'……他们天生以技术为母语,精通计算机、电子游戏和互联网的数字语言"[10];"他们反应迅速,可以同时进行多任务处理,并且能够毫不费力地快速传递信息"[11]。

这些变化如此深刻,以至于旧世界的所有教育方法都变得陈旧过时。[8, 12-14] 事实无法否认:"我们的学生已经发生了天翻地覆的变化。如今的学生不再是我们制定的教育体系所要教育的人……(他们)思考和处理信息的方式与以前的学生截然不同。"[7] "事实上,他们和我们之间的区别如此明显,我们再也不能用 20 世纪的知识或训练来决定教育他们的最佳方式……如今的学生精通各种(数字化)工具,而我们永远无法达到同样的技术水平。从计算机到计算器,再到 MP3 播放器和拍照手机,这些工具好似他们大脑的延伸。"[10] 由于缺少相应的培训,现在的教师已跟不上时代的步伐,他们"讲的是一种过时的语言(前数字时代的语言)"[7]。可以肯定的是,"是时候转向另一种教学法了,这种教学法考虑到了我们的社会所发生的变化"[15],因为"昨天的教育无法培养明天的人才"[16]。在这种情况下，最好的办法仍然是将整个教育体系的钥匙交予我们优秀的数字天才。将他们从旧世界的陈旧观念中解放后，"针对如何使学校成为有意义且有效的学习场所这一问题，他们会成为指导该问题的唯一且最重要的资源"[17]。

人们可以写出几十页类似的辩护词或声明，但这么做并没有什么意义。实际上，除了局部差异，这些连篇累牍的废话总是围绕着三大主张展开：（1）无处不在的电子产品造就了新一代人类，他们与前人截然不同；（2）这一代人是使用和理解数字化工具的专家；（3）为了保留一丝有效性（与可信度），教育系统必须迫切地适应这场革命。

没有可信的证据

15年来，科学界已对这些言论的有效性进行了系统评估。在这一问题上，并不令人惊讶的是，得出的结论与流传甚广且扬扬自得的神话背道而驰。[2, 18—27] 从整体上看，"与数字原住民相关的文献表明，人们提出主张时所持有的信心与这些主张的证据之间显然是不匹配的"[26]。换言之，"迄今为止，并无可信证据支持这些言论"[23]。所有这些"代际成见"[23] 显然都是"都市传奇"[2]，或者至少可以说，"对年轻一代数字能力的乐观描绘缺乏充分的依据"[28]。总而言之，综合所有现有因素，可以证明"数字原住民本身就是一个神话"[19]，"只有头脑简单的人才会相信"[29]。

实际上，科学界对"数字原住民"这一概念的主要反对意见极其简单：这些术语所描述的新一代人并不存在。不可否认，如果人们仔细寻找，总能发现有几个人使用电子产品的习惯较为符合人们对"极客"预期的刻板印象，这些极客能力高超，时刻不离电子产品；但这些令人欣慰的典范更多是特例，而非普遍存在。[30, 31] 总的来说，所谓的"互联网一代"更像是"一个少数人的集合"[32]，而非具有同样特征的关系密切的群体。这代人操作电子产品的程度、性质与专业度因年龄、性别、教育类型、文化知识和社会经济地位的不同而有显著的差异。[33-40] 例如，他们使用电子产品进行娱乐的时间就有所区别（图 1，上图）。与将其描述为清一色沉迷网络的一代人的神话相反，科学论据表明真实情况千差万别。[41] 在前青春期儿童（8—12 岁）中，从"从不使用"（8% 的孩子）到"沉迷网络"（超过 8 小时，15%）的人数分布大致均匀。青少年（13—18 岁）之间的差异仍较为显著，尽管由于重度使用者的存在，这种差异减弱了（62% 的青少年每天使用数字娱乐产品超过 4 小时）。在很大程度上，这种差异性与家庭的社会经济特征相吻合。因此，家庭条件较差的青少年使用电子产品的平均时间远多于（≈1 小时 45 分钟 / 天）家庭条件较好的青少年。[41]

　　意料之中的是，如果把孩子在家中使用电子产品学习这一因素包括在内，情况还要更加复杂（图 1，下图）。事实上，个体间的差异在这方面同样显著。[41] 以前青春期儿童为例，他们中每天（27%）、每周（31%）、偶尔（每月或频次更低，20%）和从不（21%）使用电子产品的人数分布大致均匀。青少年群体之间的差异仍十分显著，不过由于每天使用电子产品的青少年所占比例较高（59%；2015 年仅为 29%[35]，我们将在下文再次讨论这一点，这反映出当前教育数字化运动的强劲势头），这种差异性有缩小的趋势。同样，家庭的社会经济差异也是一个重要

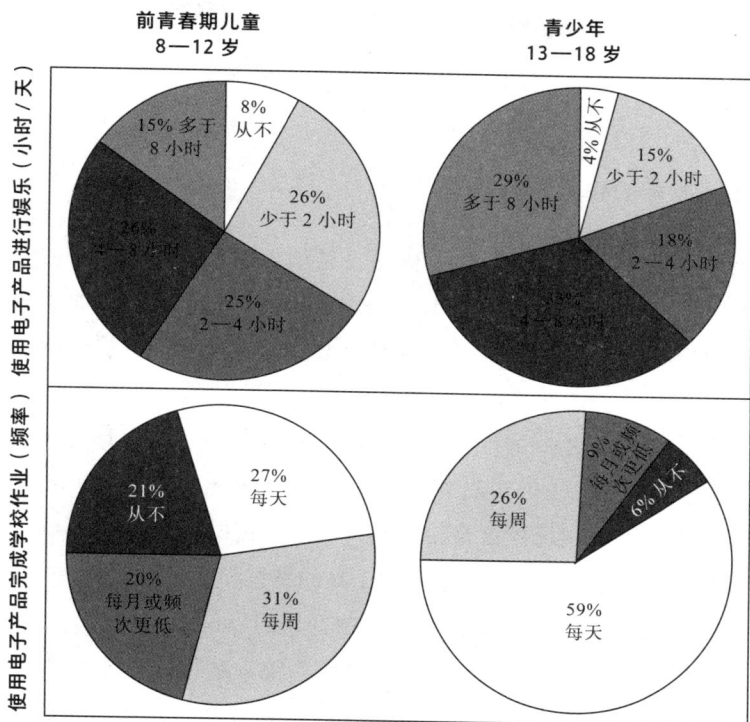

图 1 **前青春期与青春期孩子在电子产品上花费的时间。**上图：使用电子产品进行娱乐的时间差异。下图：使用电子产品完成学校作业的差异（在这种情况下，每天使用电子产品的时间较短——前青春期儿童为 22 分钟，青春期的孩子为 60 分钟，不能像使用电子产品进行娱乐的情况一样按时长分类表示）。由于对百分数的四舍五入，有些数值相加达不到 100%。数据来源为文献 41。

的解释性变量。[41] 因此，在 13—18 岁的青少年中，每天使用电脑做作业的家庭富裕的学生明显多于家庭困难的同龄学生（64% 比 51%，平均时间为 55 分钟比 34 分钟）。家庭困难的孩子则更倾向于使用智能手机（21 分钟比 12 分钟）。[41] 简而言之，把所有孩子都归为无差别的一代人，认为他们的需求、行为、能力和学习方式完全一样，这种做法完全没有意义。

令人吃惊的技术无能

就"数字原住民"这一概念，科学界经常提出的另一主要反对意见涉及新一代人所谓的技术优势。他们沉浸在数字世界中，其对电子产品的掌握程度是前数字时代的老顽固们永远无法达到的。美丽的神话，可惜这一神话同样存在一些重大问题。首先，除非有相反的证据，正是这些勇敢的前数字时代老顽固"创造了（且往往仍在创造！）这些设备与环境"[42]。其次，与大众美好的想法相反，目前我们绝大多数成长中的"极客"，除了最基础的娱乐用途外，对数字化工具的掌握程度很低。[28, 36, 43—46]问题如此明显，以至欧盟委员会在近期的一份报告中将"学生的数字能力低下"列为可能阻碍教育系统数字化的首要因素。[47]不得不说，在很大程度上，这些年轻人难以掌握最基础的信息化能力：设置终端安全；使用标准化办公程序（文本处理、电子表格等）；剪辑视频文件；编写简单的程序（无论使用何种语言）；配置备份软件；建立远程连接；为计算机安装存储器；在操作系统启动时开始或禁止运行某些程序等。

但这还不是最糟糕的。实际上，除了明显的技术无能之外，新一代在处理、分类、排序、评估以及合成储存在互联网内的大量数据方面也遇到了极大的困难。[48—53]一项致力于该问题研究的研究人员称，认为"谷歌一代"是数字信息检索的专家，这种想法是"危险的神话"[48]。美国斯坦福大学的研究人员发表的另一项重大研究成果也印证了这一可悲的事实。他们认为："总的来说，年轻人对网络信息的推理能力可以用一个词来概括：前景黯淡。我们的'数字原住民'也许可以在脸书（Facebook）和推特（Twitter）之间切换自如，同时在照片墙（Instagram）上传自拍并给朋友发消息。但在判断通过社交媒体渠道传播的信息时，他们却很容易上当受骗……在每种情况和每个层面上，我们都对学生数字储备的匮乏深感震惊……许多人认为，由于年轻人对社交媒体运用自如，所以他们也对其中的信息无所不知。但我们的工作证明了相反的情况。"[43] 最后，这种无能表现出"令人震惊与令人沮丧的一致性"。对研究人员而言，这个问题非常严重，几乎是一个"对民主的威胁"。

　　当然，这些结果不足为奇，因为"数字原住民"对电子产品的使用既"有限"[34]又"乏善可陈"[27]。我们在下一章会看到更多细节。年轻一代在使用电子产品时以娱乐活动为主，这些活动都是最基础并且无甚教益的：电视节目、电影、电视剧、社交网络、电子游戏、购物网站、音乐短片、各类视频等。[35, 41, 54—56] 平均而言，前青春期儿童在使用电子产品时，将2%的时间用于创作（"例如写作、创作数字艺术或音乐"[41]），只有3%的人说他们经常编写信息化程序。而在青少年群体中，这两项比例分别为3%和2%。正如一项针对电子产品使用的大型研究的研究人员所言："尽管数字化设备有了新的功能和新的前景，但年轻人用于创作的时间很少。他们对电子媒介的使用仍旧以看电视和视频、玩游戏和使用社交媒体为主；使用电子设备阅读、写作、视频聊天或创作的比例仍旧很低。"[41] 这一结论似乎同样适用于据称是普遍存在的学习用途。用电子产品学习的平均时间所占比例很少：在前青春期儿童中不到8%，而在青少年中则低于14%。换言之，如图2所示，使用电子产品时，8—12岁的

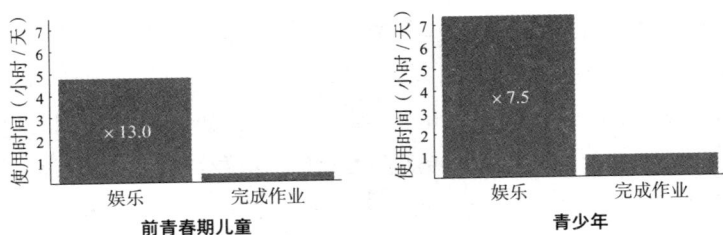

图2 前青春期儿童（8—12 岁）与青少年（13—18 岁）在家中娱乐与学习（完成作业）所用时间。详见正文。数据来源为文献 41。

孩子用于娱乐的时间是用于学习的时间的 13 倍（284 分钟比 22 分钟），对于 13—18 岁的青少年则是 7.5 倍（442 分钟比 60 分钟）。[41]

在这种情况下，认为"数字原住民"是计算机天才，就相当于将我的脚踏车当作星际火箭，或是相信掌握一款信息化应用程序就能让用户了解所有硬件和软件。在某种程度上，这也许是以前会出现的情况，在以往 DOS 和 UNIX 操作系统大放异彩的岁月里，安装打印机都像传奇之旅。无论如何，将这种想法与一项学术研究的结果结合起来看非常有趣。该研究表明，在 20 世纪 90 年代，使用计算机进行娱乐活动这一行为与大学生的数学成绩呈正相关，但在 21 世纪初（"千禧一代"所处的年代），这种情况就不复存在了。[57] 考虑到家用计算机的用途与功能在 20 年间彻底发生了变化，我们就可以理解这一点了。正如我们刚才所说，对于现在的儿童与青少年而言，不费吹灰之力，也不需要特殊天赋就可以无限使用这些工具，并且它们主要被用于娱乐活动。如今，几乎一切都是"即插即用"。易用性与安装的复杂性之间的距离从未如此遥远。现在，普通用户也有必要了解他的智能手机、电视和计算机的运作原理，就像周日美食家了解烹饪艺术的美妙对其去博古斯餐厅①用餐一样必要。但是（尤其是！）认为经常光顾高级餐厅就能使阿猫阿狗成为经验丰富的厨师，这是非常荒谬的。烹饪领域就和计算机领域一样，有人负责享用，有人负责设计……因此，前者显然没有必要掌握后者的秘密。

对于那些心存怀疑的人，"数字移民"②⁷的存在可以从侧面印证这一点。实际上，许多研究表明，成年人总体而言在数字技术方面和未成年人一样能干²³,³⁴,³⁸与勤勉⁵⁸⁻⁶⁰。如果老年人认为数字技术大有用处，即便是他们也能轻而易举地进入这个新世界。⁶¹ 以我的朋友米歇尔（Michèle）和勒内（René）为例，他们两个都是70多岁的退休人员，在电视普及和因特网诞生之前就早已出生。在30多岁时，他们才拥有第一部固定电话。但这一切都不妨碍他们在今天拥有一台大电视机、两台平板电脑、两部智能手机和一台台式计算机；也没有妨碍他们在网上订购机票，使用脸书、Skype、油管（YouTube）和视频点播服务，或和孙子孙女一起玩电子游戏。此外，米歇尔比他的妻子更熟悉网络，他经常在他的竞走俱乐部的推特账户上更新自拍和趣言。

坦白说，怎样去相信这种做法可能将任何人变成计算机大师或编码天才呢？任何一个傻瓜都能在几分钟内学会使用这些工具，它们也正是为此而构思和设计的。正如谷歌通信部门的一位主管（他选择将子女送入不使用电子产品的小学学习）最

___

① 保罗·博古斯（Paul Bocuse，1926—2018），法国大厨，法式西餐界公认的厨艺泰斗，被誉为"20世纪最伟大的厨师"，其开办的米其林三星餐厅位于法国里昂。——编者注
② 这一表达常用于描述出生于数字时代之前的"年老"用户，他们也因此被认为不如"数字原住民"有能力。

近告诉《纽约时报》的那样，使用这类应用程序"极其简单，就像学习使用牙膏一样。在谷歌以及所有类似的地方，我们都尽可能简化数字技术，使其易于使用。孩子们长大后没有理由不理解数字技术"[62]。换言之，正如美国儿科学会所言："不要对让孩子接触技术产品这件事操之过急。它们的界面非常直观，一旦孩子在家里或在学校开始使用它们，他们很快就会理解。"[63] 相反，如果童年（和青春期）的基本性格素质没有得到充分调动，那么以后再去学习思考、反思、保持专注、努力、掌握除基础知识以外的语言知识、给数字世界产生的大量信息流分级或与他人交往通常都为时已晚。实际上，这一切都归结为愚蠢的时间问题。一方面，较晚接触数字技术绝不会对您构成任何阻碍，您只需花费一点点时间就可以变得像最老练的"数字原住民"一样灵活；另一方面，过早沉溺于电子产品必然会使您无法进行必要的学习，而由于大脑发育之窗逐渐闭锁，学习会变得愈发困难。

政治和商业利益

因此，媒体对"数字原住民"的美好描绘显然缺乏事实依据。这使人生厌，但并不令人惊讶。实际上，即便人们完全歪曲事实以坚持一种严格的理论分析，这一可悲传奇的弱点仍旧清晰可见，这一点令人十分惊愕。以这一部分中出现的引文为例，它们极其严谨地指出，"数字原住民"是一个突变的群体，他们有超强的连接能力、朝气蓬勃、较少耐心、反应迅速、能进行多任务处理、富有创造性、喜欢实验、具有协作天赋等。但是突变就意味着有所不同。因此，此处暗含上一代人的形象，即孤独可悲、没有个性、反应迟缓、具有耐心、一次只能处理一项任务、缺乏创造力、不适合实验、拒绝协作等。这种可笑的描绘至少勾勒出两种想法的轮廓。第一种想法质疑了为从正面重新定义各种心理属性所做出的努力，长期以来，人们认为这些属性对智力十分有害：注意力不集中、意志缺失、同时做多件事情、冲动、急躁等。第二种想法质疑了拼命歪曲前数字一代的形象、说他们早已过时的可笑行为。这不禁令人思忖，我们可悲的祖先——行动缓慢的个人主义者，如何从达尔文进化论的折磨中幸存。黛西·克里斯托杜卢（Daisy Christodoulou）教授是一名教学法研究者，她在一本资料翔实的书中妙趣横生地解构了新数字教学法的神话："如果认为在 2000 年以前，没有人需要批判性思考、解决问题、交流、合作、创造、创新或阅读，那就太过傲慢了。"[64] 同样，认为"以前"的世界都是由孤僻的隐士组成的这个想法也十分可笑。我并非要使所有技术发烧友不快，尽管没有电子邮件与社交网络，"婴儿潮一代"也绝非隐居在隔绝人世的海洋。想要交流的人很容易做到与他人沟通、交流、恋爱和保持密切联系，甚至是远距离的联系。因为过去有电话，也有信件。小时候，我每周都会和我在德国的玛丽姑姑通话。每当拜仁慕尼黑这支传奇球队获胜，我都会给我的堂兄弟汉斯-约亨（Hans-Jochen）写信，他是这支球队的忠实粉丝。他总是给我回信，有时随信寄来一张简单的明信片，有时是一个小包裹，里面有饰有俱乐部标志的钥匙扣、茶杯或运动衫。怀疑这些事实的人也可以看看作家之间的动人通信，如赖内·马利亚·里尔克（Rainer Maria Rilke）、斯蒂芬·茨威格（Stefan Zweig）、维克多·雨果（Victor Hugo）、马塞尔·普鲁斯特（Marcel Proust）、乔治·桑（George Sand）或西蒙娜·德·波伏瓦（Simone de Beauvoir）；

还可以关注一战期间前线士兵寄给家人的大量书信[65]，它们多数都令人心碎。

我当然听说过当前的夸张描述的营销价值，但坦白讲，这一切都十分缺乏严肃性。以教育领域为最后的例证。当一名法国国会议员，据说他还是教育问题的专家，在发表了两份关于信息技术对学校的重要性的官方报告[66, 67]后，又写了一些同样令人难以置信的东西（他声称"数字技术保证了注重自尊、实验和学习的教学法的实施"[8]），人们对此只能又气又笑，同时沮丧万分。我们亲爱的议员到底想表达什么？在数字技术诞生之前，课堂里就没有教学法、实验和自尊吗？所幸拉伯雷（Rabelais）、卢梭（Rousseau）、蒙台梭利（Montessori）、弗雷内（Freinet）、喇沙（La Salle）、瓦隆（Wallon）、施泰纳（Steiner）和克拉帕雷德（Claparède）等人都不用听到这种冒犯的言论。此外，这是多么令人难以置信的革命，请评判一二："注重学习的教学法"，就好像还有另外一种教学法一样，就好像从本质而言，教学法并不是对一种教育艺术（因此也是学习艺术）的命名一样，就好像任何教学法的目的都是使人变得思维僵化、愚蠢呆滞一样。意识到正是这种空洞可笑的言论在指导我国学校的教育政策，实在有些令人惊恐。

"更发达的大脑"

正如我们刚刚着重指出的，关于突变儿童的惊人幻想往往与"数字原住民"的神话相互联系。按照前者的说法，人类的后代如今面临着新的前景。某些专家向我们宣称，当前的进化

"可能代表了人类历史上最令人意想不到却又至关重要的发展之一。也许自早期人类首次发现如何使用工具以来，人脑从未受到如此迅速且显著的影响"[68]。当然了！人们应当知道，"我们的大脑正在以前所未有的速度进化着"[68]。此外，不要搞错了，我们的孩子不再是真正的人类，他们已经成为"外星人"[69]"突变者"[69, 70]。"他们的大脑发生了变化。"[71] 他们"思考和处理信息的方式与以前的学生截然不同"[7]。这一代人"更聪明、反应更迅速"[4]，他们的神经回路是"为进行极速网络搜索而连通"[72]。在各种电子产品的助益下，他们的大脑"发育方式不同"[4]。"大脑的构造不同以往"[73]，并且"被技术改善、扩展、增强、扩容（和解放）"[74]。这些变化是如此深刻彻底，"绝无退路可言"[7]。

　　所有这些思想都在电子游戏领域找到了对其有利的证据。实际上，多项脑成像研究以令人信服的方式证明，游戏玩家的大脑与普通人的大脑相比，呈现出某些局部上的形态差异[75—79]。对我们勇敢的记者而言，这是天赐良机，因为如有必要，他们中的一些人可能并不会对尝试电子游戏感到厌恶。在世界各地，他们用大量过分华丽的标题来表示对这些研究的热烈欢迎，例如，"玩电子游戏可以增加脑容量"[80]"电子游戏行家拥有更多灰质和更佳的大脑连通性"[81]"玩电子游戏与更厚的大脑皮层之间存在着惊人的联系"[82]"电子游戏可以增加脑容量并增强大脑连通性"[83] 等。溢美之词只增不减。这使人不禁自问，为何理智健全的成年人还要剥夺子女获得这种益处的权利。实际上，尽管他们并未明确表述这种想法，但在这些标题背后，人们可以读出他们对电子游戏的作用所进行的明确声明：家长们，多亏了电子游戏，你们的孩子才能拥有更发达、连通性更强的大脑，这一点——所有人都明白——将提高他们的智力效率。

可笑的假想

不幸的是，这一神话同样经不起长久的推敲。要想了解媒体虚张声势的惊人炒作，就要明白任何持久的状态和重复性的活动都会改变大脑的结构。[84] 换言之，我们所做的、所经历的或所体验的一切都会改变我们大脑的结构和功能。大脑的一些区域会变厚，另一些区域则会变薄；某些连接通路会更加发达，另一些则变得狭窄。这就是大脑可塑性的特征。在这种情况下，前面的新闻标题显然可以不加区别地用于任何具体活动或重复性的情况：玩杂耍[85]、弹奏乐器[86]、吸食印度大麻[87]、截肢[88]、驾驶出租车[89]、看电视[90]、阅读[91]、运动[92] 等。然而，令我大为惊讶的是，我从未在媒体头条中看过诸如"看电视可以增加脑容量""吸食印度大麻可以增加脑容量并增强大脑连通性"或"截肢与更厚的大脑皮层之间存在着惊人的联系"之类的解释，但这些标题与那些通常与电子游戏有关的标题具有同样的确切性。坦白说，说游戏玩家的大脑结构与众不同，其实是在陈述一种自明之理，就像在说水是湿的一样。当然，我们可以理解育碧娱乐软件公司①的董事长为何会在法国公共频道播放的一部纪录片中解释说，多亏了电子游戏，"我们的大脑才更加发达"[93]。令人难以接受的是，某些所谓受过训练的独立记者仍在大肆进行这种可笑的宣传。

这种欺骗十分卑劣，特别是因为认知能力和大脑皮层厚度之间并非只有一种联系。实际上，就脑功能而言，大脑皮层更厚不一定意味着更有能力。在许多情况下，较薄的皮层具有更加高效的功能，观察到皮层变薄表明了神经元之间多余或不必要

_____

① 一家制作和发行电子游戏的法国大公司。

连接的修剪过程。[94] 以智商为例，青少年与已成年的年轻人的发展与多个区域的皮层逐渐变薄有关，尤其是脑前额叶区域，但有关电子游戏影响的研究称游戏玩家的这些区域皮层较厚。[95—97] 某些研究甚至直接将游戏玩家的脑前额叶区域皮层的增厚与其智商的下降联系起来。[98] 这些负面关系同样出现在电视爱好者[90] 与网瘾用户[99] 身上。因此，是时候面对事实了，"更厚的大脑皮层"并不是衡量智力的可靠标志。在许多情况下，皮层局部过厚并不是大脑功能最佳化的特征，反而反映出大脑发育不成熟的可悲事实。

可疑的捷径

诚然，在上述大肆宣传电子游戏的新闻头条中，有时会存在一些有关解剖学构造适应性的准确论断。例如，近期一项研究[76] 证明，在"右侧海马体、右侧前额皮层以及小脑"观察到的大脑可塑性与经常玩《超级马里奥》(*Super Mario*) 游戏有关，"这些脑部区域与空间导航、记忆形成、策略规划以及手部的精细操作技能等功能有关"[100, 101]。就内容而言，这类新闻尽力避免断言观察到的解剖学变化与假定的功能能力之间存在因果关系，但其措辞却极力引导人们相信这种关系的存在。因此，普通读者所理解的内容是：右侧海马体的增厚会提高空间导航能力和记忆潜力；右侧前额叶皮层的增厚标志着战略思维能力的发展；小脑的增厚表明手部灵活性的提高。这些想法令人印象深刻，但不幸的是它们并无依据。

以海马体为例。这一结构确实对记忆过程起着核心作用，但其方式不一。游戏玩家的右侧海马回后部会增厚，这一区域主要参与空间记忆。这一点能够说明的是，这些研究者自己也承认，《超级马里奥》玩家学到的只是在游戏中行走。[76] 换言之，此处观察到的海马体的变化仅仅反映出玩家可以在脑海里绘制出一张关于游戏中的可走路径和感兴趣物体的空间地图。在出租车司机的身上可以观察到同样的变化，他们会逐渐在脑海中绘制出一张城市地图。[89] 这就带来了两个问题。第一，这类知识极为具体，因此无法迁移：在《超级马里奥》错综复杂的地形中可以找到方向对在公路地图上辨认方向或在现实世界的复杂空间中认路并无多少用处。[102] 第二，从根本上讲，这种导航记忆在功能和解剖学上都与通常意义的"记忆"毫不相干。玩《超级马里奥》丝毫不能提高玩家的记忆能力，无论是记住一段美好的回忆、一节法语课或历史课、一门外语、乘法口诀表还是记住其他任何知识。因此，暗示玩《超级马里奥》对"记忆形成"有积极作用，从好的方面讲是不幸的误解，从坏的方面讲明显是一种出于恶意的曲解。最后，需要补充的是，近来的一些研究表明，对于《超级马里奥》而言是真实的事情，对第一视角的射击游戏（以枪手为第一视角；玩家化身为游戏角色，通过角色的视角进行战斗）并不一定如此，后者对空间学习并无助益。[103] 实际上，这些游戏会导致海马体灰质的减少。正如这项研究的研究者所明确指出的，"海马体中灰质较少是引起许多神经精神疾病的危险因素"[103]。

右侧前额叶皮层同样如此。这一区域与大量的认知功能有关，从注意力到决策，再到学习符号规则、行为抑制和空间导航。[104-106] 但是这些功能与已确定的解剖学变化之间并无确切联系，研究者们也承认了这一事实。[76] 实际上，当人们仔细阅读这些科学论据，就会发现经常玩《超级马里奥》这一行为引起的前额叶皮层的改变仅与他们玩游戏的欲望有关！正如研究者们解释的那样，"报告中玩游戏的欲望会导致 DLPFC（背外侧前额叶皮层）的增厚"[76]。换言之，这种解剖学上的变化可能反映出一种奖赏回路①的一般活动，而背外侧前额叶皮层是其中的关键组成部分。[104, 107] 当然，如果我们知道玩游戏引起的奖赏回路的超敏性与行为冲动和成瘾风险紧密相关，那么此处所用的"一般"一词似乎并不合适。[108—111] 实际上，多项研究将前额叶区域增厚与沉迷网络和电子游戏的行为联系在一起。[99, 112] 这些论据并非无足轻重，因为青春期是前额叶皮层发育的最佳时期[113—117]，实际上也是极度脆弱的时期，极易发展成瘾性、精神性和行为性的障碍[118—120]。在这种情况下，某些媒体所吹嘘的解剖学变化可能并不会为美好的智力未来打下基础，反而构成未来的行为灾难的基石，我们将在第三章充分讨论这一假说。

尽管如此，即便以上所有的保留意见都被否定，人们仍需考虑能力迁移的问题。暗示《超级马里奥》玩家的前额叶皮层增厚能够提高"战略思维"能力，这是一回事，证明能力的提高在游戏的特定细节之外存在并发挥作用则是完全不同的另一回事。事实上，一旦去掉这一条理不清的概念的混杂意义之后，谁还会相信"战略思维"是一种一般的能力，且与赋予它实质内容的语境和知识无关？例如，谁会相信玩《超级马里奥》所形成的"战略思维"过程与下棋、进行商业谈判、解答数学题、优化日程安排或给一篇论文的论点排序的过程有共同之处呢？这种想法不仅荒谬，还与最新的研究相悖，这

---

① 奖赏回路可以说是一组促进愉悦体验再现的大脑结构。简略地说，愉悦（或积极）的体验会导致生化物质（神经递质）的释放，激活愉悦回路，从而再现相关行为。

些研究表明，游戏中获得的能力几乎不会迁移到"现实生活"中。[121—129] 换言之，玩《超级马里奥》主要教会我们如何玩《超级马里奥》，从中获得的能力不会迁移到别的事物上。这些能力最多可以应用于某些类似的活动，这些活动有着和游戏相同的限制性。[127, 130]

现在还剩下小脑和所谓的手部灵活性的提高。在这两个方面同样存在着明显的解释和能力迁移的问题。首先，许多其他机制也可以解释观察到的解剖学适应性（控制姿态稳定或眼球运动、学习刺激-反应关系等）。[131, 132] 其次，即便人们接受手部灵活性的假说，从游戏中获得的能力也不太可能被迁移到某些需要通过操纵杆控制视觉定位物体移动的特定任务（例如操控无人机、鼠标或外科手术中使用的机械手）。[133] 谁会相信玩《超级马里奥》能够从总体上促进精细的视觉-手动技能的学习，例如演奏小提琴、书写、绘画、乒乓球正手攻球或拼乐高房屋？如果说如今有一个领域需要极度特殊性的学习，那就是感觉运动能力① 这一领域。

小　结

在这一章中，需要牢记的首要事情是"数字原住民"并不存在。数字技术影响下突变的孩子，其操作智能手机的天赋可能将其变为能够使用最复杂的新技术的天才全科医生；谷歌搜

---

① 这一表达描述的是同时涉及感官（看、听等）和运动（移动）功能的所有活动。例如，写字、绘画、抓握或使用物体、打网球、踢足球、打篮球等。一般在日常用语中，人们只是简略地称之为"运动"功能，但二者意思相同。

索可能会让其好奇心、敏捷度和能力都远远超过他们的任何一位前数字时代的老师；色拉布（Snapchat）或照片墙的滤镜会将其创造力提高至最高水平……这些孩子只是传说，在科学文献中无处可寻。然而，他们的形象一直存在于公众心目中，这才是最令人惊愕的地方。实际上，有这种荒唐的想法本身并无特别之处，毕竟这一想法需要检验。不同寻常的是，这种想法得以经受考验一直存在，并且指导着我们的公共政策，特别是教育领域的政策。

因为在民间传说之外，这一神话显然还别有用心。[22] 首先，在家庭中，它使家长得以安心，让他们相信自己的后代是数字技术和复杂思维的真正天才，虽然后者实际上只会使用一些（昂贵的）普通应用程序。其次，在学校中，该神话使得这一蓬勃发展的产业支持狂热的系统数字化，尽管其性能令人担忧（我们将在第三章再次讨论这个问题）。总之，所有人都从"数字原住民"的传说中受益……除了我们的孩子，但显然没人在乎这一点。

第二章

用　途

对数字娱乐产品的异常狂热

时光的流逝最无法挽回，却也最不令人心忧。[1]

——乌克森谢纳伯爵（Comte D'Oxenstierna），

瑞典政治家

关于新一代对数字技术的使用，三个补充问题有待探讨：是什么？多久？谁？

"是什么？"为了避免引起误解，首先让我们重申一个事实：数字技术对许多领域而言显然都是进步，我并未在此断言电子产品的影响都是负面的。毫无疑问，影响取决于用途，这就是有必要确定电子产品用途的原因。我们的孩子使用哪些电子产品？以何种方式？出于何种目的？因此，问题不在于如何在理想化以及幻想的理论中使用电子产品（媒体在这方面做得极为出色），而在于如何在日常生活中使用电子产品。

"多久？"我们将从两个互补的角度来探讨这一问题：（1）特定活动（电视、电子游戏、学校活动等）的持续时间；（2）总的娱乐时间。关于第二点，应该强调的是，除了不可否认的特殊性之外，数字娱乐活动在结构上（例如，充满大量声音、图像和通知等感官信息）和功能上（例如，占用其他有利于发展的事情的时间——家庭内的互动、阅读、创造性游戏、学校作业、体育活动、睡觉等）极为相似。这些相似性解释了数字娱乐产品的趋同性。换言之，当人们聚焦于数字娱乐活动（看电视、玩电子游戏等）时，将"电子产品"视为一个整体并没有什么问题。

更有趣的是，这使我们最终得以讨论"过度使用"这一根本问题，即超出一定的时间阈值可能会导致发育障碍或迟缓。

"谁？"这一问题无疑已被媒体的讨论遗忘。但正如我们已经简要指出的那样，年轻一代对电子产品的使用远非一致，而是根据年龄、性别和社会经济背景有所差异。考虑这些差异对解决学习成绩的问题十分必要，还会推翻那种想法，即认为尝试控制子女使用数字娱乐产品的时间都是徒劳无功的。例如，法国科学院似乎已将一种惊人的失败主义作为其信条，毫不犹豫地断言"对出生于'数字时代'的年轻一代而言，只能将他们使用电子产品的时间降至最低限度"[2]。

必定粗略的估计

在进入主题之前，有必要说明的是，确定任何一个群体（不管人数多少）使用数字技术的方式都并非易事。[3] 实际上，最理想的做法当然是让许多研究人员在一两个月之内每天 24 小时密切关注大量年轻用户，并且毫无遗漏地记录他们的数字活动。这种想法虽然理想，却并不可行。另一种选择是在每个人使用的数字设备（智能手机、平板电脑、电视、游戏机等）中植入追踪程序系统，然后汇总几周内获得的数据。这在技术上大概可行，却难以保护个人隐私［拿单（Nathan）一定不想让人知道他是 YouPorn 的狂热爱好者］，这对汇总数据的机器来说也十分复杂（例如，怎样知道是谁在看电视：皮埃尔、让娜、每个人或没有人？）。无论如何，据我所知，尚无此类全面的研究。

迄今为止，最常用的方法是访谈或调查。然而，这些方法也远非十全十美。[3] 首先，人会犯错，往往会低估自己和孩子使用电子产品的时间。[4—9] 其次，许多最常被引用的研究 [10—14] 将使用时间相加（电视＋智能手机＋电子游戏等），而不考虑可能重叠的时间（塞莉娅就经常边看电视，边用手机在社交网络上聊天），这可能会人为地增加使用电子产品的总时间。最后，一些重要的变量并不总是被考虑在内，例如季节（在冬天与夏天进行的相同调查不一定会得到相同的结果 [15]）和被观察样本的出生地（针对主要生活在城市的儿童进行的调查 [16] 可能会低估其使用电子产品的时间 [17]）。

在提出这些保留意见之后，还需说明的一点是，此处介绍以供参考的研究都是从最为细致的研究工作中挑选出来的，这些研究样本量大，并且基于严格的访谈协议。但可惜的是，这并不能解决所有问题，因为自我评估造成的偏差（"我低估了自己和孩子使用电子产品的时间"）和同时使用多种电子产品造成的偏差（"我忽略了同时使用电子产品的情况"）尤为常见。然而，定量分析表明，这些因素的影响绝对值大致相当，自评和同时使用两种情况都在 20%—50%。[4, 8, 9, 18, 19] 因此，可以认为这些因素至少会部分地相互抵消。但显然，我们远不能像外科手术一般达到无可挑剔的程度。然而，如果因噎废食就太过荒谬了。实际上，即便这些研究并不完美，并非无可挑剔，但它们也绝非荒谬。换言之，尽管本部分介绍的研究结果并不绝对严谨，但它们从总体上为思考提供了可靠的依据。

需要着重指出的是，关于电子产品的使用，最全面和最严谨的研究都是在美国进行的。[10, 11, 20, 21] 因此，有人担心研究得出的使用时间与使用习惯的结果并不具备普遍有效性。这一想法恐怕有误。实际上，如果对比美国的数据和其他如法国 [13, 14, 22]、英

国 [23]、挪威 [24] 和澳大利亚 [25] 等同等发达国家的数据，人们会发现这些数据高度趋同。换言之，在电子产品的使用方面，文化例外现象曾经存在，但现在西方年轻人的习惯极为相似，是好是坏，每个人都有自己的判断。

幼儿期：浸润

研究儿童过早使用电子产品这一点尤其重要，原因有二。

第一，儿童长大后对电子产品的使用多是建立在早期使用电子产品的基础上。儿童越早面对电子屏幕，以后就越有可能沉迷网络。[5, 26-31] 这并不奇怪。我们是习惯性动物，正如我们对饮食、学校、社交和阅读也会形成习惯一样 [6, 27, 32, 33]，长大后使用电子产品的习惯根植于幼儿时期。

第二，幼儿期对学习和大脑发育至关重要。我们将有机会详细说明，电子产品剥夺了儿童的一些重要的刺激和体验，而他们"错过"的东西在之后难以弥补。[34-43] 相反，数字技术能力在任何年龄段都可以轻易得到补偿。因此，正如我们在第一章中指出的那样，任何正常的成年人或青少年都可以很快学会使用社交网络、办公软件、购物网站、下载平台、触屏平板电脑、智能手机、网络云和其他诸如此类的数字化工具，但在幼儿期才能获得的基础知识并非如此。实际上，随着时间的推移，在发展早期未获得的语言、运动协调、数学知识、社交习惯、情绪管理等能力，之后再获得的成本会愈发高昂。

要理解这一点，我们可以把大脑想象成橡皮泥，随着时间的推移，其质地会逐渐变硬。当然，成年人仍在学习，但和孩子的学习方式有所不同。概括来说，成年人主要通过重新安排可用的神经回路来学习，而儿童则是通过建立新的神经回路。类比可以简单说明这种根本性的差异。假设我们要从波士顿前往达拉斯。为了达成目的，儿童会使用铲土拖拉机，在其神经元的土地中铲出一条最佳路线。而成年人不再拥有铲土拖拉机，而只剩下一把小铲子。他最多只能用小铲子开辟出一条通往附近火车站的小路。随后，为了到达目的地，他需要走（并确认其可靠与否）已经建成的道路。例如，鉴于以往的经验，他可以先从波士顿到克利夫兰，再从克利夫兰到亚特兰大，接着从亚特兰大到圣安东尼奥，最后从圣安东尼奥到达拉斯。在初期，虽然走了这些弯路，但是成年人比儿童做得更好，因为修路需要时间；但很快儿童就会超越成年人，嘲笑他们没有重新获胜的希望。如果您对此有所怀疑，您可以和 5 岁的女儿同时学小提琴。好好利用您最初的优势，因为这个阶段可能十分短暂。如果您不喜欢小提琴，那就去火车站，尝试追上一趟刚刚起步的火车。这两种体验都是相似的。起初，您会比火车跑得快，但火车会渐渐追上您，将您甩在身后。

在儿童处于发育高峰期时让他们过早使用电子产品浪费时间，这一点太过荒谬。发育高峰期包括两个时期。第一个时期大致包括前 24 个月，这一阶段相当于水泵的启动阶段。第二个时期是 2—8 岁，这是前青春期飞速发育之前的一个明显的稳定阶段。

准备：0—1 岁

两岁以下的幼儿平均每天观看电子屏幕 50 分钟。在过去 10 年中，这一时长极其稳定[11, 20, 21]。乍看之下似乎较为合理，其

实不然。50 分钟占儿童清醒时间的 8%[①][44]，占其"空闲"时间
的 15%，空闲时间即吃饭（2 岁前平均每天 7 次[45, 46]）、穿衣、
洗漱或换尿布等"约束性"活动之外的可用时间[47-49]。显然，
这些约束性活动极大地促进了儿童的发育（特别是因为它们伴
随着与成年人的社交、情感和语言互动），但是这些体验和"空
闲"时间中的体验不尽相同。后者主要围绕着主动观察世界、
自发游戏、运动探索和其他一些非常规活动展开，儿童有时独
自一人，有时有人陪伴。在后一种情况下，与父母进行的交流
尤为重要，这与洗澡或吃饭时的交流截然不同。

　　这里的问题在于，这些非约束性学习的丰富性与使用电子
产品的时间所带来的惊人破坏性之间存在着巨大差别。在这种
对立的前提下，我们应当重视幼儿每日观看电子屏幕的这"短
短"的 50 分钟。累计 24 个月，这些时间就超过了 600 小时。
这大致相当于孩子在幼儿园度过的 1 年时间[②]，或者就语言来讲，
这相当于错过了 20 万句话，即没有听到约 85 万字[52]。那些想
要直观地衡量这些数字规模的人可以静静地坐在电子屏幕前，
看完《绝望主妇》（*Desperate Housewives*）、《豪斯医生》（*Dr
House*）、《超感警探》（*The Mentalist*）、《迷失》（*Lost*）、《老友
记》（*Friends*）和《广告狂人》（*Mad Men*）的所有集数，这正
好要占用他们生命的……600 个小时。

　　此外，不要告诉我们数字工具是绝佳的共享媒介，尤其是
在语言层面上。只有半数父母称自己在 2 岁以内的孩子使用电

①　清醒时间是根据推荐的最佳睡眠时间的最低标准来确定的。[44] 在下文中，年龄较
大儿童的数据也据此得出。
②　在不同的国家和州，幼儿园的上课时间显然有所区别。例如，法国为 864 小时[50]，
加利福尼亚州为 600 小时，密苏里州为 522 小时，而北达科他州为 952 小时[51]。

子产品时"一直"或"大部分时间"都在场。[53] 即便如此,在场也不意味着互动!一项研究表明,在 6 个月大的婴儿观看电子屏幕时,有大约 85% 的时间是沉默的,即没有大人与其进行语言上的互动。[54] 这项结果与另一项研究得出的数据相吻合,后者针对 6—18 个月的幼儿观看电视的行为进行了研究。在 90% 的情况下,一起使用电子产品这一概念意味着父母将孩子置于身旁,自顾自地观看自己的"公共"节目。[55]

就使用电子产品的详细情况而言,单单看电视似乎就已占幼儿使用电子产品时间的 70%。[11] 其他设备,尤其是移动设备,主要充当电视的备用产品,用于观看 DVD 或视频。平均每年,0—1 岁儿童 95% 以上的电子产品使用时间都用于这些视听用途。但这一数字掩盖了巨大的情况差异:29% 的孩子从未接触过电子产品;34% 的孩子每天都接触电子产品;37% 的孩子游走在这两个极端之间。单就每天都使用电子产品的孩子而言,他们平均的使用时间接近 90 分钟。换言之,在 1 岁以下的孩子中,有三分之一以上的孩子每天使用电子产品 1.5 小时。这些重度使用者多数属于条件较差的社会文化阶层。

一些研究专门针对这一阶层的儿童的电子产品使用情况,其结果令人难以接受。根据不同的研究组别,他们每天使用电子产品 1.5—3.5 小时。[54, 56, 57] 父母用来解释这一过量使用时间的主要原因包括在公共场合(65%)、在购物(70%)和在做家务(58%)期间让孩子保持安静。在 28% 的情况下,电子产品被用来哄孩子入睡。在条件较差的阶层中,大约 90% 的 1 岁幼儿每天都看电视,65% 的幼儿使用移动设备(平板电脑或智能手机),15% 的幼儿玩游戏机。对于 6—12 个月的幼儿来说,这些数值约为 85%(看电视)、45%(使用移动设备)和 5%(玩游戏），这实在太过荒唐。

跨出第一步：2—8 岁

如果可以这么说的话，儿童从 2 岁起才会认真做事。于是，在 2—4 岁，儿童每天使用电子产品的时间激增至 2 小时 45 分。这一急剧增长的数值会在达到 3 小时的最高点后停止。这些数字十分惊人，在过去 10 年中，它们的增幅超过了 50%[11, 21]，占儿童正常清醒时间的五分之一[44]。一年下来，累计的时间远超 1000 小时。这意味着 2—8 岁的"普通"孩子花费在数字娱乐产品上的时间相当于 6—7 个学年[50, 51]、460 天的清醒时间（1.25 年），或为了成为功底扎实的小提琴家所需的个人练习时间[58]。

2—8 岁儿童 90% 以上使用电子产品的时间都用于观看视听节目（电视、视频和 DVD）以及玩电子游戏。但不同年龄的孩子之间存在着细微差异：比起 5—8 岁的孩子（65% 比 24%），2—4 岁的孩子（77% 比 13%）用在视听活动上的时间要更多于电子游戏。[11] 此外，根据家庭的不同社会文化条件，这些数值显然也有所不同。意料之中的是，家庭条件较差的孩子使用电子产品进行娱乐的时间几乎是家庭条件优渥的孩子的 2 倍（3 小时 30 分比 1 小时 50 分）。[11] 但后者也不要高兴得太早，实际上，多项与学习成绩相关的研究表明，电子产品造成危害的方式并非一成不变。家庭社会文化背景越是优越的孩子，他们浪费在电视[5, 59—61]或电子游戏[62]上的时间所造成的损失就越大。换言之，在条件较好的阶层，尽管儿童在电子产品上花费的总时间较少，但这些被浪费的时间成本更高，因为这以牺牲其他更丰富、更有益的活动（阅读，语言互动，音乐、体育或艺术实践，文化活动等）为代价。我们可以用类比来简单说明这种机制：如果您从孩子的食物中拿走 2 升由 25% 的枯萎蔬菜煮成的清汤，其在营养上的影响将小于您从同一个孩子的食物中拿走 1 升由 60% 的新鲜蔬菜煮成的浓汤。电子产品也是如此：虽然条件较好的孩子浪费的"汤"较少，但是每滴"汤"都会给个人发展带来更多的益处。

需要明确的是，这里所说的电子产品的使用主要针对和 0—1 岁的幼儿一样远离父母照护的儿童。对于 2—5 岁的儿童来说，不论电子产品是何种类型，只有少数父母（大约 30%）称自己"一直"或"多数时间"在场。[11, 53] 对于 6—8 岁的儿童，情况更为多样化。电视是受父母管控程度最高的产品，略少于 25% 的父母表示自己"一直"或"多数时间"在场。对于移动设备或电子游戏，这一百分比则下降至 10% 左右。

前青春期：扩增

我们在此将前青春期划定为 8—12 岁，在这一阶段，儿童的日常睡眠需求会显著减少。与上一阶段的幼儿期相比，他们的清醒时间增加了 60—90 分钟。[44] 他们将"战利品"全数用于电子产品的使用。因此，相对于之前的 3 小时，8—12 岁儿童每天使用电子产品的时间攀升至 4 小时 45 分。[63] 4 小时 45 分（！），这可不是小数字，这大约是正常清醒时间的三分之一。[44] 一年下来，累计时间就超过了 1700 小时，大约相当于两个学年 [50, 51, 64] 或全职带薪工作一年 [65]。这一数字虽然骇人，但对于那些愿意仔

细思考如今前青春期儿童所处的惊人"数字化饱和"状态的人
而言，这可能在其意料之内：52% 的前青春期儿童有自己的平
板电脑，23% 有笔记本电脑，5% 有联网手表，84% 每天观看
视听内容（电视 / 视频），64% 每天玩电子游戏……从 8 岁开始，
19% 的儿童拥有智能手机。此后，这一百分比随着年龄呈线性
增长。到 12 岁时，有 69% 的孩子拥有了自己的手机。这无疑
会让新经济的大亨们欣喜若狂，却起不到培养建设未来人才的
作用。

　　活动方面的差异性无疑没有那么明显。[63] 事实上，前青春
期儿童在使用电子产品方面与幼儿大致保持一致，近 85% 的使
用时间被用于观看视听内容（2 小时 30 分）和玩电子游戏（1 小
时 28 分）。在这一年龄段，社交网络的使用时间仍然相对较少
（4%；10 分钟），对于网上冲浪也是如此（5%；14 分钟）。前青
春期儿童最爱的数字活动包括在线观看视频（67%）、在移动设
备（55%）或游戏机（52%）上玩电子游戏、听音乐（55%）和
看电视（50%）。这些一般倾向当然掩盖了显著的个人差异。
某些前青春期儿童（我们后面要讲的一些青少年也是如此）更
喜欢看电视，而另一些孩子则更喜欢电子游戏或社交网络，还
有一些孩子会选择同时进行上述活动。[10] 这种差异性也存在于花
费在数字娱乐产品的时间上（图 1）。我们发现，在 8—12 岁的
儿童中，"重度用户"（超过 4 小时 / 天）占 41%，"轻度用户"
（少于 2 小时 / 天）占 35%。在后者中，8% 的人从未接触过电
子产品。[63] 有趣的是，人们常常听说，这些不被允许接触电子产
品的孩子有可能被同龄人排斥，所以不让子女接触这种"共同
文化"和现代通信工具（如社交网络）可能会十分危险。针对
这一无稽之谈，可以提出两点反驳意见。第一，迄今为止，尚

无任何研究证明不使用数字娱乐产品会对儿童造成社交、情感、认知或学业上的伤害。第二，尽管目前存在相互矛盾的科学论据[66、67]，但大量研究、报告、元分析①和综合期刊都表明，上网娱乐时间最少的前青春期儿童和青少年，他们的身体也最为健康。[10、68—86] 结论：我们的孩子可以不使用数字娱乐产品，这种节制并不会对他们平衡情绪或融入社会造成影响，而是恰恰相反！

不出所料，上述差异在很大程度上取决于家庭的社会经济特征。[63] 来自家庭条件较差的前青春期儿童每天花在数字娱乐产品上的时间要比家庭优渥的同龄人多1小时50分钟（5小时49分比3小时59分）。这种差异主要来自观看视听内容（+1小时15分）和使用社交网络（+30分钟）所增加的时间。[10] 而在电子游戏方面则不存在任何差异：无论家庭条件如何，使用方式总是相似的。最后一点十分有趣。人们很容易将之与多年来一直进行的媒体宣传运动联系起来，这些运动总是维护这些游戏（特别是动作游戏）对注意力、决策能力和学习成绩所产生的积极影响。我们将有机会在下文中详细谈论这些运动，可以说它们对父母的判断并非没有影响。但我们应该指出的是，这些运动对不同性别之间的差异影响很小。实际上，在8—12岁的儿童中，男生比女生在使用电子产品上多花费的时间（1小时6分；5小时16分比4小时10分）在很大程度上是因为男生玩电子游戏的时间要多于女生。

---

① 元分析是一种综合统计，汇总了关于某一特定主题的所有现有研究，以确定是否存在超出每个单独研究结果（有时互相矛盾）之外的总体影响。总的来说，元分析就是通过汇总所有单独的"小"研究而进行的统计分析研究。

青春期：浸没

我们在此将青春期界定为 13—18 岁。在智能手机普及化的影响下，青少年的电子产品使用时间仍在大幅上涨，他们每天使用电子产品的时间达到了 7 小时 22 分。[63] 还有必要说明这一数字的严重性吗？这相当于一天时间的 30% 和正常清醒时间的 45%。[44] 累计一年就超过了 2680 小时、112 天、3 学年或法国最优秀的理科专业的中学生从初一到高三花在法语、数学和生物课上的总时间。换言之，在一年内，青少年在数字娱乐产品上花费的时间相当于整个中级教育阶段的法语、数学和生物课的授课时长。但这也令人不断反思学生过重的学业负担。[87] 这些孩子虽然家庭富裕，却饱受课业折磨，没有乐趣可言。阿尤布（Ayoub）就是其中一名初中生，他在接受法国某家大型日报记者的采访时说道："对我来说，如果上学时间缩短了，我会趁机玩 PlayStation① 或者看电视。"[88] 这就是我们所说的三赢计划：阿尤布玩得开心，索尼公司赚得盆满钵满，法国教育部也能节省开支（上课时间变少意味着需要其支付薪酬的教师人数变少）。某些非营利性的私立学校项目（尤其是在美国）的成功表明，为了打赢教育战争（特别是在贫困地区），应该采取完全相反的措施！[89-91] 然而，担心这件事情可能也很愚蠢，毕竟这些数据来自"以前的"世界……也就是在我们的孩子成为能够进行极速网络搜索的变异者之前！

让我们回到电子产品的使用问题上来。在这一点上，青少年与前青春期儿童的习惯差异不大。[63] 青少年花在视听内容上的时间略多（2 小时 52 分比 2 小时 30 分），二者花在电子游戏上

---

① PlayStation（简称 PS）是日本索尼公司的著名游戏机系列。——编者注

的时间相当（1 小时 36 分比 1 小时 28 分），青少年用在社交网络上的时间更多（1 小时 10 分比 10 分钟），在网上浏览（37 分钟比 14 分钟）和视频聊天（19 分钟比 5 分钟）的时间也是如此。这些活动占青少年电子产品使用时间的 90%。当然，家庭的社会文化特征在这里也起到了重要作用。贫困家庭的青少年每天花在电子产品上的时间比家庭条件较好的同龄人多 1 小时 45 分，这同人们在前青春期儿童群体中观察到的趋势一致。不同性别的差异也是如此。在 13—18 岁的青少年中，男生在电子产品上花费的时间仍旧多于女生，但多出的时间较少（29 分钟）。然而，这种相对趋同性掩盖了使用习惯的差异性。在青春期，女生偏爱社交网络（1 小时 30 分比 51 分钟），而男生则更喜欢玩电子游戏（2 小时 17 分比 47 分钟）。

家庭环境：一些加重情况的因素

由此看来，数字娱乐产品的使用似乎因个体的社会背景、年龄和性别而有显著差异。虽然这些因素十分重要，但它们并不足以说明全部问题。如果人们想要探究年轻一代面对数字技术的行为，还应考虑一些更"外在"的特征。与社会人口学因素不同，这些特征的优点在于更易受人为控制。从这个意义上讲，它们为家长提供了一种可能有效的干预手段，以控制子女对电子产品的使用。

限制接触并树立榜样

导致儿童更多使用电子产品的首要原因是儿童可以随时接

触电子产品，这丝毫不令人惊讶。家里有多台电视机、游戏机、智能手机或平板电脑显然会促进儿童对电子产品的使用，尤其是在卧室内装有这些设备的情况下。[92—101] 换言之，如果您想要提高子女对电子产品的使用率，那么请确保您的孩子拥有属于自己的智能手机和平板电脑，并在他们的卧室安装电视和游戏机。后者不利于孩子的睡眠[96, 98, 102—107]、健康[92, 96, 100] 和学习成绩[6, 93, 105]，但至少能让他们保持安静，还您清净[53]。在这方面，有一项研究考察了 3000 多名 5 岁儿童的行为。[108] 卧室里装有电视的孩子每天看电视超过 2 小时的可能性要比其他人高出近 3 倍。游戏机也是如此，卧室里装有游戏机的孩子每天玩游戏超过 30 分钟的可能性比其他人高出 3 倍。在前青春期儿童和青少年群体中也得出了类似的结果。[94, 95, 97, 100] 总之，为了控制儿童对电子产品的接触，一个绝佳的办法就是将电子产品移出他们的卧室，并且尽可能地延迟他们拥有各类个人移动设备的时间。在这方面，如果仅仅是像父母常说的"能够与小家伙保持联系，以确保一切都好"，那么一部不联网的基础款手机就足够了，并不需要功能繁多的智能手机。

　　除了这些因素之外，家庭习惯也会造成影响，这并不让人意外。许多研究表明，孩子使用电子产品的时间会随着父母使用电子产品的时间的增加而增加。[28, 95, 99, 109—114] 三重机制解释了这种关联：（1）孩子与父母一起使用电子产品（如玩电子游戏或看电视）增加了使用总时间（因为一起使用电子产品的时间在多数情况下并不会取代孩子单独使用电子产品的时间，反而在此之外又增加了使用时间）[115]；（2）儿童倾向于模仿父母无节制的行为（根据众所周知的社会学习机制[116, 117]）；（3）对于电子产品对儿童的成长所造成的影响，成人重度使用者持有更积极的态度[53]，这导致他们对后代使用电子产品的行为限制较少。然而，针对最后一点，多项研究表明，约束性规则的缺失会导致儿童接触不当内容并增加其对电子产品的使用时间。[28, 95, 97, 108, 113, 115] 关于看电视这一行为，一项实验比较了 10—11 岁儿童的父母的三种"风格"：放任型（没有规则）、专制型（严格施加规则）和说服型（解释规则）。[118] 每种风格影响下的儿童每天看电视超过 4 小时的比例分别为 20%、13% 和 7%。

第三项结果强调了从孩子幼时起就向他们解释规则的存在理由的好处。显然，为了使其长期有效，我们不该将约束视作专制的惩罚，而应将其视作正面的要求。重要的是，孩子也应该表达自己的想法，并将规则的益处内化于心。当他们针对自己"无权"使用电子产品，而他们的朋友却可以"为所欲为"提出异议，应当向他们进行解释，他们朋友的父母可能没有充分研究过这个问题；应该告诉他们，电子产品对他们的大脑、智力、注意力、学习成绩和健康等都会造成严重的负面影响。我们还应向他们说明原因：使用电子产品会减少睡眠时间；减少花在更有益的活动上的时间，如阅读、演奏乐器、运动或和他人交流；减少做作业的时间等。但显然，只有当父母自己不总是盯着数字娱乐产品的屏幕，这些解释才具有可信度。在最坏的情况下，也应该尝试向孩子解释，对他们有害的事物并不一定对成年人有害，因为后者的大脑已经"发育完全"，而儿童的大脑仍"处于构建之中"。

制定规则行得通！

最终，所有这些因素都直接否定了儿童必定会沉迷于电子产品的论断。实际上，认为电子产品的使用取决于环境因素，就等于否认了目前所有的必然性。大量研究清楚地证实了这一点。在这种情况下，研究人员不再满足于观察孩子，而进行了旨在减少孩子使用数字娱乐产品的实验。近期的一项元分析[①]就汇总了 12 项以这一单一目标为目的的研究结果。[119, 120] 这一分析的结果是，当父母（其中一些研究也包括孩子）得知数字娱乐产品的有害影响，并在此基础上对孩子实施具体的限制性规则（每周或每天的最长使用时间，卧室里不能有电子产品，早上上学前不可以玩电子产品，没人看电视时不能让电视机开着等），孩子使用电子产品的时间大幅减少，平均减少一半。这 12 项研究多数针对 13 岁及以下的孩子，干预措施使他们每天使用电子产品的时间从 2 小时 30 分以上降至 1 小时 15 分以下。应当指出的是，使用时间的减少远非昙花一现，在此后长达 2 年的跟踪调查中，使用时间的减少都极其稳定（平均维持时间超过 6 个月）。

因此，让新一代减少数字娱乐产品的使用时间并非不可能完成的任务。现有研究表明，给孩子规定明确的使用时间并限制其对电子产品的接触能够取得很好的效果。然而，为使这一成效长久维持，我们应当不断寻求儿童和青少年的认同。与许多人的想法相反，解释的持久性与约束环境的存在毫不相悖。恰恰相反！约束和落实责任是成功的补充因素。实际上，正是依靠一套明确的规则，孩子才会逐渐形成自我调节的能力。在有利环境的支持下，这种能力会更有成效。总之，这里的指导思想很简单：当满足需求的手段缺失、受控或实施成本高昂，

---

① 参见第 43 页注释。这一术语再次出现时将不再对其多加解释。

那么抵抗欲望就更容易。[121, 122] 例如，在厨房里没有电视时，践行不在吃饭时看电视的决定才会更加容易。同样，在没有手机时（10 岁、12 岁或 15 岁的孩子真的需要智能手机吗?），有确切的使用规则时（比如在晚上 8 点后和在做作业时，必须将手机关机，放在客厅的抽屉柜上），使用软件助手来支持决心时（许多简单的应用软件可以限制每天的使用时长和时间段），特别是不和孩子谈论对他们进行监管或他们的责任心丧失时，孩子才会更容易摆脱智能手机。一方面，这些手段的客观力量确实有助于个体意识到自己对电子产品的滥用；另一方面，当无法摆脱过度使用的困境，无论是在哪一方面（酒精、赌博、电子产品等），接受帮助都是智慧和心理成熟的令人安心的标志。最终，这些最初的"拐杖"将有利于良好习惯的保持。

重新引导儿童的活动

因此，改变家庭环境实际上可以有效减少儿童使用电子产品的时间。但这还不是全部，也不是最有趣的一点。事实上，这种方法还能够从总体上重新确定孩子的活动领域。假设一名小学生要在阅读和看电视之间进行选择，在几乎所有情况下，他都会选择第二个选项。[26, 123] 但如果将电视搬走又会发生什么呢？尽管孩子不太喜欢，他也会开始阅读。这件事美好到难以相信？并非如此！实际上，近期的多项研究表明，我们诚实的大脑难以容忍无所事事。[124, 125] 例如，有人观察到，在 20 分钟内无所事事导致的精神疲劳程度要比花 20 分钟完成复杂的数字计算任务（给 4 位数的每位数字都加上 3：6243 => 9576）导致的精神疲劳程度更高。[126] 因此，绝大多数人宁愿做任何事也不愿无所事事，即便要做的事情令人厌烦，甚至是更糟的情况：遭受一系列痛苦的电击。[127,128] 美国记者苏珊·毛沙特（Susan Maushart）在决定不让她的 3 个青春期孩子上网的那天就切身观察到空虚的这种规范性力量。[129] 我们的幸运儿被剥夺了使用电子设备的权利，他们一开始非常愤怒，后来逐渐适应并且（重新）开始阅读、吹萨克斯、去海边遛狗、做饭、和家人聚餐、和母亲聊天、增加睡眠时间等：总之，他们（重新）开始生活。

电子产品的使用界限何在？

　　还剩下核心问题："什么是过度使用？"人们公开讨论该主题时，其言语常常含混不清。例如，人们往往会读到和听到诸如"过度使用电子产品会损害大脑"[130]"过度使用电子产品危害心理健康"[131] 或"应当鼓励电子产品的合理用途"[132]。但实际上我们应该如何理解这一切？什么程度才算"合理"？"过度"的界限何在？多长时间算"过度"？这些问题很少得到应有的回答，而充满论据的科学文献又浩如烟海。

无论是否上瘾，过度就是过度

　　上瘾这一行为显然是我们的第一条思路。如今，数十项行为和神经生理学研究清楚地证明了这一现象的真实性。[133-143] 尽管如此，其病理学特征仍无定论，分级尺度也未统一。一般原则认为，电子产品成瘾是一种有损日常功能的强迫性行为，尤其是在社交和职业领域。[144-147] 就比例来看，成瘾用户的估计平均值维持（又一次？）在相对较低的水平，大约为 3%—10% 的用户，并且他们之间具有很大的差异性。[134, 140, 141, 145, 148—151] 根据这一数值，很容易得出结论："过度使用"最终只影响总人口的很少一部分。这种想法令人宽慰，不过我们需要对此提出两点意见。其一，在总人口较多的情况下，即便是较低的百分比也代表了许多人：对法国而言，5% 的 14—24 岁的年轻人约等于 40 万人[152]；对美国而言约为 250 万人[153]，是法国的 6 倍之多。其二，从病理学上来说，非成瘾性的行为也可能有害。换言之，一个孩子在临床意义上没有对智能手机、社交网络平台或游戏机上瘾并不意味着他可以免受所有负面影响的侵害。相反的想法更加危险：在大众的想象中，"成瘾者"就等同于某类失魂落魄的人，电视剧中反复无常的瘾君子和堕落的酒鬼就是典型。父母很难认同他们的孩子是这种可悲的模式，孩子自己也难以认同他们。[154] 此外，更困难的是，无论是对数字技术成瘾还是对其他事物成瘾，否认都是顽固且频繁的。[155—157]

年龄的重要性

因此，问题依然存在：怎样界定过度的界限？答案取决于年龄。要理解这一点，我们应当意识到，人类的发育并不像一条静静流淌的长河。正如我们已经提到的，某些所谓的"敏感"期，特别是与大脑构建有关的时期，要比其他时期重要得多。[34—42] 如果神经元在质量和数量上得不到足够的"养料"，它们就无法以最佳状态"学习"；随着时间的推移，不足的时间越长，就越是难以弥补。例如，在小猫出生后的头 3 个月里将其一只眼睛遮住，它们终生都无法恢复正常的双眼视力。[158] 同样，在出生后的第二周一直暴露在特定声音频率下的大鼠，其与辨认该频率相关的大脑区域会持续扩张（当然有损于其他区域）。[159] 从临床观察中可以得出结论，对先天失聪的儿童来说，人工耳蜗的长期效果随着植入年龄的不同具有显著差异。在 3 岁或 4 岁之前植入人工耳蜗，儿童的声音识别能力表现将十分出色，尤其是在语言领域。而在 8—10 岁之后植入，这种表现就会逐步减弱至令人非常不满的地步。[160, 161] 同样，成年音乐家由勤奋练习乐器导致的大脑皮层功能重组的程度更多地取决于早期学习经历（7 岁之前），而非总的练习时长。[162, 163] 与之相似的是，移民对移民国语言的掌握程度并不取决于在该国度过的年数，而取决于移民时的年龄。7 岁之后再移民，掌握语言的难度就十分明显（除了词汇的掌握，这似乎不受年龄限制）。[164, 165] 因此，一对移民时的年龄分别为 4 岁和 8 岁的双胞胎，在移民国生活多年之后，他们的语言水平最终会有所不同。尽管如此，与本地人相比，在年龄较小时移民的人如果经过足够精确的测试，也会暴露出长期存在的缺陷。实际上，对许多语言能力而言，大脑的"定形"在 7 岁之前就早已开始。[166—168] 例如在语音方面，说英语的本地人只要足够专注，就能听出 3 岁来到北美的成年移民有轻微口音。[169] 语法同样如此。1—3 岁就移民至美国的华裔成年人与同龄的美国人相比，使用的句法会有所不同。[170] 差异虽然微小，却可以察觉。

　　我们可以在几十页的篇幅中继续罗列此类观察结果，但它们传达的信息不变：幼时的经历至关重要。这并不意味着"一切都要赶在 6 岁之前"，就像 20 世纪 70 年代的一本美国畅销书 ①

---

① 　Dodson F., *How to Parent*, Nash, 1970.

的法文书名所过度宣扬的那样。但毫无疑问，这意味着 0—6 岁之间的经历对孩子未来的人生有着深远影响。这其实不言而喻。学习并不是凭空而来，而是通过转化、组合和丰富已获得的能力逐步进行。[171] 因此，削弱幼儿期框架的建立，尤其是在"敏感期"，将有损儿童后期的整体表现。统计学家引用了《圣经》中的一个知名句子，称之为"马太效应"："凡有的，还要加给他，叫他有余；没有的，连他所有的，也要夺过来。"[172] 这句话很简单，意为知识的积累性自然决定着初期的落后会越积越多。这一现象在很多领域都有记载，从语言到体育，再到经济学和职业道路。[89, 173—178] 当然，在多数情况下，这种趋势可以逆转，至少是部分逆转。[179] 但随着我们逐渐远离大脑可塑性的最佳时期，这会变得愈发困难，所需的努力远多于最初进行预防所需的努力。这正如谚语所说，"预防胜于治疗"。对于那些仍心存疑虑的人，詹姆斯·赫克曼（James Heckman）的研究可能会十分有趣。[180] 这位诺贝尔经济学奖得主因证明教育投资的影响会因儿童年龄的增长而急剧下降而闻名。总之，这带给我们的启示十分明确：最好不要浪费幼年期无与伦比的发展潜力！

（至少）6 岁前不要使用数字娱乐产品！

儿童在幼儿期积累的学习量可能最能体现"敏感期"这一概念。生命中的其他任何一个阶段都不会像幼儿期一样有如此密集的转变。在 6 年的时间内，除了要学习许多社会习俗和如舞蹈、网球或小提琴等"可自行选择的"抽象活动之外，儿童学会了坐、站、走、跑、控制排泄、独自进食、控制和协调双手（画画、系鞋带或使用物品）、说话、思考、掌握基础的计数法和文字、克制情绪或冲动的爆发等。在这种情况下，每一分钟都很重要。当然，这并不意味着要给孩子施加过多压力，将他们的生活变成充满强迫的炼狱，而"仅仅"意味着应当让孩子生活在鼓励性的环境中，让他们可以获得充足且必要的"养料"。然而，电子产品并不是这种环境的组成部分。正如我们将在下文中看到的，它们的结构性力量远低于任何一种标准的生活环境所能提供的力量，当然，前提是后者不被滥用。多项研究表明，对于幼童而言，平均每天接触电子产品 10—30 分钟就会对健康（如肥胖症）和认知（如语言）造成显著伤害。[181—184]我们会在下文继续讨论这一点。儿童成长需要的是关怀和活动。他们需要语言、微笑、拥抱和鼓励。他们需要尝试、活动身体、奔跑、跳跃、触摸、玩耍和操纵丰富的形状。他们需要观察周围的世界以及与其他孩子互动。他们绝对不需要的是迪士尼少儿频道、卡通频道、"小小爱因斯坦"DVD 和 BabyFirst 频道①。

　　在幼儿期，电子产品好似冰川寒流。它们不仅偷走了儿童宝贵的发育时间，还可能造成儿童长大后沉迷网络。此外，它们还会通过其施加的感官饱和状态直接损害儿童大脑的构造（我们将在下一章中详细讨论这一点）。这种状态将缺乏专注力和冲动置于神经元组织的核心[185, 186]，而在这一阶段（让我们再次强调），大脑正处于最佳的可塑性时期。让儿童过早使用电子产品让人无法理解。正如我们已经提到的，限制电子产品的使用毫无代价！换言之，让儿童远离这些侵略性的数字化工具有益无害。正如美国儿科学会的一位专家定义的合理预防原

---

① BabyFirst 是美国唯一专为婴幼儿开设的频道。该频道的所有节目都是由美国著名早教专家针对 6 个月至 3 岁婴幼儿全面发展的需要研发的，包括了语言训练、情绪管理、感统协调、思维想象等 40 个主题。——编者注

则:"如果我们不清楚这件事的益处,只要有理由认为这件事不好,为什么还要做这件事?"[187] 因此,过度的界限很容易定义,使用电子产品的第一分钟就算过度。对 6 岁及以下(如果算上为阅读和计数打基础的预备课程,那也包括 7 岁)的儿童而言,唯一明智的建议可以用一句话概括:不要使用电子产品!当然,这并不意味着不能时常带孩子去电影院看电影或陪孩子看动画片,只不过是说应该尽量避免孩子长期接触电子产品。

认为该建议太过极端的人可以参考世界卫生组织近期表明的立场。[188] 这一组织认为:"儿童与其看护者进行无电子设备互动活动(如阅读、讲故事、唱歌和拼图)的高质量久坐时间对儿童的成长极为重要。"因此,"不建议 1 岁的幼儿长时间坐着使用电子产品(如看电视或视频、玩电脑游戏)"。其次,0—5 岁儿童"玩电子产品久坐不动的时间不应超过 1 小时,且时间越少越好"。换言之,幼儿期越少接触电子产品越好,零接触最好。我们的国际专家的表述并不直接,而是将现实隐藏于婉转言语的迷雾之中。

当然,这些因素引出了所谓的"教育"内容的问题。对于幼童而言,这个问题似乎已得到解决:正如美国儿科学会于 1999 年指出的那样[189],全球绝大多数相关机构都已承认,儿童在 2 岁或 3 岁之前使用电子产品是有害的[190—193]。近期的一篇关于电视(几乎是幼儿的专属电子产品)影响的文献综述明确证实了这一点。这份研究得出的结论称:"实际上,与幼时看电视这一行为相关的研究(无论这些研究是否对电视内容进行分析)一致表明,看电视与负面的发展结果有关,这一点可以从注意力、学习成绩、执行力和语言方面看出。"[194] 这一结果不足为奇,仅仅反映出幼儿长期以来无法从观看视频中学习到任何事物，甚至是他们在和人互动时轻而易举就能学习到的最简单的事物。我们将在下一章中详细论述这一点。

而对于年龄稍大的孩子，事情似乎没有那么明确。实际上，许多研究指出，一些教育节目的思路与形式都很正确（慢节奏、线性叙述、指认具体对象等），它们可以对某些儿童的成长产生积极影响，尤其是在词汇方面。这主要是因为这些节目能够使儿童与成年人进行语言互动。[194, 195] 基于这一点，许多机构除了研究精确使用时长的问题，还坚持研究儿童节目内容的性质。美国儿科学会提供了一个极具代表性的例子。在其近期发表的报告中，美国儿科学会写道："对于2—5岁的儿童，将他们每天在屏幕上观看高质量节目的时间限制在1小时内，和他们一起观看，帮助孩子理解他们观看的内容，并帮助他们将从中学到的知识应用到周围的世界。避免快节奏的节目（儿童不能很好地理解它们）、含有大量分散注意力内容的应用软件和任何暴力内容。"[191] 这些建议，除了其约束力和限制性外，还需要做一些评论。

首先是共同观看，更宽泛地讲是共同使用。一方面，正如我们已经看到的，后者并非只有益处，因为它大大增加了儿童使用电子产品的总时间。另一方面，正如我们已经着重指出的，共同使用往往并非常规，而是特例。对于2—5岁的儿童而言，只有少数父母称自己在孩子看电视（32%）、在游戏机上玩游戏（28%）或使用智能手机（34%）时"一直或多数时间"在场。[53] 对6—8岁的儿童来说，这些数字分别下降至23%、9%和13%。这很容易解释，因为电子产品比起交流媒介更常扮演保姆的角色。[53] 此外，家长在场并不意味着就有交流的存在。一边看动画片或玩电子游戏一边沟通并非易事！书籍[175, 196, 197] 和自由互动更适合此类交流。从这一观点来看，加拿大儿科协会的立场尤为有趣。其专家的主张围绕两点展开："其一，使屏幕使用时间降至最低；其二，减少与之相关的风险。"[192] 关于第一点，他们写道："将2—5岁的儿童每天使用电子产品的时间限制在1小时之内。"关于第二点，他们建议："在儿童使用电子产品时，家长需要在场并参与其中，尽可能和他们一起观看。要注意内容，优先考虑教育性、适龄性和互动性的节目。"这就是使事情变得有趣的地方。实际上，在文章中，我们可以读到以下内容："然而，尽管父母或看护者与儿童一起观看高质量节目并与之进行讨论时，电子产品可能有助于语言学习，但学龄前儿童在与成年人进行实时、直接和动态的互动时，他们的学习效果最好（例如表达和词汇方面）。"换言之，高质量的"教育"内容如果能够成为儿童与成人进行交流的媒介，就能够对儿童的语言发展产生积极影响，但在没有电子产品的参与时，这些影响显然更为显著。总之，在使用电子产品时进行交流是可能的，但与没有电子产品的情况下进行的交流相比，就没有那么丰富和有益了。

这些保留意见似乎更加可信，尤其是因为贴上"教育"标签的内容通常在文化、创造力和语言方面都极其贫瘠。以语言领域（目前记录最多）为例，考虑所谓的罕见词汇，即不属于10 000个最常见的英语单词列表的词汇。在学龄前图书和日常口语交流中，这些单词的数量是如《芝麻街》（*Sesame Street*）和《罗杰斯先生的邻居》（*Mr Rogers*）等标志性教育节目中的单词数量的8倍（16/1000和17/1000比2/1000）。[198，199] 我们将在下文中解释这种缺少的原因。在此之前，我们可能有必要指出，在词汇方面，罕见并不意味着不寻常。《三只小猪》（*Les*

3 petits cochons）就是一个很好的例证。这本为儿童所熟知的图书中充满了使用频率不高却仍是基础的词汇，例如恼怒（huff）、吹气（puff）、烟囱（chimney）、稻草（straw）、嚎叫（growl）、尖叫（squeak）、大叫（yell）、呼喊（shout）等。我们再来观察移动设备和所有所谓的交互式应用软件的缺点，它们本该教给孩子无数令人羡慕的技能。正如美国儿科学会最近指出的那样，"对数百个标榜教育性的幼儿 / 学龄前儿童应用软件的审查表明，多数应用软件显示出较低的教育潜力，仅针对死记硬背的学习技能（例如对字母和颜色的学习），并非基于既定的课程，也几乎没有考虑发展专家或教育工作者的意见"[200]。简而言之，儿童可能会学到"一些东西"，但他们学到的东西远少于通过和人互动所能学到的，无论是自由互动还是以书本为媒介。

因此，综上所述，对 2—3 岁的儿童而言，无论性质或内容如何，电子产品都毫无益处。此外，某些被冠以"教育"之名的节目确实有助于培养学龄前儿童的某些基本认知能力，尤其是语言方面的能力，但这种学习总是不如"现实生活"中的学习。因此，比起将儿童遗弃在没有人际关系存在的荒漠中，让他们观看教育数字化内容无疑更为可取[201]，但最好还是让他们处于人际交往世界的中心。综合考虑以上因素，我们可以重申之前提出的建议：在 6 岁之前，不要让儿童使用电子产品。尽管如此，在 2—3 岁之后，如果实在无法维持这一理想状态，那么孩子越少接触电子产品越好，并且只为其选择节奏缓慢、线性结构、非暴力和教育性的内容。

然而，为了避免任何歧义，请允许我再次强调，即便电子产品非常实用，但想让孩子有事可做时，电子产品绝不是必需品。在以前的年代（我很了解，因为我就来自那个时代！），父母有时需要安静。为此，他们会直接让孩子自己在安全的环境中独自玩耍，例如搭积木、玩拼图、看书、玩球、摆弄各种玩具小人及其他各类玩具。孩子因此学会从外在世界的要求中抽离出来，关注自己的内心世界。从这种撤退中产生了象征游戏（假装游戏）的一席之地，许多研究将其与叙事能力、创造力和情绪调节能力的构建联系起来。[202—204] 换言之，幼儿的发展并非只与人际关系有关（尽管人际关系是绝对必要的）。为了自我构建，儿童也需要烦恼、梦想、幻想、创造、行动，而不是一味地做出回应。有时给他们提供探索世界的机会，让他们自己活动，而不是让他们不断受到侵略性和煽动性的狂热刺激，这一点十分重要。

6 岁以上，每天少于 1 小时

目前还需明确 6 岁以上儿童使用电子产品的有害界限。这个问题没有看上去那么复杂。实际上，统计学研究常常以"小时每天"为单位。综合已得到的结果，我们可以观察到每天使用电子产品 1 小时就会造成许多问题。换言之，对于幼年期之后所有年龄段的儿童，每天使用数字娱乐产品（各种类型：电视、电子游戏、平板电脑等）60 分钟就会造成可察觉的有害影响，例如[①]家庭内部关系[205]、学习成绩[206]、注意力[207]、肥胖[208]、睡眠[209]、心血管系统发育[210] 和预期寿命[211]。不幸的是，我们无法确定损害是从使用电子产品 30 分钟时就已开始出现，还是

---

① 此处提到的各个方面和参考资料仅用作说明。更详细完整的统计数据将在下一章中介绍。

在 45 分钟或整整 1 小时后才出现。因此，我们一开始最好谨小慎微，选择"时间较长"的版本，它可以表述如下：幼儿期过后的儿童每天使用数字娱乐产品超过 1 小时就会导致可定量检测的伤害，因此这可被视为过度。然而，鉴于上述因素，另一个"保守的"界限，即 30 分钟，也并非没有道理。因此，总而言之，我们建议将 6 岁及以上儿童每天使用数字娱乐产品的时间控制在 30 分钟（保守界限）至 60 分钟（极限）。但需要指出的是，这些界限并非一定要按日设定，也可以按周设定。因此，如果孩子在上学日不使用任何数字娱乐产品，而在周三和周六花 90 分钟看动画片或玩电子游戏，这也是可行的。然而，需要明确指出，时长显然不是一切，此处定义的界限需要建立在合适的内容和可接受的使用时间的基础上。因此，无论时长多少，《侠盗猎车手》（GTA）这款充斥着酷刑画面和露骨内容[①]的极端暴力游戏都不适合 12 岁、14 岁甚至 16 岁的儿童。同样，对于6 岁、8 岁或 10 岁的儿童来说，在周日看电视直到晚上 11 点也不合适，就算是观看最温馨的家庭喜剧也不行，因为他们第二天还要早起上学。

　　最后需要强调一点，并不是因为电子产品的使用内容和使用环境在某些社会心理领域（攻击性、焦虑、开始抽烟或喝酒等）[5, 212, 213] 中具有无可争议，甚至是极为重要的影响，我们就能断言"使用电子产品的时间本身并无害处"[214]，正如英国一家大型日报的记者最近说的那样。实际上，这位电子游戏专家[215] 以极为常见的食物类比向我们解释道："与其计算卡路里（或屏幕使用时间），不如想想你在吃什么。"问题在于，卡路里

---

① 若想进一步了解，我建议抱有怀疑态度的人登录油管，并在搜索栏中输入"GTA色情""GTA 性爱""GTA 酷刑""GTA 暴力"等内容。

很重要，吃得好并不能防止暴饮暴食！[121, 216] 美国卫生部与农业部已经明确强调了这一点。这两个机构在一份联合报告中写道："关键问题不是饮食中常量营养素的相对比例，而是饮食模式是否减少了热量，个人能否长期坚持低卡路里摄入。摄入的总热量是与体重有关的关键饮食因素。"[217] 换言之，即便食物在各方面都符合最佳的营养分配规则，但"数量本身就是有害的"！

数字娱乐产品也是如此。就算从病理学角度看，使用者并没有"依赖性"，内容也在所谓的"适宜"框架内，但每天花 3 到 6 小时进行数字娱乐活动实在是太过分了。我们的这位记者以"挑拣樱桃"（cherry-picking）[①]的惊人方法断言，过量使用时长不会造成任何影响。这是在嘲笑所有人（尤其是当人们声称这种蠢话现在已经成为"共识"）。正如我们已指出并将在下文继续讨论的，许多研究证实，每天使用电子产品超过 60 分钟就会对使用者造成损害，无论观看的内容为何。[5, 206—211] 在某种程度上，这种影响与如今公认的"被偷走的时间"过程有关。在这种情况下，损害与数字化活动的性质全然无关。唯一重要的是，使用电子产品以牺牲其他对发育中的机体更重要和更"有营养"的活动为代价。此外，如果存在"内容"效应，那么这一效应不能独立于使用时间。这两个因素相互作用，不适宜内容的有害程度随着使用时长的增长而增长。[5, 212] 抽烟[218—222]与危险性行为[223—226]的出现就是很好的说明。然而，没有任何事物可以干扰我们亲爱的记者的论点。她也许想向读者展现其卓越的幽默感，在以惊人的轻蔑将它们扫除之前，她简要地提到了

---

① 从本义讲，这一表达指的是合理的消费行为：在水果摊，我们会挑选最诱人的樱桃。就其引申义而言，这揭示了科学研究中的一种不正直的行为：在所有现有的研究和数据中，我只选择那些对我的论文有利的研究和数据（即使它们只占极少数）。

一群业内知名的研究者得出的恼人结论。我们的记者认为，他们"建议将青少年每天使用电子产品的时间限制在 1 小时之内，这对任何努力为人父母的家长来说都是可笑的"[214]。

在整理完最初的沮丧情绪之后，我们可以用三件事来回应这类无稽之谈。第一，上述因素表明，有些儿童 / 青少年能够（独自 / 在父母的帮助下）将自己使用电子产品的时间控制在这一界限内[10, 63]，这些年轻人很难变得不幸或发育迟缓（我们将在下一章继续讨论这个问题）。第二，如果把儿童在 6—18 岁之间每天使用电子产品的微少又"可笑"的时间相加，总时间相当于 5 个学年[50, 51, 64]，或者说相当于两年半的全职有薪工作[65]。第三也是最后一点，人类历史上充满了"可笑"的提议（无论黑人还是白人，男人还是女人，他们的智力并无差异；教聋哑儿童学习手语；烟草的致癌性；大陆漂移；等等），这些提议之所以成为可靠的真理，是因为有一天，一些笨蛋决定坚持事实，而不是屈服于世俗观点和既定的伪教条。尼尔·波兹曼（Neil Postman）就是其中一个笨蛋。在 20 世纪 80 年代中期，这位纽约大学的文化传播教授为电视对我们看待和思考世界方式的巨大影响深感不安。于是，他在近 200 页资料翔实的著作中表明，内容最终远不如容器重要，或者更确切地说，是容器塑造了内容。波兹曼写道："我们很少谈论电视，只谈论电视上 ① 的东西，即电视的内容。人们将其生态学视为理所当然，这种生态学不仅包含其物理特征和符号代码，也包括我们所处的环境……为了加入伟大的电视对话，一家家美国文化机构正在学习电视的语言。换言之，电视正把我们的文化变成娱乐演出的广阔舞台。

---

① "上"在原文中用下划线标出。

当然，我们完全有可能到最后喜欢上它并决定接受这个事实。而这正是奥尔德斯·赫胥黎（Aldous Huxley）在 50 年前所担心的事情。"[227]

小 结

在本章中，我们需要记住三点。

第一，我们的孩子花在数字娱乐活动上的时间不仅惊人，而且这一时间仍在不断增长。

第二，与常见的营销学胡言相反，这些行为与趋势并非不可避免。通过制定明确的使用规则（上学前、晚上睡觉前、做作业期间不能使用数字娱乐产品等）和尽量减少环境外力（房间里不装电视或游戏机，用基础款手机而非智能手机等），可以有效预防这些问题的出现。但有一点很重要：为使其充分发挥作用，父母不该粗暴地向孩子强加这些规则和规定，而应从孩子幼时起就向其进行解释和说明。应当用简单的语言清楚地告诉孩子，电子产品会影响智力，干扰大脑发育，损害健康，增加患肥胖症和失眠的概率等。

第三，在超过平均使用阈值之后，数字娱乐产品就会对健康和认知发展造成不利影响。根据现有的科学文献，我们可以提出两点正式的建议：（1）在孩子 6 岁前不让他们使用数字娱乐产品，即便它们贴着"教育"的浮夸标签；（2）在孩子 6 岁之后，每天使用各类电子产品的时间累计不得超过 60 分钟（如果赞成现有的保守数据，甚至不能超过 30 分钟）。

从整体上看，这些因素显然并不支持各种谄媚者所说的安慰话语。只有爱幻想、单纯、失去理智、不负责任或被收买的人才会相信年轻一代过度使用数字娱乐产品不会对其造成严重后果。为了加深印象，让我们在此重申（！），2—4岁儿童平均每天使用电子产品大约3小时，而青少年则超过了7小时。这些时间主要被用于观看视听内容（电影、电视剧、短片等）和玩电子游戏。年龄稍大的孩子则主要使用社交网络，他们在上面聊天、点赞、发动态、及时享乐、发帖或上传自拍。这些无聊的时光对发展无益。一旦幼儿期和青春期特有的大脑可塑性时期结束，这些逝去的时光就再也无法弥补。

第三章

影　响
记录被预示的灾难

在人类历史上，从未有人像今天一样在物质条件与知识素养之间开凿了一道如此巨大的鸿沟。[1]

——马克·鲍尔莱因，大学教授

第一节

前　言

多重而复杂的影响

由此，我们已经解构了神话。但是真相如何？所有受数字技术滋养的"数字原住民"的真实面貌如何？他们的现状如何？他们的将来如何？他们的学业生涯、智力发展、情绪平衡和健康状况如何？他们幸福吗？与一小部分受父母严格保护而免于数字娱乐产品伤害的"幸存者"相比，又如何？最后，数字娱乐产品到底为我们的孩子提供了什么，又从他们身上窃取了什么？

我们将在本章中通过这些问题探讨电子产品对儿童行为及其发展造成的影响。这个问题并非无足轻重。实际上，除了传统的方法论难题（样本、因果关系、统计模型等），我们还遇到了两大认识论障碍。

第一个障碍由相关领域的多样性造成。数字工具会影响构成我们身份的四大支柱：认知、情感、社交和健康。然而，学术研究往往以概略和割裂的方式来处理这些不同的领域。因此，科学文献更像是支离破碎的风景画，而非和谐一致的全景图。这种碎片化极大地掩盖了问题的广度。然而，当我们花时间拼完拼图，电子产品的影响较为轻微的错觉很快就会烟消云散，而灾难的规模则变得更为明晰。

　　第二个障碍由行为机制的复杂性造成。绝大多数行为机制并非简单而直接的。它们通常以隐秘、连锁、延迟和协同的方式产生影响。这实在令人苦恼。首先，对于研究者而言，有些影响因素不仅难以识别，而且难以解释。其次，对公众而言，许多观点的初始分析似乎太过夸张，以至遭到了神圣不可侵犯的"常识"支持者的自发拒绝。电子产品通过损害睡眠而对学业产生影响就是一个极佳的例证。如今，这一事实已得到公认，电子产品对我们的睡眠时长和质量都产生了极为有害的影响。我们将在本章的最后一节中更加详细地对此加以说明。由此，电子产品对学业产生的影响包括：

　　• 有些影响比较直接。例如，在睡眠受损时，记忆力、学习能力和昼间的大脑运转都会受到干扰[1—4]，这自然有损儿童的学习表现[5—8]。

　　• 有些影响更为间接。例如，在睡眠受损时，免疫系统会被削弱[9—11]，儿童更有可能生病，从而缺席课堂，这就导致了学习困难的增加[12—14]。

　　• 有些影响出现得较晚。例如，在睡眠受损时，大脑发育会受到影响[4, 15—17]，长此以往，这会限制个人的潜能（尤其是认知能力），自然也会影响学习效率。

　　• 在不直观的过程中，**有些影响具有连锁反应。**例如，睡眠不足是引起肥胖症的主要原因之一。[18—21]而肥胖症与学习成绩的下降有关，特别是由于缺勤率的增加以及与这种健康状况相关的具有破坏性的成见（通常是默认的，例如懦弱、意志缺失、不正直、不忠诚、笨拙、懒惰、粗鲁等）。[22—28]这些成见在很大程度上与媒体对"胖子"的描绘有关，包括电影、电视剧、电视节目、音乐短片和报刊文章。[29] 这些成见会造成两大影响。[24—26, 30] 一方面，这会导致同龄人对肥胖症儿童的无理攻击，不利于班级无偏见氛围的形成。另一方面，这些成见极大地改变了评分标准，教师对肥胖或超重学生的评价和意见往往会更为严格。

• **多数影响是多方面的**，而且很明显，数字娱乐产品对学业产生的消极影响并非仅限于对睡眠的损害。后者与其他因素协同运作产生危害，包括——我们将在下文详细讨论——写作业时间的减少或语言能力和注意力的下降。但与此同时，数字娱乐产品对睡眠造成的负面影响显然远远超出了学习领域。充足的睡眠对于降低事故风险、控制情绪和情感、保障健康、避免大脑早衰等都至关重要。[4, 31—36]

• **多数影响是局部的**，因此，将越来越多的孩子在学习中遇到的困难全部归咎于电子产品是十分荒谬的。实际上，毋庸置疑的是，学习成绩同样取决于非数字因素，包括人口、社会和家庭因素（关于电子产品影响的研究会尽可能地控制这些因素）。

简而言之，电子产品的影响这一问题绝非无足轻重，因为其中功能链的复杂性和交互性很容易让人忽视其影响。但这还不是全部。如果考虑到可能存在的"隐藏因素"，问题会变得更加复杂。这些因素暗中产生影响，不在既有知识的范围内。为了说明这一点，让我们回到大脑衰老的问题上来。一项研究证明，成年人每天每多看1小时的电视，其罹患阿尔茨海默病的风险就会增长30%（考虑了已知的与阿尔茨海默病的病理有关的协变量：社会人口特征、认知刺激程度以及身体活动水平）。[37]当然，这一结果并不意味着电视使患者"感染"了阿尔茨海默病，而只是表明一种"隐藏"因素的存在，它既能预测疾病的发展，又与使用电子产品的行为有关。换言之，这里的电视效应是导致阿尔茨海默病的次要行为模式，这种行为模式有待进一步研究的确定。在目前的情况下，潜在的解释性假设中，我们能够提及的是睡眠这一因素。近期的许多研究证明，睡眠不规律会导致某些生化紊乱，后者又会导致退行性痴呆的出现。[36, 38—42]我们同样可以提及的因素有久坐、肥胖以及吸烟[43]，这些因素既可能导致阿尔茨海默病，同时又和使用电子产品有关（我们将在最后一节继续讨论）。这一切都说明，一项结果从因果关系的角度看可能显得晦涩难懂，但它本身并无错误。

总之，这里需要记住三个要点。第一，观察结果违反直觉 / 难以理解并不意味着它应当遭到否决——有些因素的作用并非即刻就显而易见。第二，电子产品会产生一定的影响这一言论并不意味着它们是造成影响的唯一原因，甚至不代表它们的影响最大：类似"听作者说，电子产品要为所有的损害负责"的妄想型讽刺漫画既可笑又虚假。[44] 第三，也是最后一点，只有在整体和全景的视野下才能看到使用电子产品对年轻一代产生的影响，可能存在的零星反例并不重要，重要的是总结。因此，我们在本章将努力理解的正是这种总结。我们将依次探讨三个领域：（1）学习成绩（现有的最普遍的影响参数）；（2）发展（尤其是在认知和情感维度）；（3）身体健康（从久坐到肥胖，再到暴力和危险行为的问题——吸烟、性行为等）。

第二节

学习成绩

极大的损害

我的一个学生每天晚上都在一家家教公司工作，这能够使他收支平衡。前不久，我在实验室的走廊里遇到了他。他曾在广播电台里听我谈起电子产品对儿童发育的有害影响。他笑着对我说这样并不是很好，因为如果父母不让子女使用智能手机、平板电脑、电视和游戏机，那么他可能很快就会失业。当然，这是句玩笑话，但值得我们关注，特别是因为学习成绩是衡量儿童能力的一个较为综合的参数。实际上，即便它不能说明儿童的全部，但在很大程度上，它可以说明儿童的智力、社交和情感功能。

为明确起见，我们将在此区分两个问题，分别是儿童在家中 ① 和学校里使用电子产品的情况。

在家中使用电子产品不利于学习成绩的提高

就整体而言，科学文献明确而一致地表明，在家中使用电

---

① 本词指的是所有可以在校外使用的电子产品，无论是"个人的"（智能手机、卧室中的电视、游戏机、电脑等）还是"家用的"（客厅中的电视、家用平板电脑、家庭成员共用的电脑等）。

子产品会使儿童的学习成绩明显下降。无论性别、年龄、家庭背景或分析方法，使用电子产品均与学习成绩呈负相关。换言之，儿童、青少年和大学生花在电子产品上的时间越多，他们的成绩就下降得越多。从社会学近几年在"家庭对学习能力的建构"[1]方面进行的研究来看，这不足为奇。实际上，研究结果清楚地表明，那些学习成绩优异的学生所在的家庭有一个几乎一致的显著特征，那就是严格限制子女使用数字娱乐产品，而偏重那些被认为是更加积极的课外实践（写作业、阅读、演奏乐器、体育活动等）。[1,2] 这一发现本身与上文中详细论述的观察结果相吻合。后者表明，社会文化条件较好的儿童在使用数字娱乐产品时会受到更多限制，而这些孩子也往往具有更高的学业成就（即使需要考虑其他因素）。[3—5]

使用电子产品的时间越多，分数下降得越多

　　普遍性研究都将电子产品的使用时间视作一个整体，通常包括使用电视、电子游戏、手机、平板电脑和计算机的所有时间。正如第二章所述，这些媒介主要用于娱乐目的。许多研究表明，经年累月地使用数字娱乐产品预示着学业成绩的显著下降，这不足为奇。[6—18] 例如，英国的一项研究聚焦于中学毕业考试。[6] 学生在 16 岁左右参加考试，考试成绩从极佳（A*）到能力不足（G）共分为 8 个等级。由于电子产品的"即时"消极影响已很少遭到质疑，所以研究者们关注的是其可能存在的"长远"影响（当然是在考虑了与电子产品使用相关的协变量之后：年龄、性别、体重、抑郁状态、学校类型、社会经济地位等）①。

① 为了便于阅读，我们将不再在下文中说明这一点，并默认其适用于我们所讨论的研究。如果某项研究在必要时没有控制这些变量，我们会对此加以说明。

结果显示，考前 18 个月使用电子产品会严重影响学生的最终成绩。因此，在十四五岁时使用电子产品的时间每增加 1 小时，他们的分数就会下降 9 分。如图 3 所示，9 分代表了一个以上的评分等级。例如，假设保罗在从不使用电子产品的情况下取得了 A* 的成绩，每天使用电子产品 1 小时就会让他的成绩降至 B 等级，2 小时就会使他的分数降至 C 等级。

当然，这些"平均"数据并未考虑个体之间的差异。显然，并非所有不使用电子产品的青少年都能取得优异的成绩。同样，

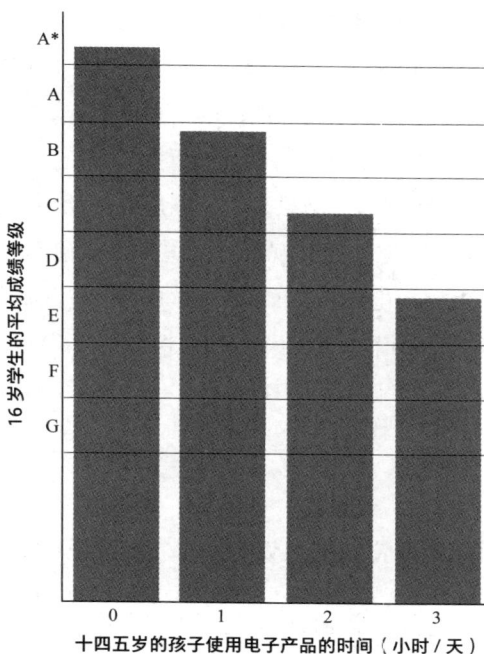

图 3　**使用电子产品的总时间对学习成绩的影响。**此处评估的是使用电子产品对 16 岁学生中学毕业考试成绩的"长远"影响（考前 18 个月）。来源为文献 6。详情参见原文。

有些使用电子产品 2 个、3 个甚至 4 个小时的初中生也能获得很好的成绩。实际上，有不少父母称自己沉迷网络的青少年子女取得了令人满意的成绩。对此，我们可以做出两点回应。其一，即便有些人在大量使用电子产品的情况下也能取得很好的成绩，但这样做的社会成本显然很高。从整体上看，每天使用电子产品 1 小时的初中生群体，与社会人口情况相似却不使用电子产品的群体相比，他们的成绩远不如后者优秀。其二，一个沉迷网络的普通青少年的成绩很好，这并不意味着他不使用电子产品时成绩不会更好。换言之，即便我们无法预测"使用电子产品"的保罗的成绩（A、B 或 C），我们也可以有把握地说，如果他"不使用电子产品"，他的成绩可能会更好。德国的一项针对 10—17 岁学生的研究很好地说明了这个观点。[15] 在这项研究中，学生的成绩被分为 4 个等级（为了与之前的研究保持一致，此处用 A 到 D 来表示）。结果显示，在研究开始一年后，学生数学成绩的下降与研究开始时观察到的电子产品使用时间成正比。将 A 等级学生使用电子产品的时间增加 17%，其成绩将降至 B 等级；将使用时间增加 50%，其成绩将降至 C 等级；将使用时间增加 57%，其成绩将降至 D 等级。有必要指出的是，这些影响并非微不足道。

关于电视的广泛而传统的共识

除了刚才提到的普遍性研究，许多研究工作极具针对性。其中最早的研究与电视有关。这些研究已得出一致且毋庸置疑的结论：儿童和青少年看电视的时间越久，他们的学习成绩下降得就越多。[19-37] 例如，在一项特别有趣的研究中，研究者在

20 多年内跟踪研究了同一批人（近千人）。[26] 在他们 26 岁时进行的最新分析表明，在 5—15 岁之间，儿童每天看电视的时间每增加 1 小时，其获得大学文凭的可能性就会降低 15%，其肄业的可能性就会增加三分之一以上。另一项研究专注于年龄更小的儿童群体。研究结果表明，如果这些儿童在 2.5 岁时每天看电视 1 小时，他们在 10 岁时的数学成绩就会下降 40% 以上。[31] 这种影响看似"沉重"，却并不出人意料。在按颜色给方块分组，按形状给乐高积木分类，按从小到大的顺序给小塑像排序，或把橡皮泥球变形、重塑、分割和复原以及进行其他类似的活动时，儿童会获得基本的数学概念（同一性、守恒等）和能力（分类、归类等）。如果有成年人在一旁引导他们（例如：我们有"同样多"的糖果）或向其介绍计数法（例如：哇！你有"两本书"……如果我从你那里拿走"一本"呢？），效果会更好。然而，正如我们所说，这些在现实中进行的人际交流以及娱乐性探索是过早使用电子产品（尤其是电视）这一行为的首要牺牲品。因此，在使用电子产品的儿童身上，某些基本的逻辑数学前期知识并不完善；而没有这个基础，以后也难以建立牢固的知识。剩下的就是把责任推到遗传基因上，通过断定这个学生在数学方面并无天赋，从而关闭了其具有潜力的未来的一扇门。

另一项研究对卧室里的电视对小学生产生的影响进行了分析。[25] 数据表明，卧室里没有电视的孩子在数学（+19%）、书面表达（+17%）和阅读理解（+15%）方面的分数均优于卧室里装有电视的同龄人。这一结果与另一项针对 9—15 岁学生的研究工作所得出的结论相符。[29] 分析结果显示，随着一周内看电视时间的增加，达到优秀等级（A 等级，成绩等级从 A 到 D 依次递减）的学生人数几乎呈直线下降：在卧室中没有电视的小组中占 49%，而在每天看电视 4 小时以上的小组中仅占 24%。

最后，似乎很难认为所有这些影响都是温和的，特别是因为最近，上文中提到的一项长期研究[26] 将其研究范围扩展至职业领域。[38] 得出的结果表明，对于男孩而言，在 5—15 岁之间每天每多看 1 小时电视，其在 18—32 岁之间失业 2 年以上的可能性就会增加 1 倍以上。在女孩身上也有同样的趋势（失业 2 年的可能性是原来的 1.6 倍），但这并未达到统计学的显著性阈值。

毫无疑问，电子游戏同样如此

研究人员当然也研究了电子游戏对儿童造成的影响。这方面的数据也具有惊人的规律性：玩游戏的时间越长，学习成绩下降得就越多。[29, 30, 33, 37, 39—48] 美国进行的一项研究尤为有趣。[49] 研究者在报纸上刊登了一则广告，招募了一些志愿者家庭来参与一项"对男孩学业和行为发展的研究"①。作为回报，参与者可以得到一台游戏机（PlayStation）和一些电子游戏（分类为大众级别）。只有学习成绩尚可、没有行为障碍并且家中没有游戏机的男孩才能入选。半数家庭立即收到了"奖励"，另一半家庭则需要等到研究结束（4 个月）后才能收到"奖励"。这种方式十分巧妙。实际上，它使研究者能够在没有偏见的情况下，通过比较最初情况一致的两个群体，研究获得游戏机后孩子学习成绩的变化。不出所料，"游戏机组"的孩子并没有让游戏机闲

---

① 做出这一选择并不是因为女孩不值得研究人员关注，而是为了避免性别影响，并考虑到男孩玩得更多（因此先天比女孩更"危险"）。

置，而是平均每天玩游戏 40 分钟，即比"对照组"的孩子多 30 分钟（后者可能会在家庭之外，特别是周末或放学后去朋友家玩游戏）。有一半孩子的额外游戏时间挤占了他们写作业的时间，使作业时间从每天 30 分钟减少到 15 分钟。这样的"窃取"不可能不对学习成绩产生影响。在研究结束时，"对照组"在三个方面的学习成绩均优于"游戏机组"：书面语言（+7%）、阅读（+5%）和数学（+2%，在这方面观察到的差异并未达到显著性阈值）。有趣的是，研究者还要求教师填写了一份标准的心理测量量表，以指出学生在学业上可能存在的困难（尤其在学习和注意力方面）。结果表明，与"对照组"相比，"游戏机组"遇到的困难明显增加（+9%）。由于这些影响是在使用电子产品时间较短（4 个月）和使用时间增长适度（每天 30 分钟）的情况下产生的，因此更能说明问题。

在美国进行的另一项研究中，经济学家证实了这些结果。这项研究针对的是较年长的成年大学生。[48]"准实验"的方案至少可以说是十分巧妙的。研究者给大一新生们随机分配了一位室友。在某些情况下，室友会带来一台游戏机。而后，研究者对比了室友有或没有游戏机的大学生的学习成绩（室友的游戏机可以共享／借用）。结果显示，与游戏机主人同居的大学生的成绩明显下降（-10%）。在考虑到大量可能存在的解释性因素（睡眠、饮酒、缺勤率、兼职等）之后，分析指出了个人学习时间带来的主要影响。室友没有游戏机的大学生比室友拥有游戏机的大学生每天多复习 45 分钟。不出所料，这种差异也体现在游戏时间的增加上。"游戏机组"的成员每天玩游戏的时间比"对照组"成员多了大约 30 分钟，这 30 分钟的时间导致两组成员期末考试的分数相差 10%。在这方面，影响远非无足轻重，特别是如果我们还记得上文所述，青少年以及前青春期儿童平均每天玩游戏的时间接近 1 小时 30 分。

智能手机也是如此

近来，研究者同样开始关注移动设备，其中当然包括无处不在的智能手机。这个庞大的娱乐平台集中了所有（或几乎所有）数字娱乐功能。它可以使人访问各种视听内容，玩电子游戏，上网，交换照片、图片和信息，连接社交网络，等等。而且这一切都丝毫不受时空限制。智能手机与我们如影随形，它无懈可击且无休无止。它是最厉害的大脑吸血鬼以及制造白痴的终极特洛伊木马。它的应用软件越是"智能"，就越是会取代我们的思维、让我们成为白痴。这些应用为我们选好餐厅，给我们能接触的信息分类，挑选发送给我们的广告，确定我们要走的路线，自动回复我们提出的口头问题以及我们收到的电子邮件，从我们的子女在幼儿园时起就征服了他们，等等。再努力一些，它们就能够代替我们思考了。[50]

使用智能手机带来的负面影响清楚地体现在学习成绩这一方面：使用时间越多，成绩就下降得越多。[32, 51-62] 从这个角度来看，近期的一项研究十分有趣。[62] 实际上，实验方案并不局限于询问参与者（在这一实验中，参与者是管理学专业的大学生）的成绩及其对手机的使用情况，还涉及对数据的客观测量。在征得每个参与者的书面同意并严格遵守保密和匿名承诺的情况下，研究者通过学校行政部门获得了学生的考试成绩，参与者也同意在其智能手机上安装"间谍"软件，以便在无干扰的情况下客观地记录他们使用手机的实际时间，记录期限为 2 周。

根据这项研究的结论，"智能手机的影响程度令人担忧"[62]。研究证实，一方面，参与者使用智能手机的时间（平均每天 3 小时 50 分）比他们想象中的时间（平均每天 2 小时 55 分）多得多。另一方面，使用手机的时间越多，学习成绩似乎也下降得越多。

为了便于对这一现象进行定量评估，研究者将研究对象缩减为 100 人的标准化群体。从这些人身上可以发现，每天使用智能手机的时间每多 1 小时，学生的排名就会下降近 4 位。如果仅仅是为了取得普通专业的学位证书，这可能也不是非常严重的问题。然而，在高精尖专业的残酷世界里，情况就没那么乐观了。医学专业就是一个很好的例子。在法国，医学入学考试的录取率平均为 18%。[63] 在这种情况下，智能手机很快就成为一个不可逾越的障碍。以一个没有手机的大学生为例，假设他在 2000 人中位列第 240 名，并且通过了考试；但每天使用手机 2 个小时就会使其降至第 400 名，因而遭到淘汰。当然，如果您像许多大学生一样在课堂上玩手机，情况就会变得更糟。每多玩 1 小时，"惩罚"就会更重一分——排名下降近 8 位。

让我们最后强调一次，我们谈论的只是人口的平均水平。总有一些人以自大的姿态来挑战常规："是的，不过我儿子总是盯着手机，但他还是通过了医学考试。"这种例子确实存在，尤其是因为如今几乎所有的大学生都拥有智能手机。因此，我们在讨论这些问题时不该继续关注绝对值，而应关注相对差距。换言之，当大家每天使用手机的平均时间接近 4 小时，120 分钟就可能是使您达成目标的"合理"时间……但这并不意味着（远非如此！）这 120 分钟毫无影响。实际上，为了更清楚地说

明，我们可以将上述观察结果重新表述如下：学习成绩的下降
与使用智能手机的时间成正比；在使用手机这件事上，学生越
是不加克制，其成绩就下降得越多。

使用电脑和社交网络产生的影响

除了所有这些研究之外，还有一些更为具体的研究，例如
关于社交网络的使用的研究。在这方面，研究结论同样是消极
的。学生（主要是青少年和大学生）使用这些工具的时间越长，
他们的学习以及智力表现就越差。[32, 52, 64—72] 某些教学实验通
过建立封闭式的讨论小组来共享具有针对性的学习资源和信息，
这也是有弊端的。有报道称，在这种情况下，有些数学专业的
大学生的成绩略有提高。[73] 但近期进行的一项大规模研究并不认
可这一观察结果的普遍性。[71] 尽管如此，数据证实，学生出于学
习目的使用社交网络至少不会有害。但实际上，即便我们承认
社交网络可能会产生一些积极影响，情况也不会有太大的区别，
因为出于学习目的使用社交网络的时间远远少于进行使人消沉
的娱乐活动的时间（图 2）。这就是为什么本节开头引用的关于
电子产品总体使用情况的研究结论也是负面的。

家用电脑也有同样的问题。一方面，家用电脑几乎无限制
地提供各种娱乐内容（电视、连续剧、电子游戏等），我们刚
刚也提到其对学习成绩的有害影响。但与此同时，没人能够否
认这些工具同样提供了取之不尽、用之不竭的教育资源，即使
我们不该将无限制性和可用性混为一谈：能够在线学习哈佛
大学或麻省理工学院的课程是一回事，具备吸收课程知识所
需的注意力、动机以及学习能力则是另一回事。[74—76] 我们将

在下文进一步讨论这个问题。与此同时，让我们回到亲爱的电脑上。其总体影响如何？在天平的两端，电脑使人愚笨的用途和令人受益的功能孰轻孰重？答案在某种程度上取决于我们参考的研究。如果我们参考的是严谨的大型研究，家用电脑的影响范围就是从无[77, 78]到消极[79—81]。换言之，家用电脑带来的益处充其量能够抵消其害处。[82]这还是较为温和的解释。实际上，那些未能证明电脑总体的负面影响的研究[77, 78]是基于给家庭条件十分困难的初中生分配电脑的实验方案。然而，在这些初中生中，绝大多数人的家里没有网络，因此他们很少使用他们得到的电脑。此外，使用时间的增加（每天 20 分钟左右）对其做作业的时间几乎没有影响。但当分配给他们的电脑能够联网时，情况可能会发生变化。孩子们会发现自己面对的是使他们变得无限愚蠢的美好未来：电子游戏、电影、连续剧、音乐短片、社交网络、色情网站、电商平台等。少数认为家用电脑对学习成绩并无影响的研究将很快加入得出负面影响的研究的大部队；奥尔德斯·赫胥黎将会复活，他在大约 80 年前就已预见到这将是"绝对的专制……也是囚犯们不想逃离的没有围墙的监狱。还是一种奴隶制度，但由于消费和娱乐，奴隶们很喜欢自己的奴隶身份"[83]；最终，虽然可能为时已晚，但人们会重新想起尼尔·波兹曼辛辣却具有预言性的书名——《娱乐至死》[84]。

最终，获胜的总是使人愚笨的用途

没有什么问题比作业问题更能说明娱乐对努力的支配。作业是学习的重要组成部分。[85—89]在短期内，作业的作用主要在于促进学生对相关内容的掌握和记忆。而从长远角度来看，作业有助于培养学生在自律和自我调节方面的某些能力[90-93]，这对学业成功至关重要[94-99]。实际上，简单来说，我们并非生来就用功、勤勉或能够牺牲自己的娱乐时间（例如玩电子游戏或在脸书上聊天）去完成一些重要的事情（例如完成写作任务）；我们是逐渐变成这样的[100, 101]。而作业就是这种变化的要素之一。然而，如前所述，个人学习深受数字娱乐产品的影响。学生受到的损害不仅体现在他们作业时间的缩短[23, 48, 49, 102-106]，还体现在他们具有注意力分散的倾向（"多任务处理"），这不利于他们理解和记忆所学的内容[52, 107-114]。对作业的数量和质量产生的损害为数字娱乐产品对学业的消极影响提供了直接且明显的解释。显然，这并非唯一的解释。我们将在下一节谈论发展问题时再详细讨论这一点。

　　所有这些数据最终都证实，当儿童或青少年使用电子产品（计算机、平板电脑、智能手机等）时，占上风的几乎总是使人消沉的娱乐活动，它压倒了其他积极活动。如果仍有必要说明，著名的国际项目"每个儿童一台笔记本电脑"（One Laptop per Child）得出的数据也证实了该结论。该项目旨在为贫困儿童提供"低成本"的电脑（后来是平板电脑），希望这将对其学习能力和智力产生积极影响。世界各地的媒体纷纷赞扬这一由美国非政府组织发起的绝妙倡议，并以极大的热情描述了其取得的最初成果。[115-122] 例如，我们从这一项目的创始人尼古拉斯·内格罗蓬特（Nicholas Negroponte）那里听到："在埃塞俄比亚，有些孩子不需要上学就能学会阅读；而在纽约，孩子们即使在学校里也没学会阅读。这意味着什么？"[119] 这个问题问得好……可能正如法国前总统雅克·希拉克（Jacques Chirac）所言，"承诺只对接受承诺的人有约束力"。不幸的是，至少可以说，该项目客观测量出的影响结果并未达到其宣布的期望值。经过一次又一次评估，研究者不得不承认，这一耗资巨大的项目对提高孩子们的学习和认知能力徒劳无益。[124—129] 在许多情况下，结果甚至是负面的，因为受益者更喜欢（谁会对此感到惊讶！）用电脑娱乐（玩游戏、听音乐、看电视等），而非学习。例如，在加泰罗尼亚，"这一项目对学生的加泰罗尼亚语、西班牙语、英语和数学成绩均产生了负面影响。他们的测试成绩下降了 0.20—0.22 个标准分数，占测试平均分的 3.8%—6.2%"[129]。下降的分数即使不算惊人，却也是实质性的。一篇综述得出的结论是："在技术乌托邦的一系列发展计划中，每个儿童一台笔记本电脑是最新的计划。这些计划试图用过于简单的方法解决复杂的社会问题，因而遭遇失败。"[130] 值得一提的是，媒体对这一可悲的事实反响寥寥，特别是那些最初最为狂热地捍卫该项目的媒体。这种"遗忘"也许可以解释，为何如此多的人至今仍然相信不识字的孩子能够通过他们的平板电脑"自学"[131]，相信他们"没有老师的教导也在自学阅读"[122]，正如最初在没有事实依据的情况下，该活动的倡导者们大肆宣扬的那样。让人惊讶的是，全世界的新闻工作者毫无保留地对该神话进行了狂热的报道，却完全忽视了其他不那么引人注目却更有前景的干预措施——有一个项目表明，在发展中国家，向幼儿的母亲分发书籍会对幼儿的语言、注意力和社交能力产生极大的积极影响 [132, 133]。毕竟，当人们可以对一个复杂、无效且费用高昂的计划大加赞赏时，他们何必要关注简单、高效且成本低廉的主张呢？

互相矛盾的数据？

　　显然，我们总是可以用一些孤立的研究得出的相反结论来反对上述研究。这不足为奇。所有的科学领域，无论达成了怎样的共识，都会出现不一致的观察结果。问题是许多媒体对这些观察结果趋之若鹜，竞相报道，缺少客观评价。这样的主要后果是大众对最成熟的实验事实提出了疑问。这一点非常重要，值得我们关注。为此，我们将分三步进行。首先，（简要）介绍一些基本的统计学原理，以使大家明白为什么不一致的研究的存在从数学角度来看是不可避免的。其次，具体说明媒体对那些极其"反常"的研究的倾向，它们唯一的原因在于这些研究很可能带来舆论的热度。最后，通过引述最近的一些研究回到学习成绩这一主题，这些研究得出的结论与电子产品具有有害性这一论点背道而驰。尽管它们在概念和方法上存在惊人的缺陷，但新闻界还是对此进行了大肆宣传。

不可避免的统计变异性

　　统计的作用很大，却并不完美。我们可以称之为合理怀疑的科学。研究人员一般认为，当两个实验组之间的差异"偶然"发生的概率小于 0.05 时，这种差异在统计学上就达到了显著性水平（即实际存在）。这意味着，当实验组之间并无差异，在 100 项研究中，几乎总有大约 5 项研究会得出与之相反的结论。反之亦然。当实验组之间存在差异，总会有一些研究声称它们之间没有差异。

　　让我们考虑一个简单的数字例子。取两枚完全均质的硬币，各抛掷 200 次，计算它们"正面"向上的次数。如果有 100 名研究人员进行实验，95 个人会说"正面"向上和"背面"向上的次数相同，所以两枚硬币也是相同的。然而，有 5 人会得出相反的结论，因为"正面"向上和"背面"向上之间的差异在统计学上是显著的（即"偶然"发生的概率小于 0.05）。

现在，有两枚机械性质上不均质的硬币，它们经抛掷后"正面"向上的概率分别为 40%（P1）和 60%（P2）。[①] 用这两枚硬币重复实验，各抛掷 200 次，并比较它们"正面"向上的次数。如果有 100 名研究人员进行实验，则 98 人会发现差异，2 人不会发现任何差异。然而，"假阴性错误"（实验组之间有差异时却没有发现差异）的数量会根据投掷次数的变化而有所不同。投掷的次数越多，出错的概率就越小。因此，在我们的例子中，如果将投掷次数增加至 500 次，错误率将降至千分之一左右。相反，如果将投掷次数降至 20 次，错误率将攀升至约70%（即绝大多数研究人员会得出硬币是相似的这一结论）。甚至会有千分之一的人认为第一枚硬币（P1）比第二枚硬币（P2）正面向上的概率更大。

简而言之，当一个科学领域产生了大量的研究，难免会出现错误的研究工作。一些研究会描述本不存在的影响，而另一些研究则无法证明已经证实的影响。因此，在一个极为同质化的实验领域中发表得出矛盾结论的研究时，始终应该格外谨慎。不幸的是，情况远非如此……甚至是当研究显示出十分惊人的

---

① 本段中的数据是在简单的数学模拟基础上得来的。其原理在于借助计算软件从理论上"执行"这一实验。将每枚硬币"抛掷"n 次（使用随机计算函数），然后比较两枚硬币"正面"向上的比率。大量重复该实验，就可以估算出两枚硬币获得相似结果的概率。我们在此选择了三个 n 值（20，200，500），并重复实验 10 万次。

方法论缺陷时。我们将在下一部分对此进行启发性的说明。

信息引起的讨论

　　最近，一项"科学"研究引起了全球媒体的轰动：与数百项进展良好的研究得出的结论相反，该研究声称吃巧克力（脂肪＋糖）能够减肥。欧洲发行量最大的日报《图片报》（*Bild*，源自德国）甚至将该信息放在了头版！这项研究工作的作者是美国分子生物学博士、著名杂志《科学》（*Science*）的通讯会员约翰·博安农（John Bohannon）。他的意图很明确：捏造一项荒诞不经却足够吸引人的研究以引起媒体的兴趣，并证明"在节食盛行的背景下，让伪科学登上头版头条新闻是多么容易"[134]。博安农并未弄虚作假，他只是使用了一些众所周知的统计手段，以确保他能发现一些并不存在的东西。① 接着，他谎称自己加入了一个杜撰而来的学会（饮食与健康学会，该学会"只有一个网页"），并将自己的文章寄给了一家伪科学期刊。只要给张支票就可以在这家期刊——《国际医学档案》（*The International Archives of Medicine*）——上发表任何文章。文章一经发表，"是时候制造舆论了"。为此，博安农寻求了一名新闻公关专家的建议，很快产生了非常好的效果。该信息以 6 种语言得到了20 多个国家的主流媒体的转发。这一事实尤为可怕，因为该研究中的一切都是虚假的（信息来源、背离传统的结论、作者加入的学会、他在该领域缺少产出的事实等）。这项研究工作本该

---

① 例如，在测量少数被试（该研究中为 15 人）身上的许多变量（研究中共有 18 个变量：体重、胆固醇、睡眠等）时，您很有可能发现某些并不存在的事实……尤其是当被考虑的变量具有自然波动的趋势时（例如体重）。

遭到最大的怀疑，但与之相反，它像邮递信件一般被传送至全球并受到赞誉。此外，绝大多数新闻工作者都仅仅是"复制和粘贴"博安农撰写的这份新闻资料。

我们可以由此得出结论：任何伪研究，无论多么荒谬，只要它足够吸睛且能够引起讨论，就能登上全球主流媒体的"头版头条"。

"数字娱乐活动不会影响学习成绩"

不幸的是，能使人变聪明的电子产品就像能够减肥的巧克力一样并不存在。法国的一项研究以极具代表性的可悲方式说明了这一点。这项研究涉及 27 000 名初中生，几乎同时在两家期刊发表：（1）详尽地 [135] 在一家法语期刊中发表，该期刊位居心理学学术期刊的末位 [136]；（2）以节选的形式 [137] 发表在一家活跃的非科学协会杂志上。引发舆论的正是后者。几乎所有主流媒体都对该信息趋之若鹜。[138—146] 应该指出，作者本人认为，该研究工作只是"调查，而非实验项目"（它绝不是名副其实的科学研究 [135]），它的一切都让朗代诺①的数字化推广者满意。当然，其结论对真人秀电视节目并不友好。法国某全国性周刊用"真人秀会使青少年成绩下降"作为标题。[143] 但这不是重点。实际上，面对所有电子产品，真人秀的问题如今已属次要，而且在很大程度上已经过时了，因为这类节目的潜在危害似乎已被接受。[19, 147—153] 现在，争议聚焦于其他显然更为"开放"的主题

---

① 朗代诺（Landerneau），法国西北部城市，布列塔尼大区菲尼斯泰尔省的一个市镇，是一个区域性的中心城市。——编者注

（普通的电视、社交网络、电子游戏等）。从这一点来看，"调查"似乎充满了刺激性的消息。当记者问及"电视媒介本身是否难辞其咎"，主要作者坚决否认："不。其他节目，例如动作片和纪录片，对学生的成绩影响极小。"[141] 同样，正如一家免费大型日报所言，"电子游戏的危害性没有人们想象的那么大。研究人员写道：'玩电子游戏（动作、战斗、射击）不会产生负面影响。'对某些拿自己沉迷游戏的青少年子女没办法的父母而言，这不会没有争议……通常被指责具有各种坏处的其他活动，例如频繁使用手机（占调查对象的78%）和社交网络（占调查对象的73%），根据他们的调查结果'对学习成绩的影响极小'"[138]。简而言之，根据调查作者的看法，"总体而言，绝大多数娱乐活动，例如电子游戏，对学习和认知表现并无影响或者影响很小，这些娱乐活动能让学生放松或者让他们的情感和社交方面的需求得到表达（通过电话、短信）"[137]。

这的确能够缓解父母的焦虑，可惜该调查使用的方法漏洞百出。实际上，从一开始，确定电视、电子游戏和不当使用手机的危害性的概率就几乎为零。首先是时间的问题。在该研究的大众版本的引言段落中，作者列举了几个问题，例如"花在打电话和发短信上的时间是否会对阅读和理解能力造成负面影响？"[137]。出乎意料且与其具有吸引力的目标完全矛盾的是，他们在调查的学术版本中承认，"我们没有测量实验对象每天进行娱乐活动的时间"[135]。这就是问题所在。这项研究从未关注时间的问题。研究人员没有询问实验对象每天使用各类电子产品的时长，只是询问他们是否"每天（或几乎每天）；每周大约1或2次；每月大约1或2次；每季度1或2次；开学后从未"[135] 使用电子产品。然而，与其默认的相反，这些选项并不能说明他们使用电子产品的实际时长。因此，无论一名初中生每天使用电子产品 15 分钟、2 小时还是 6 小时，他都会被划入"重度用户"的行列。同样，在上学日不被允许玩游戏或看电视，但在周三下午和周末可以玩好几个小时的孩子则被归为"轻度用户"。此外，每组组员之间还存在着显著的社会异质性问题。例如，大量的重度用户（约占样本的 80%）一定包括来自富裕家庭的孩子。任何流行病学调查（既然此处谈论的正是调查），只有考虑到这种协变量，才具有可信度。然而，这项调查却并非如此。相反，它将所有的风险因素混杂在一起，形成了错综复杂的因素迷局，从这个迷局中提取任何一个因素都是不可能的。研究人员和统计学家早就知晓这一点。例如，大约 15 年前，德国的经济学家根据 PISA[①] 的数据证明，家中装有电脑的初中生的成绩要优于家中没有电脑的同龄人。[79] 成绩的差异并不能忽略不计，因为它大概相当于一个学年的教育差距。[②] 人们大叫一声："有办法了！"……只是作者在进一步分析后发现，这个非常美好的故事并不成立。特别是在考虑到家庭社会经济特征的情况下，观察到的电子产品的积极影响就会完全成为有害影响。作者（已经！）得出的结论是："仅是在家中安装电脑似乎就会分散学生进行有效学习的注意力。"[79]

当然，我们可以接受，一些非专业的记者没有注意到这些"微妙"的方法。但我们应当如何看待已经发表的大量相互矛盾的研究以及作者为证明其结论而提出的荒谬假设呢？根据研究第一作者的观点，"看太多真人秀的学生显然没有足够的时间学

---

① 参见第 4 页注释。这一术语再次出现时将不做提示。
② 这意味着，如果拥有电脑的这组孩子达到"法国初中四年级初始阶段"的水平，那么没有电脑的这组孩子只有"初三初始阶段"的水平。

习各个科目。但最重要的是，这类节目造成了学生的文化和词汇知识的贫乏"[141]。当然，类似的问题并不会出现在例如玩动作、战斗和射击游戏的孩子身上。这些游戏内容的语言丰富性毋庸置疑，许多研究（上文中提及的）证明，这些游戏对学生完成作业的时间和质量都产生了显著影响，这必然是错误的。确实，这一切都并不严重……但在媒体不可靠的炒作下，使用电子产品不会对学业水平造成影响这一观点深入人心。最后，我们可以毫不脸红地向父母解释，"电子游戏对学生的成绩几乎没有影响"，沉迷于此类活动"和打高尔夫球是一回事"[144]。这真是令人沮丧！

"玩电子游戏可以提高学习成绩"

显然，并非所有有缺陷的研究都显示出与上述调查相当的方法论贫瘠程度。在多数情况下，最明显的实验缺点都被掩盖在统计学令人信服的外表之下。例如，如今在国际科学期刊上发表的研究，哪怕是三区期刊，也很少有研究不考虑主要的相关协变量（性别、年龄、社会经济水平等）。但掩饰无疑会让识别不当研究这件事变得更加复杂。尽管如此，还是很容易发现一些警告信号的：研究发表在次要或非科学期刊上；研究结论与几十项结论一致的研究相矛盾且缺少可信解释；研究结论恰好证实了某个被强烈质疑的工业产品的安全性或益处（杀虫剂、甜味剂等）；等等。这并不意味着这些指标是无懈可击的，但显然，它们应当能够促使新闻界采取最为谨慎的态度。不过情况并非总是如此，媒体仍不断以一种怪异的热情报道许多具有这些缺陷的"研究"。

最新的例子是澳大利亚进行的一项研究，该研究发表在一家二流期刊，讨论的是使用数字娱乐产品对学业造成的影响。[154]这项研究在全球范围内产生了影响。媒体尤为关注其中的两个结论：经常玩在线电子游戏会对学生的成绩产生积极影响；相反，使用社交网络则有消极影响。大部分"头条新闻"关注的都是第一点，并着重强调例如"上网玩游戏的青少年成绩更好"的言论。[155]有些较为少见的标题则采取了一种综合方法，同时提及社交网络的问题——"玩电子游戏可以提高儿童的智力（但脸书会对他们的学习成绩产生危害）"[156]或"研究称，玩游戏的青少年的数学成绩优于使用社交网络的青少年"[157]。

除了这些原创的标题之外，大多数新闻报道都选择委托该研究的作者来解读其得出的结论。[①]这位教育经济学家解释道："几乎每天都玩网络游戏的学生，其数学和阅读成绩比平均分高出 15 分，科学成绩高于平均分 17 分。"[154, 156, 158—161]这种联系的原因在于，"在玩网络游戏时，你会为了闯关升级而解决难题，这会涉及你在白天所学的某些数学、阅读和科学方面的常识和技能"[155, 156, 159—161]。他从这些数据中得出结论："教师应当考虑将流行的电子游戏融入教学——只要不是暴力游戏即可。"[156, 160, 161]

许多主流媒体都对这些信息大加赞赏。其中一位记者激动地写道，"电子游戏和教育是目标一致的战斗"[158]。另一位记者也完全赞同其观点，他声称，"电子游戏具有的不良声誉可能是不公平的"[157]。对于这位"专家"，我们又能说什么呢？在接受法国一家大型日报的采访时，这位"专家"展示了其惊人的

---

① 这就是为什么本段中的引文会出现好几个参考文献。有趣的是，我们可以看到，在世界范围内，有多少措辞一致（或几乎一致）且毫不客观的文章。

平衡技巧。他一方面称赞了电子游戏的积极影响，另一方面反驳了社交网络具有消极影响这一观点。我们也由此得知，"和征服、冒险或建筑有关的一些电子游戏有利于某些能力的发展，例如预期推理、逻辑和策略能力"，而对社交网络而言，"一切都取决于环境，因此不能一概而论……社交网络不是课堂上的闲聊。只有在社会环境中充分成长的年轻人才能在学业上有所发展"[162]。该研究的作者本人拒绝提出限制学生使用社交网络的建议。[157] 更糟糕的是，他甚至提出应当在学校里加强对这些工具的使用。[156, 161] 在他看来，"由于研究中 78% 的青少年每天或几乎每天都使用社交网络，所以学校应当采取更加积极主动的方法——利用社交网络进行教学"[163]。

在这片赞扬声中，唯有一位具有洞察力的记者（！）将平均分①与其观察到的差异联系起来，这些差异似乎"是显著的，但很微小……经常玩网络游戏的孩子的分数比平均水平高 3%"[163]。奇怪的是，在社交网络这方面，数量上的缺陷却得到了广泛的强调。[155, 157] 例如，"几乎每天都玩网络游戏的学生，其数学和阅读成绩比平均分高 15 分，其科学成绩高于平均分 17 分……（作者）还研究了社交媒体的使用与 PISA 得分之间的相关性。他得出的结论是，使用脸书和推特等网站的孩子更有可能取得比平均分低 4% 的成绩"[159]。但没有一篇报道指出，这一百分比要比平均分低 20 分；因此，我们无法将其与电子游戏的积极影响进行比较，因为后者是用绝对值给出的。

因此，此处涉及的研究充其量只能说明，社交网络对学习成绩造成的消极影响不大，而网络游戏对其造成的积极影响也

---

① 大约 515 分（根据试题结构，PISA 研究的平均分总是在 500 分左右）。

很微弱。鉴于我们观察到的新闻界的喧哗，我们需要承认这一结论并不能引起关注。但在必要时，我们要接受夸张的说法，并认为夸张是媒体博眼球的招数。实际上，真正的问题在于，即便将分数改为相同的表示方法，该研究仍然存在极大的缺陷。首先，在方法论层面，即便其统计模型构造良好，其中仍包含许多与上述调查相同的缺陷（特别是未能考虑实际的电子产品使用时间，而是用使用频率分类："每天""每天或几乎每天"等）。但这还不是全部，另外两个方面的缺点也特别重要：得出的各种结果的一致性（它们是否互相匹配，是否可信，是否可与现有数据相容，如果不相容，为什么，等等）以及作者为自己的观察结果提供合理解释框架的能力。

让我们从一致性问题开始。除了媒体"精挑细选"的两个要素（电子游戏和社交网络）之外，原始的研究文章还考虑了许多变量：完成作业的时间、使用互联网学习、学习的认真程度、学生性别、家庭社会经济水平等。如果我们的记者朋友能够屈尊瞥一眼这些变量，他们就能写出各种吸引人的标题。[1] 举例如下：

——"要想成绩好，玩电子游戏比做作业效果更好"："几乎每天"玩电子游戏能让学生的成绩高出平均水平 15 分，而每天做作业 1 小时只能让成绩高出平均水平 12 分。

——"要想成绩好，不必去上学"："每月 1 或 2 次"使用网络完成作业的学生，其平均成绩提高了 24 分，也就是说，比以"每周 2 至 3 次"频率逃课的学生下降的分数（-21 分）略多。我们还可以指出，每月在网上做一两次作业提高的平均分

---

[1] 下文中的分数均为学生的"阅读"成绩。我们还可以使用学生的"数学"或"科学"成绩（除了少数例外，数值均相同）。

数（+24分）是每天用老办法，即不上网做作业1小时（+12分）的2倍。真神奇！网络精神也许是通过毛细血管作用进入学生的大脑中，这种教学法就像神奇的造物主。然而，正如作者所言，我们应该小心谨慎，不要忘记还有其他因素需要考虑。实际上，"研究同样表明，每天旷课（原文如此）对学业产生的负面影响大概是每天使用脸书或聊天的2倍"[154]。既然如此，我们就安心了！

——"要想成绩好，最好家境清贫"：几十年来，也许是蒙受社会学家皮埃尔·布尔迪厄（Pierre Bourdieu）的开创性工作的欺骗[3]，专家们认为，比起家庭经济条件较差的孩子，出身优越的孩子的学习成绩更好。[4, 5] 这项研究却表明，情况恰恰相反：贫困孩子的平均成绩要比家庭富裕的孩子高出约40分。即便是全盛时期的苏联也不敢对它的人民开这种玩笑！

我们可以继续列举千篇一律又荒诞不经的新闻标题，但这并无多少益处。希望上述例子足以证明该研究工作的极度"脆弱性"，即使其作者的真诚毋庸置疑。当一项研究表明，要想取得好成绩，玩电子游戏要比做作业的效果好时，我们会大吃一惊。而当该研究同时指出，如果我们每月都强制自己在网上做一次作业，那么每周缺课两到三天就不会受到影响时，我们就会开始产生怀疑。但当该研究得出结论，出身贫困家庭的儿童的成绩优于家境优渥的同龄人时，我们只能认为这是在误人子弟。

这些研究结果太过荒谬，因为没有任何合理的假设可以解释它们；当然，除了一些常见的商业上的长篇大论，这些言论大肆吹嘘电子游戏开发各种奇妙且通常是可迁移的技能的能力。但正如我们将在下面看到的，这些技能并不存在。通过电子游戏习得的能力不会迁移到该游戏和极少数与之结构相似的活动之外。[164-172] 换言之，没有任何东西可以解释网络游戏作为一个整体，是怎样独立于所有个别类型（策略、战争、动作、体育、角色扮演游戏等）来提高阅读、数学和科学等所有学科的成绩的。反之则不然。正如我们将在下一节中证明的那样，许多一般机制很容易解释电子游戏（包括所有类型）对可能影响学习成绩的各种要素（睡眠、注意力、语言、完成作业的时间等）产生的危害。

许多研究中的一项？

当然，有些人会辩称，上述研究并非孤立存在，其他几项研究也强调了电子游戏和学习成绩之间存在着积极的联系。的确如此，除了一个细节。几乎所有这些研究都基于同样的数据（PISA）。这些研究关注了澳大利亚学生的成绩[154]、22 个国家学生的平均成绩[173] 以及 26 个国家学生的平均成绩[174] 等。从相同的数据出发意味着这些研究具有相同的先天缺陷（例如，不考虑实际使用时间而考虑使用频率），难怪这些研究得出的结论大致相同。显然没有人会提出存在偏差这件事。哇哦！我们可以大声呼喊来平息那些敢于质疑的人发出的声音，就说尽管如此，许多研究仍趋向同一结果，得出电子产品具有积极影响的结论。

最后让我们以经合组织发布的原始资料，即 PISA 报告为例。[175] 从媒体的角度来看，阅读该文本时其实并不会感到意外："经合组织声称，玩电子游戏能够提高考试成绩"[176] "研究人员发现，玩游戏能够提高青少年在数学、科学、阅读和解决问题方面的能力"[177] 等。这令人欣喜，可惜并无任何根据。简单浏览 PISA 报告就足以让我们相信这一点。从整体上看，该报告其实表明，电子游戏对学业的所谓影响并非有益，而是为零。用报告原文来说，"平均而言，比起每天玩单人游戏的学生，玩该类游戏的频率在每月 1 次至几乎每天之间的学生在数学、阅读、科学和解决问题方面的表现更佳。他们的表现也比从不或几乎不玩此类游戏的学生更好。相比之下，无论游戏频率如何，团队协作网络游戏似乎都与学业表现不佳有关" [175]。换言之，"单人"游戏的所谓积极作用被"团队协作"网络游戏的消极作用所抵消。有些媒体甚至没有提及这种差异，只是无耻地声称，"根据经合组织的一项研究，'适度'玩电子游戏有助于学生在学校取得更好的成绩……因此，禁止电子游戏并不可取" [178]。然而，网络游戏的这种消极影响更值得注意，因为上述针对一个国家（澳大利亚）的学生进行的研究 [154] 得出了与之完全相反的结论，即网络游戏（排名第一的是多人网络游戏）对学习成绩的影响是积极的。

这种（积极影响的）一致程度无疑可以安抚人心，但让我们再回到 PISA 报告上来。有趣的是，无论游戏频率如何，研究人员都可以观察到网络游戏的消极影响（平均而言，比起经常玩游戏的学生，很少玩游戏的学生所受影响甚至更大 [174]）。单人游戏的积极影响同样如此。每月只玩 1 次电子游戏就会受到影响（同样，平均而言，相较于经常玩游戏的学生，很少玩游戏的学生获益更大 [174]）。从数量上看，每月玩 1 次单人游戏与每天做 20 分钟作业对分数产生的影响相同，一些媒体也不失时机地用极具吸引力的措辞来强调这一点，例如这一标题："为什么花时间玩游戏而不是做家庭作业有利于提高青少年的学习成绩" [179]。这很有效，却很难得到证明，更何况我们还要考虑网络游戏的负面影响。关于这个问题，PISA 评估项目的负责人有话要说。他指出:"玩团队协作网络游戏似乎总是与学习表现呈负相关。一种解释是,你必须与其他在线玩家一起玩,而他们通常玩至深夜,这会占用大量的时间。"[179] 但我们如何解释,即便玩家玩游戏的频率极低(每月1次),这些网络游戏也会对其产生危害呢?最重要的是,我们如何解释网络游戏对轻度玩家比对重度玩家的危害平均而言更大的事实呢?[174] 而一旦否决了该假设,我们又该如何解释每月、每周或每天在游戏机上单独或在网络上和别人一起玩同一款游戏会有截然相反的效果呢?显然,这一切都毫无道理可言。

不是很可靠的数据

最近,一项新的 PISA 研究证实并概括了之前的观察结果。[180] 与几乎所有现有科学研究工作矛盾的是,该研究表明,电子产品对学业的有益影响不仅限于电子游戏,还扩展到所有数字娱乐活动:初中生越是沉迷于这些娱乐活动,其成绩就越好。这真是值得关注!然而,该研究并未得到媒体的广泛报道。一种假设也许可以解释媒体对此缺乏兴趣的奇怪现象,这与研究者的"贪婪"有关。他们不满足于研究电子产品的娱乐用途,还研究了电子产品在学校中的使用[著名的教学信息与通信技术(TICE)][①];而我们至少可以说,这些结论并无趣味可言。与大量的科学观察结果一致的是,这些结论表明,使用电子产品学习(在家中和在学校)会让学习成绩下降:初中生的脑海里越

---

① Technologies de l'information et de la communication pour l'enseignement。简而言之,教学信息与通信技术就是在学校环境中使用的所有数字工具。

是塞满了 TICE，他们的成绩下降的幅度就越大。这令人十分苦恼，在学校系统数字化急速发展的当下，也会造成一些混乱（我们将在下一部分继续讨论这个问题）。当然，研究人员试图用巧妙的解释（可惜并不是很有说服力）来说明这种异常现象的合理性：电子产品在用于娱乐活动时可以提高学习成绩，而在用来学习时则会让学习成绩下降！奇怪的是，这种解释忽略了唯一真正合理的原因，即研究使用的数据并不可靠。可惜，无论统计处理多么有效，如果输入变量出错，输出的数据也将充满缺陷。

　　然而，全然否决 PISA 的该项研究也是不合理的。实际上，并不是所有经过分析的要素都具有相同的可信度。[181] 一方面，许多变量确实值得商榷。例如，在冗长而枯燥的问卷中，准确地回答像这样模糊的问题是很不容易的："在一般工作日，您在学校上网多长时间？"或"在一般工作日，您在校外上网多长时间？"[182]。正如我们已经指出的那样，根据粗略的测量方法进行精细的定量分析也不是一件容易的事情，例如："您使用数字设备进行以下校外活动的频率是多少？"，这些活动包括"使用电子邮箱"或"上网获取实用信息（例如查找地点或事件日期）"等，选项有"从不或几乎不；每月 1 到 2 次；每周 1 到 2 次；几乎每天；每天"。

　　但其他问题更加明确，因此也不易受到质疑。对初中校长而言，回答以下问题较为容易："在贵校，参加'国家 15 岁少年①标准测试'的学生共有多少人？""大约有多少台计算机可供学生用来学习？""这些电脑中大约有多少台连接了因特网／万

---

① 参与 PISA 评估的学生的年龄。

维网?"等。同样，对初中生而言，回答以下问题似乎也较为简单："以下设备中是否有您可以在家中使用的（台式电脑、便携式手提电脑或笔记本电脑、电子游戏机、可上网的手机、无法上网的手机等）?"或"您家中有以下哪些事物（书桌、属于自己的房间、互联网等）?"，等等。当我们专注于这些简单的问题（因而从理论上说是最有效的），原来的异常现象很快就会消失。我们会发现，学习成绩实际上会随着家庭数字工具的可用性的增强而降低，但不会随着教室中这些工具的可用性的变化而发生显著的改变。我们应当承认，这两个结论与主流话语以及"数字原住民"的圆满神话不太一致。也许这就是主流媒体选择忽视我们在此讨论的研究的原因：该研究制造了太多焦虑，它太具批判性，太有敌对性，同时也太过悲观。可惜在这种情况下，媒体又是如此缺乏胆识。想象一下我们本可能读到的精彩新闻标题！"学校中的数字技术获得了淘汰性零分""电子产品对学习成绩有害""学业失败：不要把钱浪费在私教课上，扔掉游戏机"，等等。但让我们更加仔细地审视这一切……

数字化学校的精彩世界

　　"学校中的教材很快就会被淘汰……我们的学校制度将在10年内被彻底改变。"[183] 让我们承认，这一美好的预言并未过时，只不过这是美国发明家和工业家托马斯·爱迪生（Thomas Edison）于1913年在谈论电影的无限教育潜力时发出的赞叹。当时，电影这一媒介的确"注定要彻底改革我们的教育体系"[184]；有人向我们保证，电影"有可能教授人类知识的每一个分支"[183]。于是，我们仍在等待这个美丽的梦想变成现实。但这并不妨碍在 20 世纪 30 年代出现了关于无线电广播的同种言论，人们认为它能够"将全世界都带到课堂上，让最优秀的教师的服务唾手可得"[185]。

离我们更近一些，在 20 世纪 60 年代，人们开始大肆吹捧电视。当时的阿谀奉承者们声称，多亏了这一绝妙的发明，"我们最优秀的教师的人数才可能成倍增加，也就是说，我们才可能选择一名最好的教师，让所有学生都能从其最优秀的教导中受益……电视让每一间客厅、书房、阁楼等都变成潜在的教室"[186]。当时的美国总统林登·约翰逊（Lyndon Johnson）十分赞同该想法，他因为发起以电视为先锋之一的反贫困战争（与越战同时进行，但未取得更大的成功）而闻名。1968 年，在太平洋之行中，这位高贵的访问者声称，多亏了电视，"萨摩亚① 儿童的学习速度比之前快了一倍，而且还能记住他们学到的东西……可惜，世界上教师的数量远少于它所需要的。但萨摩亚通过具有教育性的电视节目解决了这个问题"[187]。我们还需指出结果并未达到他最初的期望吗？[19] 但不管怎样，难以根绝的祸患还未除去；尼古拉·布瓦洛（Nicolas Boileau）也曾在其著作《诗的艺术》（*L'Art poétique*）中写道："还要十遍、二十遍修改你的作品。"[188]

我们在谈论什么？

于是，电视被"教学信息与通信技术"取代。2011 年，一

---

① 萨摩亚独立国（The Independent State of Samoa），简称萨摩亚，位于太平洋南部，萨摩亚群岛西部。——编者注

位法国议员向我们解释，这些著名的 TICE[①] 似乎是"21 世纪教育关键问题的答案：它能够与学业失败做斗争；促进机会平等；让学生重获上学和学习的乐趣；提高教师职业的价值，让其重获'知识舞台导演'的地位……因为我们并非基于昨天的教育来培育明天的人才"[189]。我们承认这一承诺无所不包，言辞动人……此外，让教师重获"导演"的简单身份极具特色。我们将在下文再次讨论这个问题。但在此之前，让我们扪心自问，这些出色的 TICE 是否最终实现了这些美好的承诺。

为避免任何歧义，让我们先进行一个小小的澄清。许多人似乎将学习数字技术和"通过"数字技术学习混为一谈（有些人故意如此）。后者在一定程度上取决于前者，因为很明显，只有掌握最低水平的信息工具知识，才能"通过"数字技术进行学习。但是除了这种部分重合之外，将这两个问题混为一谈会误导他人。对于前者，有很多问题需要提出。例如，除了"通过"数字技术学习可能必需的基本知识（打开计算机或平板电脑、开启和使用所需软件等），还应该教授学生什么数字技术知识？所有学生都需要知道如何使用标准的办公软件套装（Word、Excel、PowerPoint 等）吗？所有学生都需要学习某些编程语言（Python、C++ 等）吗？所有学生都需要掌握数码相机和相关后期处理软件（Adobe Photoshop 或 Premiere 等）的使用方法吗？如果答案是肯定的，在什么年龄段引入这些知识？与更加"传统"的知识（法语、数学、历史、外语等）相比，其优先程度如何？这些问题合情合理，应该得到解答。

从实践角度而言，有些数字工具显然有利于学生的学习。

---

① 参见第 97 页。该词再次出现时将不做提示。

那些像作者本人一样经历过科学研究的旧时代的人，比任何人都更清楚最近的数字革命所做出的"技术"贡献。但显然，使我们的生活更加便利的工具和软件实际上会让大脑失去一些养分。我们越是将大部分认知活动留给机器，我们的神经元就越是难以找到形成、组织和聚合的机缘。[50, 190] 因此，不剥夺儿童认知发展的基础要素，并由此将专家与学习者区分开来（因为对前者有益的可能对后者有害）就变得至关重要。例如，计算器为已经知道如何计数的毕业班学生节省了时间，但这并不意味着它能帮助预科班的孩子掌握计数法、十进制的烦琐问题以及退位减法。同样，Word 能够给研究人员、秘书、作家、法庭书记员或记者的生活带来便利（极大的便利！），但这并不意味着使用文字处理软件有助于学习书写。如果我们相信现有的研究，结果正好相反。这些研究清楚地表明，在电脑上使用键盘学习写字的儿童在识记字母方面遇到的困难远多于那些用手、铅笔和纸来学习写字的孩子。[191—193] 他们在学习阅读这方面也有更多的困难。[194] 由于书写能力的发展有力地支持了阅读能力的发展（反之亦然）[195—200]，这也不足为奇。归根结底，一旦习惯于使用键盘，这些孩子在理解和记忆课堂知识方面也会比使用老式钢笔的孩子有更多不足。[201] 简而言之，如果您想尽可能阻碍学生进入书写的世界、随后进入学业成功的世界，那就变成践行进步主义（该词现在极为流行）的现代人吧。展现"常识"，忘掉笔的存在，直接让孩子从幼儿园阶段起就使用推特和文字处理软件。[202]

因此，没人质疑教授什么数字技术知识这一问题的重要性，与之相应，时间并非可以无限延长，所以也无人质疑应该从旧世界的知识中删去什么这一问题的重要性。但这只是问题的一

（小）部分，真正的问题实际上在于"通过"数字技术学习这一更加普遍的主题。换言之，想知道每个学生应当掌握什么数字技能是一回事；想知道将非数字知识（法语、数学、历史、外语等）的教学部分或完全托付给数字媒介是否可行、适当和有效是另一回事。

让我们再次明确，这并不是在先入为主地妖魔化方法，否则将是既愚蠢又荒谬的。所有人都承认，在有资质的教师设立的有针对性的教育项目的框架内，有些数字工具无论是否联网，都能成为恰当的学习辅助工具。但问题真的在此吗？人们对此有所怀疑，因为此处定义的理想模式与现实情况形成了鲜明对比。更准确地说，在概念上受到控制并严格服从于教育所需的按时使用电子产品的想法，似乎与周围的技术狂热现象相去甚远。这种技术狂热倾向于将数字技术上升到最终的教育"圣杯"的高度，并将不断发行平板电脑、计算机、交互式电子白板和连接因特网视为卓越教育的巅峰。换言之，此处遭到质疑的是教育系统（从幼儿园到大学）数字化这一狂热政策的理论基础和实验依据，是"教学法应当适应（数字）工具"[203] 而非与之相反的疯狂想法。

当然，一个学生使用各种蹩脚的程序比什么都不用学到的东西更多，要证明这一点轻而易举。即便是最拙劣的软件和数学、英语或法语在线课程都能让孩子学到"一些东西"，但这不是重点。要想使人信服，就要更加深入，满足两个约束条件。第一，我们应该证明所学的东西具有普遍价值，这需要证明获得的知识能够超越所用工具的特性（即对学习表现／标准化考试的成绩产生积极影响）。第二，我们应该证实数字投资能够带来真正的教育增值。在这种情况下，应当区分两种使用形式。一种是排他性的，即用数字技术取代教师：因此，必须定量比较数字技术和训练有素的教师各自的影响。另一种是求同性的，即将数字技术用作"简单的"教学辅助工具：因此，重要的似乎是证明数字技术带来的结果明显优于老师"单独"作用产生的结果（得到的答案显然会使我们思考投入的资源是否无法更好地分配）。就目前而言，学校教育数字化的倡导者还远未给这些不同的先决条件提供任何可靠的依据。[82, 204—208] 这一缺陷对以下主张提出了严重的怀疑：教育系统的狂热数字化具有充分的科学依据，且经过实验验证，因此对学生十分有益（甚至可能对教师有益）。

令人失望的结果

让我们首先来看一下 20 多年来在许多工业化国家和发展中国家开展的影响研究。总体而言，尽管进行了大量数字投资，但研究的结果仍极度令人失望。从好的方面讲，投资数字技术似乎并无用处[79, 209—216]；从坏的方面讲，事实证明数字技术投资是有害的[209, 217]。由此，经合组织在 PISA 项目[①] 的框架内进行的最新调查十分有趣。[218] 我们无须深入阅读这份资料就能了解数字化教育的失败程度。为避免质疑，我们将引用报告的原文。首先，报告总结了有关 TICE 对学习表现的影响这一章的数据："尽管在计算机、因特网连接和教育软件方面进行了大量投资，

---

① 在上一部分中，我们对 PISA 的某些测量方法的有效性提出了怀疑。因此，明确起见，应该指出此处讨论的数据从理论上说可被视为具有说服力的数据：测试结果、跨国数字投资、数字技术在学校中的渗透率（每名学生拥有的电脑和互联网连接数量）等。

但几乎没有确凿的证据能够表明，学生更多地使用计算机会提高其数学和阅读成绩。"阅读全文之后，我们了解到，"在一定的人均 GDP 水平和初始表现水平下，在学校引进计算机方面投资较少的国家平均来说比投资较多的国家进步更快。在学生的阅读、数学和科学水平方面，结果是相似的"。（图 4）这些可悲的结论可能表明，学校提供的数字资源"事实上没有被用于学习。但总的来说，即使是在教室和学校中使用 TICE 也往往与学生的成绩呈负相关"。例如，"在那些学生在校使用因特网做作业较为普遍的国家，学生的阅读成绩平均而言有所下降。与之相似，在数学课上使用计算机的学生人数较多的国家或经济体中，学生的数学水平也往往较低"。当然，"对学校数字化的投资可能有益于其他方面的学习，例如'数字'技能、求职或其他不同于阅读、数学和科学的技能。然而，即使研究的是数字阅读或基于计算机的数学成绩，而非书面测试结果时，其与 TICE 获取 / 使用的关联仍然很弱，有时甚至是负面的。此外，即便是在需要更频繁地浏览因特网来做作业的国家，学生的特定数字阅读能力似乎也不会更高"。另一个事实也与我们得到的主要承诺相去甚远。PISA 项目的负责人安德烈亚斯·施莱歇（Andreas Schleicher）在前言中说道："也许报告中最令人失望的是，技术对缩小优势学生和弱势学生之间的技能差距帮助不大。简而言之，比起发展或投资高科技设备和服务，确保每个孩子在阅读和数学方面达到基本水平似乎更有利于在数字世界中创造平等机会。"

如果需要给出结论，结论将是"技术能够优化优质的教育，但无论技术多么先进，它也永远无法弥补拙劣的教育"[219]。除了在美国教育部的支持下几乎同时进行的两项研究之外，没有什么能够更好地说明这句话了。在应国会要求进行的第一项研

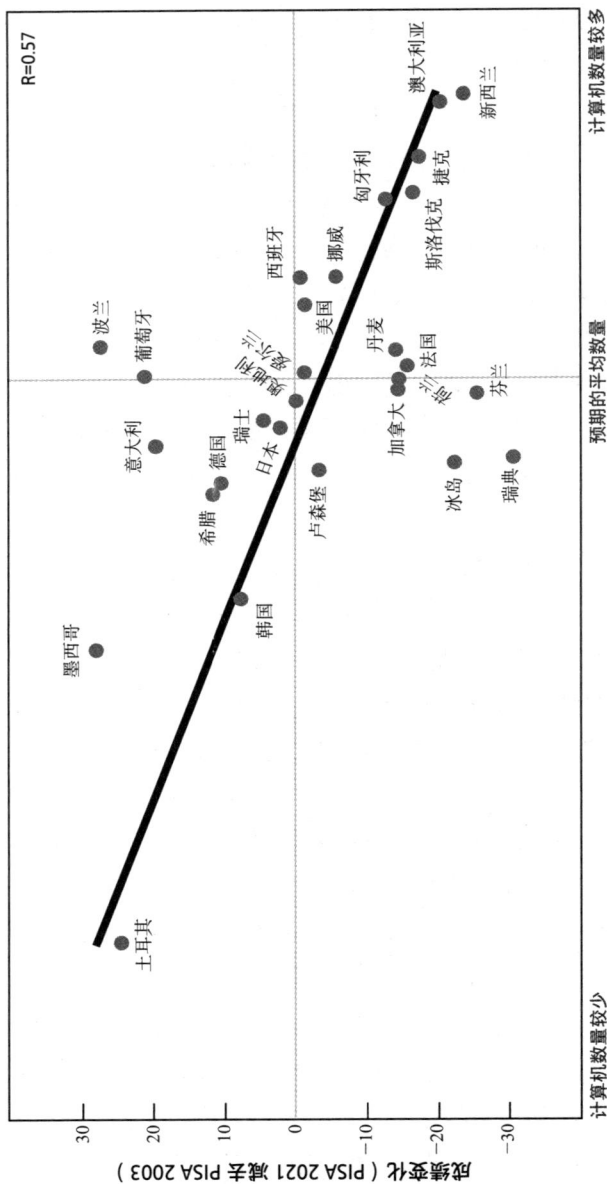

图 4 数字化投资对学习成绩的影响。 图中是经合组织成员国学生的数学成绩（阅读和科学成绩也具有相同的趋势）。本图表明，投资最多的国家学生成绩下降得最多。数据来源为文献 218。详情参见原文。

究中，研究人员想知道在小学阶段使用教育软件（阅读、数学）是否会对学生的成绩产生影响。[220] 结果是，尽管所有教师都接受了软件使用方面的培训，而且据他们所言效果令人满意，但研究人员未能发现这些软件对学生产生了任何积极影响。[①] 在第二项研究中，经过仔细查看大量的科学文献，研究人员评估了约 50 个小时的教师教学培训的作用。[221] 结果是，教师接受培训对学生产生了尤为积极的影响，后者的成绩提高了 20% 多一点。这意味着，如果一名学生"资质平平"，而您强迫他使用某种"教育"软件，最好的结果是他依旧资质平平，最坏的结果是他会变得脆弱不堪。现在，如果让很有能力且训练有素的教师教授这名学生，他将取得明显的进步，最终进入班级的前三分之一。"教师"这一因素在人意料之内。实际上，除了教学节奏、方式和风格有所不同，师资队伍的质量才是全球最优质的教育体系的共同基本特征。[222—226] 专门研究这一问题的最新 PISA 报告的摘要明确指出了这一点。该研究称："教师是当今学校中最重要的资源……与普遍认知相反，高性能的教育体系并不是仅因为传统的尊师重教就享有天然的优势；通过谨慎选择政策并且逐步精心实施这些政策，这些教育体系才建立起一支高素质的教师队伍……"[227] 明确起见，让我们牢记，这些"高性能的教育体系"也是那些在学校的设备和数字变革方面投资最少的（真是巧啊！）。[218] 这怎能不让人想起太阳微系统公司（Sun Microsystem）的联合创始人兼天才程序员比尔·乔伊（Bill Joy）呢？他对一场关于数字技术的教学功效的讨论做出了如下总结："这一切，于我而言，于高中生而言，听起来都像是在浪

---

① 这算得上是一个好消息，因为根据 PISA 的数据，使用这类软件会对学生的成绩产生消极影响。[218]

费大量的时间。如果我要和美国竞争，我很乐于让和我竞争的学生花时间在这种垃圾上。"[228] 话糙理不糙。

鉴于这些因素和评价，我们本可以期许某些质疑当前数字政策的声音的出现。但事实并非如此。恰恰相反。主要机构并未正视冷漠无情的事实，而是继续恬不知耻地声称，问题并不在于数字技术本身，而在于负责使用数字技术的人：教师。这些过时的老顽固的思想扎根于过去，不适合新技术，信奉面对面灌输知识的刻板方式。他们如此糟糕地使用新世界的工具，以致任何希望都变得虚无缥缈。欧盟委员会的一份报告以一种极为礼貌的方式解释道："缺乏与数字学习和数字教学法相关的充分师范教育是在欧洲范围内得到广泛承认且数据翔实的挑战。许多国家正致力于更新其师范教育计划，使其涵盖数字学习的技术和策略，但仍有很多工作要做。"[229] 安德烈亚斯·施莱歇也用相似的话语提到了这一假设。对这位教育政策专家而言，如果结果不尽如人意，这也许是因为"我们还未能很好地使用那种能够充分利用技术的教学法；在 20 世纪的教学实践中加入 21 世纪的技术只会削弱教学效果"[218]。然而，这并不是上文介绍的 PISA 数据的详细分析所证明的内容。同时，施莱歇提出了另一种假设，即"建立深刻的、概念性的理解和高阶思维需要密集的师生互动，而技术有时会分散这种宝贵的人际互动的效果"[218]。后一种想法无疑值得考虑。

首要的分心原因

为此，让我们先来看一则简短的故事。不久前，法国一所大学的领导部门对其信息基础设施的超负荷运转十分担忧。以下是学校发给学生的消息："一段时间以来，我们发现 Wi-Fi 网络负载过重。对流量的深入分析表明，带宽被大量用于外部应用程序，例如脸书、网飞、色拉布、油管和照片墙，而很少用于访问学校资源。"[230] 换言之，由于学生大量使用社交网络平台和视频网站，原本供学生使用的教学辅助设备产生了可笑的网络拥堵。[231] 这一现象并不罕见，它是常态，而非例外。在这一领域，如今比在其他任何领域都更明确的是，在有害实践的客观现实面前，使用数字技术具有好处这一假想被残忍地粉碎。越来越多的研究表明，将数字技术引入课堂是分散学生注意力的首要原因，因而也是造成学习困难的重要因素。[62, 232—247] 因此，成绩下降是双重作用的结果：用数字技术进行严格意义上的学习的无效性以及用数字技术娱乐消遣的有害性。[241] 正如前面的故事所表明的那样，娱乐活动所占比重极大。[234, 248—254] 例如，一项研究调查了大学生在地理课上对电脑的使用情况。[253] 这节课持续了 2 小时 45 分钟，包含图像、图表和视频投影，以促使学生积极参与课堂。到达教室后，拥有笔记本电脑的学生把将近三分之二的时间用于娱乐，而非学习任务。然而，其他研究表明，当课程时间较短，这种"干扰"会略微减少。例如，在美国佛蒙特大学进行的一项研究中，在一节 1 小时 15 分钟的课程里，学生进行娱乐活动的时间占 42%。[254] 这几乎是现有研究中"较低的"那一类平均时间。我们还有必要强调这一数值的严重性吗？

　　显然，研究人员对这些"实地"结果并不满意。为了说明观察的性质和范围，他们进行了正式且严格控制变量的研究。除了一些局部差异之外，这些研究都以相似的方式进行：评估两组相似人群对特定学习内容的理解／记忆程度，其中只有一组会接触数字娱乐资源。结果显而易见：任何数字娱乐资源（短信、社交网络、电子邮件等）都会导致他们对相关基础知识的理解和记忆水平显著下降。[114, 255-264] 例如，在近期进行的一项研究中，大学生在听完 45 分钟的课程后，需要回答大约 40 个问题。[262] 半数学生仅将电脑用于做笔记，另一半学生则也用电脑进行娱乐活动。第一组学生的正确率明显高于第二组学生（+11%）。更惊人的是，对于那些仅使用电脑做笔记的学生，仅仅让他们坐在一个"不专一"的同学（其电脑屏幕是可见的）后面就会导致他们的成绩大幅下降（-17%）。有趣的是，此前的一项相似研究表明，即便使用电脑访问与正在进行的课程有关的学习内容也会产生危害。[255] 因此，这给我们带来的启示十分简单：如果您将注意力从教师正在教授的内容上转移，就会丢失信息，最终必定无法很好地理解教师解释的内容。换言之，在学习阿登战役[①]的历史时，上网了解巴斯通战役[②]的情况是个好主意……但这应当在课后进行，而非在上课期间！

当然，适用于电脑的情况同样适用于智能手机。例如，在另一项现有的、具有代表性的研究工作中，研究人员证实，在课堂上发短信的大学生对课堂内容的理解和记忆都较差。他们在期末考试中的答案正确率仅为 60%，而没有分心的对照组的正确率则为 80%。[263] 此外，先前的一项研究指出，这些大学生甚至在不回复收到的信息的情况下就会分散注意力。[258] 手机在课堂上响铃（或在口袋里振动）就足以影响学生对信息的接受。

---

① 第二次世界大战中的战役之一，发生于 1944 年 12 月 16 日到 1945 年 1 月 25 日，纳粹德国在此期间在欧洲西线战场比利时瓦隆的阿登地区发动攻势。——编者注
② 巴斯通位于阿登东部公路网的中心。盟军通过攻占并守卫巴斯通，逐个清剿了阿登地区德军孤立的抵抗区，并最终赢得了阿登战役的胜利。——编者注

为了证明这一点，研究人员比较了两种实验条件。在第一种条件下，学生在观看视频课程时不会受到干扰。而在第二种条件下，同样的课程会被手机铃声打断两次。毫不奇怪，学生对受到干扰时呈现的内容的理解和记忆水平大大下降：与没有铃声干扰的情况相比，他们在期末测试中的正确率下降了大约30%。但还有更令人惊讶的事情！近期的一项研究表明，仅仅要求学生在上课时把手机放在桌子上就会让其恍惚不定，从而扰乱其认知能力，即便在手机保持不运行和静音的情况下也是如此。[264]

可以肯定的是，这一切都与"数字原住民"的光辉神话背道而驰。更确切地说，这与新一代人拥有与众不同、更加迅速、更为灵活且更适合并行认知处理的大脑这一想法相互矛盾。最讨厌的是，这一伪科学骗局的传播范围如此广泛，以致我们的后代也对此信以为真。因此，现在的绝大多数学生认为，他们能够在毫无损失的情况下，在上课或做作业的同时观看音乐短片、追剧、浏览社交网络或发送短信。[242, 243, 265, 266] 不幸的是，情况并非如此，我们刚刚已经指出了这一点。

更经济、而非更合乎教学原理的逻辑

因此，简而言之，从好的方面来说，现有研究证明的是学校系统数字化政策的无效，从坏的方面而言，证明的是其在教学方面的弊端。这就提出了一个十分简单的问题：为什么？为什么人们对此如此狂热？为什么人们如此热衷于在幼儿园至大学阶段的教育系统推行数字化，而结果却如此难以令人信服？既然现有因素都支持真正的怀疑，为什么还有如此多的赞美之词？一位法国经济学家在1996年发表的一篇文章为这些问题提

供了有趣的答案。[267] 在评估了一些发展中国家采取的各种预算
节约措施的政治风险后,这位前经合组织高管提出了一些"低
风险"的方法,这些方法"不会造成任何政治难题"。例如,"如
果想要削减运行支出,即使服务的质量下降也不能减少服务的数
量。例如,我们可以缩减各级学校的运行预算,但减少学生的录
取人数可能十分危险。因为家长会对学校拒绝其子女注册入学
做出激烈反应,而不会对教育质量的逐步下降有所反应"。

　　这正是目前学校系统数字化的情况。实际上,最初的研究
并未证实数字化会对学生的成功产生任何令人信服的影响,而
最新的数据,特别是来自 PISA 项目的数据,揭露了其强烈的
消极影响。出人意料的是,人们并未采取任何措施来阻止或减
缓这一进程,情况恰恰相反。对这一荒唐局面只有一个合理的
解释。这一解释在于经济层面:用数字技术部分或全部代替人
类,从长远来看可能会导致教学成本的显著下降。当然,这种
做法会伴随着海啸般的营销,以说服家长乃至整个社会,让其
相信势不可当的学校系统数字化不仅不意味着放弃教育,反而代
表了极大的教育进步。正如我们所见,至少美国总统林登·约
翰逊诚实(或天真)地承认,教育电视对儿童而言是极佳的机
会,唯一的理由在于"世界上教师的数量远少于它所需要的"。
问题的核心就在于此。经过大规模的学校(包括大学)大众化
进程,几乎所有发达国家如今都难以支付教师较为高昂的薪资,
因此新教师的数量极为匮乏。[268-271] 为了打破僵局,很难想出
比著名的"数字革命"更好的解决办法。实际上,数字革命导
致学校招聘的都是资质较差的教师,他们只不过是简单的"中
间人"或通过预先安装的软件工具传递知识的"导演"。"教师"
因此变成了人形的传菜窗口,其工作从本质上可以概括为向学

生指出他们每日的数字计划，同时确保我们勇敢的"数字原住民"在他们的座位上保持安静。显然，我们很容易称"教师"为简单的"狱吏 2.0"，他们资质较差，薪酬微薄。正如上文中我们的经济学家指出的那样，这可以降低运行成本，且不会有引发家长革命的风险。当然，我们大可以出于谨慎，给整件事情穿上空洞却美丽的说辞的外衣，称之为"混合学习"，或者更好的，"混合式教学"过程。

然而，我们也可以承认事实（尤其是在别无选择的情况下）并且接受当前的混乱局面。这正是美国的几个州的做法，包括爱达荷州 [272] 和佛罗里达州 [273]。以后者为例，事实证明行政当局无法招募到足够的教师来满足限制每班学生人数的立法约束（高中为每班 25 人）。因此，他们决定创建没有教师的数字班级。在这种情况下，学生们独自在电脑前学习，唯一的人力支持是一名"协助者"[273]，其作用仅限于解决技术上的小问题以及确保学生确实是在学习。一名教师认为，这种做法"几乎触犯了法律"，但学校认为这"很有必要"。对学校而言，这种转变尤为有益，因为协助者所管理的学生人数几乎没有限制（30、40 甚或 50）。换言之，班级数字化实现了质量和数量上的双重节约。更少的教师／协助者（称呼并不重要）即需支付的薪酬更少：当我们拿着计算器计算时，很难抵抗其上显示的公式之美；尤其是当我们本身有能力将子女送入有"真正"合格教师的私立收费学校时。爱达荷州的教师很清楚这一点，他们曾集体反对削减其薪酬和社保的措施，这项措施旨在为数字化计划提供资金；也正因为这项计划，这些落后的教师被升级为"帮助学生完成计算机上的课程的向导"[272]。显然，把这些因素和近期的一项研究结果联系起来并不合适，该研究表明，佛罗里达州和爱达荷

州是美国各州中教师薪酬最低、高中毕业率最低且给每个孩子
的教育支出最少的州之二。[274]

没有教师的课堂？

众多数字技术狂热者欣然承认这些经济层面的考虑的现实
意义。例如，在最近的一本书中，一位据称是教育问题"专家"
的法国记者指出，"教育首先是一个劳动产业。法国教育预算的
95% 都用于支付教师的薪水！ ……数字技术的主要好处之一，
尤其是 MOOC[①] 这种形式，在于可以大大节约这一项支出。今
天，您必须每年支付教师在能够容纳数百名大学生的阶梯教室
上课的费用，但明天，您能以同样的价格为无限多的大学生提
供这些课程。原材料的成本将会下降"[275]。

该论点无可辩驳，从理论上讲，它也可以自圆其说。然而，
多数情况下并非如此，似乎仅有经济原因无法赢得社会的支持。
为了让 MOOC（正如所有"教育"软件一样）具备吸引力，似
乎有必要用可靠的教学优点来装饰它。因此，对我们的记者而
言，这些虚拟课程使"教书的学校变为学习的学校"[276] 成为可
能。这些课程通过屏幕播放，"比昔日的复印讲义明显更具吸
引力"。此外，它们"还配有极其丰富的附加资源——其他课
程的链接、参考文献等。由于课程的每个阶段都会提供一系列
的练习，以检查您是否已经掌握课程介绍的基本知识——它不

---

① Massive Open Online Course. MOOC 是通过互联网提供的、关于特定主题的课程
（或一系列课程）。然而，这一定义涵盖了极为不同的现实。最基础的版本可以概括为
简单的课程视频。而更高级的版本则包括连续的评估测试、为课程参与者组织的论坛
以及最终的能力证书授予。

会让知识空缺不断累积，最终阻碍学习。由于学生群体相互连接，能够实时互助，这就限制了辍学行为的发生，节省了大量的管理或辅导时间"[275]。我们是否应该理解为，在"MOOC 革命"[276]之前，教学并非以学习为目的？我们是否可以认为，教师在此前并不会评估学生的理解能力，不会在必要时为其补充额外的内容、练习和讲解？同样，我们是否应该这样理解，在数字技术出现之前，学生像混沌的星团一般在虚无之中流浪，他们从不交谈、互动、互助，也从不向教师提问？说真的，谁会相信这些可笑的夸张言论呢？那又该如何评价具有吸引力的 MOOC 神话呢？诚然，我们很容易承认 MOOC 可能成为具有潜力的学习工具。但我们很难承认，比起真正与教师互动，其非实体性更具促进性、鼓励性和有效性。换言之，没有人怀疑 MOOC 能让学生理解怎样通过相似三角形的方法证明勾股定理[277]；问题在于如下这种不断被提出的想法，即比起合格的教师，MOOC 能够普遍地以更加有效且更具激励性的方式做到这一点。这种犹豫似乎更有道理，因为 MOOC 能够激发学生更高的学习动机这一假设与现有的实验结果极不相符。以美国宾夕法尼亚大学开设的微观经济学 MOOC 课程为例。在 35 819 名报名者中，仅 886 人（2.5%）能够坚持到期末考试，其中 740 人（2.1%）获得了纸质证书。[278] 这是一场数量上的灾难，而且远非仅此一例。人们认为在线课程极为有趣、有吸引力且能够激发学习动机，但研究者观察到，在线课程的放弃率通常超过 90%—95%[279-281]；在要求最高的课程中，放弃率超过 99%[75]。2013 年，仅仅经过几个月的实验，美国加利福尼亚州的圣何塞州立大学突然选择终止其与一个专业平台（优达学城）的合作，因为学生考试的失败率极为惊人：根据课程的不同，失败率从 49% 到

71% 不等。[76] 当人们得知此事，又该如何评价 MOOC 的巨大效力呢？此外，在放弃学术界、将活动重心转向职业培训后，该平台的联合创始人在《纽约时报》的一篇文章中承认，"基础的 MOOC 课程对前 5% 的学生群体而言是件好事，但对剩下 95% 的人而言并非如此"[282]。这一评定与一项关于物理学 MOOC 课程有效性的大型实验研究得出的结论不谋而合。作者称："MOOC 就像一种针对特定人群的药物。当它起作用时，其功效巨大，但只对极少数人有效……MOOC 是有效的学习环境，但它仅适用于一小部分特定人群——年龄较大、受过良好教育、有扎实的物理学基础、自律且有学习动机的学生。这个群体与我们的大一新生非常不同。"[283]

简而言之，这些可信赖的 MOOC 课程显然并不能调动大多数用户的学习热情。另外，更糟糕的是，这些工具偏向出身最为优越的学生，这一点似乎加剧了社会不公，因而十分危险。例如，一项关于美国哈佛大学和麻省理工学院开设的 68 门 MOOC 课程的研究证明，在其他条件相似的情况下，父母至少一方拥有学士学位的青少年取得毕业文凭的可能性是那些父母均没有大学毕业文凭的青少年的 2 倍。[74] 在很大程度上，这种差异反映出，社会家庭背景给出身优越的学生提供的学业和动机支持质量最高。

如果仍有必要说明，这一切都证明了，对绝大多数大学生而言，MOOC 都不是一种简单、有激励性和有效的解决方案。对其内容的掌握需要时间、努力、辛劳、扎实的前期知识以及（非常）强大的精神成熟度。换言之，无论怡然自得的颂扬者如何宣称，用 MOOC 学习都比在合格教师的指导下学习要求更高。幸好这一事实似乎逐渐被大众传媒认可，正如最近在法国一家

主要报纸［《世界报》(*Le Monde*)］上发表的这篇文章的标题
《MOOC 课程令人失望》[284] 所表明的。这一标题与此前《纽约
时报》专栏中的一篇文章意思相符，后者呼吁"揭开 MOOC 的
神秘面纱"[282]。显然，MOOC 的泡沫就像电影、广播和电视所
承诺的辉煌教学革命一样，已然破裂。

互联网或可用知识的幻觉

除了 MOOC 这一单独问题之外，理应受到质疑的还有互联
网的教学潜力。对许多人来说，这似乎是可以理解的，正如一
家管理学院的院长所言，"主讲课所传递的纯粹的、典型的纵向
知识正在消失，人们可以在网上更快地学到更多的知识"[285]。但
这种说法根本不切实际。

诚然，互联网（理论上）包含了世界上的所有知识。但不
幸的是，它同时也包含全世界的一切荒谬言论。正如迄今提及
的许多学术研究[286-291] 和基本概念所表明的那样，即便是所谓
的严肃网站，例如学术、机构、新闻或百科全书（包括维基百
科）性质的网站，也并非总是可靠、信息真实且完整的。那么，
怎样将可信的资料从愚蠢的作品、错误的见解、被收买的指控
或其他荒诞的信息中分离？又该如何选择、整理、分级和综合
所获知识呢？这些问题十分关键，因为搜索算法毫不关心数据
的有效性。在回应搜索请求时，算法不会质疑搜索内容的事实
准确性。一般而言，它会搜索几个关键词，而后分析各种技术
因素，例如域名的有效期、网站的空间容量和访问量、对移动
设备的适应性、页面的加载时间、链接的发布日期等。搜索结
果最终与事实略有出入也并不奇怪，尤其是可能还会存在更为

隐性的政治或商业性质的标准时。[292-295] 例如，当康涅狄格大学的哲学教授迈克尔·林奇（Michael Lynch）在谷歌上搜索"恐龙遭遇了什么？"时，他搜索到的第一个链接却是一个创世论网站。[296] 出于怀疑，我尝试用法语搜索了同样的问题（恐龙遭遇了什么？）。排名最靠前的 4 个链接分别是：（1）一个创世论者的博客，我们可以在其中读到"化石这种证据并不能证实进化论"[297]；（2）一个创世论者的网站，其声称"并无任何证据能够证实世界及含化石地层具有数百万年的历史"[298]；（3）一个讨论北电网络公司（Nortel）[①]——电信"恐龙"——的终结的新闻网站[299]；（4）一个基督教传教网站的主页，其中一篇文章写道："恐龙和《圣经》并存，但恐龙和进化并非如此。"[300]

简而言之，在搜索文献时，最好不要过于相信谷歌及其同类产品，否则可能无法分辨良莠不齐的网络信息。这一点尤为正确，因为此处所举的例子并非个别案例，也不足为奇。这是由搜索引擎的组织和"结构愚蠢"导致的。实际上，为了评估信息来源的可信度，不仅需要对其进行详细的分析，还应将它与其他现有事实要素进行比较。这意味着评估者应当理解并权衡所有论据。至少就目前而言，没有机器能做到这一点。[②] 可惜，机器无法做到的，搜索引擎这一幼稚的技术也无法做到，因为如果没有对学科知识的深刻掌握，就不可能有对事实的理解，无法具备批判性思维，无法拥有对数据优先排序或综合概括的能力。[301-303] 换言之，在这些方面并不存在"一般"能力。[304] 此外，在无差别的媒介教育计划的框架内，为向青少年传授这

---

① 加拿大著名电信设备供应商。——编者注
② 如果有一天搜索引擎获得了这种能力，是否应当让其代替我们决定事物可信与否？那么，操作的风险是否会变得极大？

种通用能力所做的尝试收效甚微。[305,306] 在这方面，一项关于阅读的研究似乎尤其能够说明问题。[307] 研究人员给一些美国初中生展示了一篇描述棒球比赛的文章，并探究了两项实验因素：棒球知识（是 / 否）和阅读能力（高 / 低；通过一项标准化的智力测验评估）。结合这些因素，研究人员将初中生分成了4 个小组：（1）棒球知识良好，阅读能力强；（2）棒球知识良好，阅读能力欠佳；（3）棒球知识不足，阅读能力强；（4）棒球知识不足，阅读能力欠佳。结果显示，比起那些阅读能力良好但对棒球这项体育活动一无所知的初中生，阅读能力不好但拥有棒球前期知识的初中生对文本的理解更加透彻，且能够更加准确地回忆起文本中的事实细节。此外，毫不了解棒球的初中生，无论其阅读能力是好是坏，他们对文章的理解水平都没有任何差异。

已有内化知识决定理解水平这一点不可避免，这在很大程度上解释了上文所描述的年轻一代无法使用互联网搜寻资料的原因。[308—314] 实际上，缺乏精确学科知识的人如何评价以下论述含有的相关性呢？例如，"吸烟通过增加血液中血红蛋白的浓度来提高耐力"；"黑巧克力具有抑制食欲的特性，能够使人变瘦"；"动作游戏能够增加脑容量，促进学业成功"；等等。更笼统地说，在每次搜索都搜出无数不相关或自相矛盾的链接的情况下，学生们如何有效解决问题呢？这根本不可能。此外，如今可以确认的是，当信息内容以线性、按等级次序安排的形式呈现时（图书、主讲课和实践工作项目正是如此，这使教师不得不完成知识的选择、协调和组织的所有工作），非专业人士的学习效果要好得多。当数据以网状、混乱的碎片形式呈现时（就像在互联网上搜索时会出现的情况，所有可访问的信息一股脑地呈现

在您面前，没有框架、优先等级、相关性或可信度），情况就变得极其复杂。[315—320]

因此，教学并不是知道知识要素是否可获得的问题，而是确定信息是否以能被理解和掌握的方式呈现的问题。由此可见，互联网如迷宫般错综复杂的构造并非最佳选择。与之相比，有资质的教师显然是更好的选择，因为"教师"的作用就是将其所在的知识领域梳理和规划好，以使学生理解。正因为教师了解其学科（和传授学科知识的教学工具），他才能通过有条不紊地组织连续的课程、练习和活动来指导他人，从而使其逐渐掌握目标知识和技能。

在这种情况下，必须明确的是，与媒体的固执想法相反，并非所有知识都具有同样的价值。无论如何，成长中的学生的知识都无法与有资质的教师的知识相提并论。前者像是由分散的、不一致的和不完整的岛屿组成，而后者则建构起一个有序的、连贯的且结构严密的世界。显然，这种不可避免的知识不对等也不妨碍某些"专家"出于某种相对主义妄想解释道："你们（教师）十分清楚，向学生提供数字终端必然会导致他们对你们的教学产生怀疑。你们明白事情会如何发展：他们阅读，他们搜索，他们交叉检验信息；他们批评你们传递的信息，因而质疑你们的权威，让你们从讲台跌落……这实在太令人不安了。学习了这么多年，落得这种结果真是太痛苦了！"[321] 好像学习毫无用处，好像知道自己在说什么对教学无关紧要。实际上，这好像是在说，只要为学生提供网络链接，任何人都能成为教师。总是同样的陈词滥调，总是同样的空洞劝说，它们由具有奇效的连篇废话生出，而非用实验的抹刀涂抹而来。

小　结

在本节中，需要记住两个要点。

第一点关于家用电子设备。在这方面，撇开某些反传统的研究（通常是站不住脚的）不谈，科学文献的结论都极其明确、一致且无可争议：学生看电视、玩电子游戏和使用智能手机越多，在社交网络上越活跃，他们的成绩就下降得越多。即便是教育功能不断受到吹捧的家用电脑，也不会对学习成绩产生一丝积极的影响。但这并不是说家用电脑缺乏潜在的优点，这只是意味着，当您把电脑交给儿童（或青少年）时，无益的娱乐功能很快就会战胜有益的教育功能。

第二点涉及学校使用的电子产品。在这方面，科学文献同样结论确凿。在"教学信息与通信技术"（著名的 TICE）上投资越多，学生的表现就越差。同时，学生在这些技术上花费的时间越多，其分数就下降得越多。总的来说，这些数据表明，目前学校系统数字化运动遵循的逻辑很大程度上是属于经济的，而非教学的。事实上，与官方的说法相反，"数字技术"并不仅仅是提供给合格教师的教育资源，这些教育资源在他们认为恰当的时候可以用在有针对性的教育项目中（没人对此有丝毫指摘，唯一可能存在的分歧在于更加有效地使用国家发放的津贴的可能性）。不。实际上，数字技术首先是通过用机器部分或全部取代人类，从而减少教育支出的手段。这种转移使有资质的教师位列一长串的濒危物种名单之上。事实上，教师的薪酬很高，非常高或者说过于（？）高。此外，他们很难培训。而且由于其他更具优势的经济部门带来的竞争压力，雇用教师也非常困难。数字技术为该问题提供了一个极其简单的解决方案，当然，这一方案以牺牲教育质量为代价。这就变成了一颗定时炸弹，因而很难得到公开承认。所以，为使大众接受并且避免引起家长的怒火，应当为这件事穿上美丽的、有益于教学的语言外衣。我们应将数字革命说成"教育革命"或"教学海啸"，显然，这仅仅是为了学生的利益着想。我们应当掩饰教师群体的智力贫困，极力吹捧前数字时代的老古董向有趣的导师、中间人、协助者、知识舞台导演或传播者的转变。我们应该隐瞒这种"革命"带来的延续和深化社会不公的灾难性影响。最后，我们应当避免承认学生主要将这些工具用于娱乐的事实。简而言之，为使大众接受，我们应当严严实实地将事实掩盖起来。但不管怎样，虽然采取了这些如镇痛药一般的微小举措，病症仍然存在。正如一位美国海军陆战队前宪兵军官、现在的爱达荷州教师所总结的那样，"之前，我为国家而战。现在，我为我的孩子们战斗……我教他们深入思考，思考①，而计算机无法做到这一点"[272]。计算机也无法微笑、陪伴、指导、安慰、鼓励、激励、安抚、感动或共情。然而，这些正是传授知识和激发学习欲望的关键因素。[322] 获得诺贝尔文学奖后，阿尔贝·加缪（Albert Camus）在给他以前的老师的信中这样写道："没有您，没有您向我这个可怜的孩子伸出的温柔之手，没有您的言传身教，这一切可能都不会发生。我不把这项奖项看得过重，但它至少是一个机会，可以告诉您一直以来对于我的意义，并且能够向您保证，您的努力、辛劳和慷慨之心在您教过的众多小学生之一的心中永远鲜活。尽管岁月流逝，他始终是您心怀感激的学生。"[323] 由这番话，我们也许更容易意识到这种所谓的"数字革命"的高昂代价。

---

① 原文为斜体。

第三节

发　展
有害的环境

　　使用电子产品对学业成功产生的影响如此之深，显然是因为其影响远远超出了单纯的学术领域。分数的下降只是更大的创伤的征兆，这种创伤肆意地损害我们发展的基本支柱。遭到损害的是发展中的人类结构的本质，从语言到注意力，再到记忆、智商、社交和情绪控制。这是一种无声的侵袭，它毫无情绪也不加克制，有益于某些人，却损害了几乎所有人的利益。

被减少的人际交往

　　如今我们知道，新生儿并不只是一张"白板"。从出生起，儿童就展现出出色的社交、认知和语言能力[1-4]，难怪许多人对此惊叹不已。然而，这些原始能力不该掩盖未开发的大量潜能。实际上，尽管十分惊人，但我们子女的原始知识仍然非常不完整。归根结底，我们可以将其描述为一种最简单的操作程序，可以由此建构儿童未来的能力。应该理解和强调的是，这种原始的不成熟并非缺陷。恰恰相反。它是我们适应能力不可或缺的基

础，归根结底，即让·皮亚杰①所指的我们的智力。⁵从严格的
生理学角度来看，可以说不成熟是可塑性的前提。显然，良好
的发展并非凭空而来，大脑结构的很大一部分依赖于周围的世
界。因此，如果环境有缺陷，个体就只能展现其部分潜力。这
一点已经在上文通过"敏感期"的概念进行过颇多论述了。

然而，新生儿的原始知识并非一个不加区分的集合体，而
是系统地、固定地以人为本。还是胚胎时，婴儿就具有社会互
动的意识。正如近期的一项综合研究所解释的那样，"刚出生
时，婴儿就表现出许多偏见，这些偏见使其倾向于与社交有关
的刺激。特别是，已经证实比起其他种类的视觉刺激，新生儿
更喜欢人的面孔；比起其他种类的听觉刺激，他们更喜欢人的
声音；比起其他种类的运动，他们更喜欢生物运动"⁴。这种原
始能力是婴儿在回应环境外力的过程中逐渐发展起来的，尤其
是在家庭内部这一环境中。促进（或阻碍）的互动会决定性地
塑造婴儿从认知到情感再到社交的整体发展。⁶⁻¹²然而，在这方
面，为避免产生歧义，需要强调三点。

其一，家庭关系尤为重要，但这种重要性并不仅限于孩子
的幼儿期；家庭关系在孩子的整个青春期都将继续发挥重要作
用，特别是在学业成功、情绪稳定和危险行为预防方面。⁶,¹³⁻¹⁷

其二，即便是看似"微不足道"的刺激（或缺乏）也可能产
生重大影响，特别是当其随着时间的推移不断累积。例如，在小
猴子出生后的头4周，只需要每天与动物饲养员进行几分钟的面
部互动，长期来看，就足以促进其融入猴群。¹⁸同样，对于儿童，

---

① 让·皮亚杰（Jean Piaget，1896—1980），瑞士人，儿童心理学家，日内瓦学派
的创始人。他在结构主义立场上提出的发生认识论是20世纪最重要的心理学成果之
一。——编者注

父母每晚抽一些时间与其一同看画册、讲故事或读书，能够极大地促进其语言的发展、写作能力的习得以及学业上的成功。[19, 20]关于兄弟姐妹的研究以间接却极有趣的方式证实了这一观察结果。这些研究从一个简单却令人困惑的事实出发：一般而言，在多子女家庭中，最年长的孩子在智商、学习成绩、收入和法律风险方面都比弟弟妹妹们更加优秀。[21-24] 正如近期的一项研究表明的，年纪最小的孩子受到的"伤害"基本上反映了随着兄弟姐妹人数的增加，父母（尤其是母亲）对亲子活动逐渐饱和。[24] 换言之，由于第一个出生的孩子拥有"完全属于他自己"的父母，所以和弟弟妹妹们相比，他受益于与父母之间更加丰富的互动，因而获得更好的发展路径。当然，再次说明，这并不意味着所有家庭中最年长的孩子都更加优秀。这只是意味着，在所有人口的范围内，存在着显著的、有利于最年长孩子的成功偏差，这种偏差主要与父母在其幼年时给予更多的刺激有关。

一个人在"视频中"和在"现实中"不一样

这就将我们引向第三点——人。人际关系魔力的发挥需要一个基本因素："他人"需要确实在场。对我们的大脑而言，"现实中"的人和"视频中"的人截然不同。皮耶尔·弗朗切斯科·费拉里（Pier Francesco Ferrari）进行了一个最不容置辩的证明，虽然他对此极度失望。这位研究者是世界上灵长类动物社会发展领域最优秀的专家之一。他特别研究了著名的"镜像神经元"的作用。当主体自己或看到他人做出一个特定的动作（例如愤怒的表情）时，镜像神经元会以相似的方式被激活，故此得名。这种伴随性使我们对他人的行为产生共鸣。因此，镜像神经元是我们社会行为的核心。[25-27] 为了研究这些神奇细胞的感知功能，研究人员评估了通过观察身体动作产生的大脑活动。然而，在一项动物研究中，费拉里为了节省时间以及更好地控制实验参数，决定将动作替换成动作的视频。[28] 他太不走运了！实际上，"在自然测试的过程中，对实验者的手部动作反应良好的镜像神经元，在面对屏幕上播放的提前录制好的相同动作时，却反应微弱或没有反应"。这种对屏幕缺乏反应的现象也被广泛地推及人类，无论儿童还是成人都是如此。[29-33] 如果仍需说明，这证实了我们确实是社会性动物，我们的大脑对现实中的人的反应比对视频中同一个人的间接形象的反应要敏锐得多。我想每个人都对此有所体会。就我个人而言，多年前，我有幸被邀请去观看歌剧。我是如此沉醉其中！几周后，当我发现电视上在播放威尔第（Verdi）的《纳布科》（*Nabucco*）[①]，我决定看一看。真让人失望啊！无聊至极。幸好我没有一开始就有这种可悲的经历，否则我想我一定永远无法与歌剧和解。

简而言之，无论年龄大小，人脑对视频表现的敏感度远低于对实际人类在场的敏感度。正因如此，血肉之躯的教学力量才能彻底胜过机器。如今，关于这个问题的数据如此有说服力，以至于研究者决定给这种现象取个名字——"视频缺陷"。在上一节中，我们在谈到学校数字技术、MOOC 和许多所谓的教育视听节目及软件的可悲成就时，已经多次接触这一现象了。此

[①] 《纳布科》是一场四幕歌剧，作于 1841 年，是威尔第的成名作。这部歌剧由泰米斯托克莱·索莱拉（Temistocle Solera）撰写脚本，改编自圣经故事及相关话剧，描述犹太人被巴比伦君王纳布科（尼布甲尼撒二世）击败并逐出家园的事件。——编者注

外，关于教育视听节目和软件，大量令人印象深刻的实验证明，比起播放教师的教学视频，教师在场时，孩子能够更好地学习、理解、运用和记忆所呈现的信息。[34—41] 例如，在一项常被引用的研究工作中，12—18个月大的孩子看着实验者操纵玩偶。[42] 玩偶的右手被尼龙搭扣固定，戴着连指手套，手套里有一个铃铛。这一过程或直接呈现在孩子面前，或用视频播放给他们观看。它包括3个步骤：（1）脱下连指手套；（2）摇动铃铛；（3）重新给玩偶戴上连指手套。然后，将玩偶立即或在24小时后放在

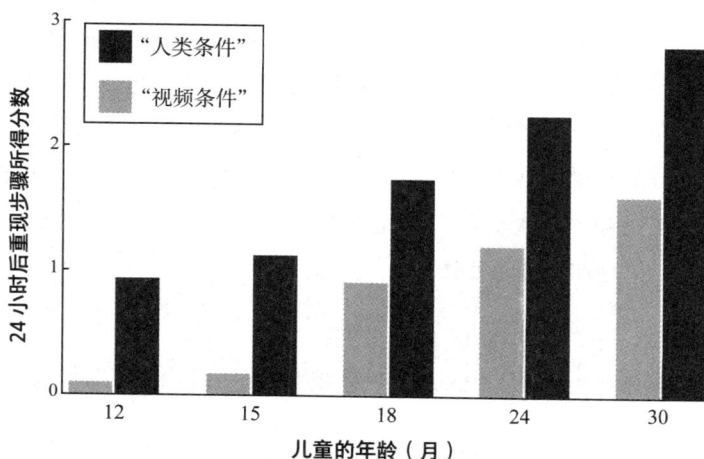

图 5 "视频缺陷"现象。12—30个月大的孩子观看成人使用一个物体。演示总是包含3个步骤（例如，从玩偶手上脱下装有铃铛的手套；摇晃手套，让铃铛发出声音；给玩偶重新戴上手套）。示范或直接（成人在孩子面前；"人类条件"，用黑色柱状图表示）呈现，或用视频（孩子在屏幕上观看成人做出动作；"视频条件"，用灰色柱状图表示）呈现。在演示结束24小时后，让儿童接触该物体。每重现一个步骤，孩子就会得到1分（因此，3分是重现全部步骤所得的最高分）。"人类条件"下的孩子所得分数均更高。该图汇总了两项相似研究的数据（12—18个月的孩子[42]；24—30个月的孩子[43]）。

孩子面前。结果，"观看视频"的孩子还原所见场景的能力均较差。在一项实验对象是 24—30 个月大孩子的研究中也得出了相同的结果。[43] 图 5 说明了这些观察结果。

在另一项研究中，研究人员给幼儿园的孩子（3—6 岁）播放了教育短剧，这些短剧与教育视听节目中的短剧相似。[44] 不出所料，"视频条件"组的孩子的理解和记忆水平都远低于在现场直接观看剧目的孩子。最后，在又一项研究中，研究人员让家庭条件优渥的 6—24 个月的孩子在智能手机上观看油管视频。[45] 他们测试了不同的学习任务，尤其是当同一个人出现在几个不同的视频中时，孩子需要辨认出这个人（在现实生活中，早在 2 岁以前，人类就发展出了这项能力）。与其相关的一个目标在于确认儿童在按压控制视频流的触摸按钮时，是否真正理解他们自己在做什么。该研究得出的结论是，"用智能手机给 2 岁以下的儿童播放油管短片可能会让其心情愉快、全神贯注，但他们不能从视频中学到任何东西"。此外，"儿童不理解不同按钮的用途，只是在不停地乱按"。

使用电子产品越多，交流和分享就越少

归根结底，我们可以很简单地概括这一观察结果：为了促进儿童的发展，最好将时间花在人际互动上——尤其是在家庭内部——而不是花在电子产品上。最近的一项研究证明了这一教育法则。[46] 该研究表明，在电子产品上花费的时间对儿童的运动、社交和认知发展都有负面影响。研究人员如此评论："促进儿童发展的最有效方法之一就是在不受电子产品干扰的情况下，进行高质量的照顾者与儿童的互动。"不幸的是，正

如我们所见，这并非目前的趋势。数字活动在我们的日常生活中占据了越来越重要的部分。因为一天的时间无法延长，进行数字狂欢的时间要从"其他地方"抽取，主要来源有完成作业（我们已经讨论过）、睡眠、玩创造性游戏、阅读（我们将再次讨论），以及显而易见的家庭内部互动的时间。关于后者，文献中的数据具有可预见性，它们趋向同一结果：儿童与父母在电子产品上花费的时间越多，他们之间关系的丰富性就越低。[47—59]

一项常被引用来支持这一观点的研究涉及电视（但实际上这并不重要，因为此处描述的影响与使用的媒体和观看的内容无关）。[59] 这项研究的研究对象是 0—12 岁的儿童，并且分别考察了其在周内和周末使用电子产品的情况。结果显示，看电视的时间均减少了亲子互动的时间。例如，周内看电视的时间每多 1 小时，一个 4 岁孩子与父母交流的时间就会减少 45 分钟；一个 18 个月的幼儿会减少 52 分钟；而对一个 10 岁的前青春期儿童而言，则减少了 23 分钟。对于那些认为事情并不十分严重的人，让我们再次计算一下累计时间。在人生的前 12 年中，每天看电视 60 分钟会使孩子与父母互动的时间减少 2500 小时，这几乎相当于 180 天的清醒时间（6 个月）[①]、3 个学年和 18 个月的全职带薪工作。这并非微不足道，特别是如果我们把这些数据与每天两三个小时而不是 1 小时的观看时间联系起来。对于这场灾难，我们还要加上由间接使用电子产品导致的人际关系变化这一点。换言之，即便儿童和父母互相交谈，电视也不是没有影响。这正是下面这项研究所证明的观点。

---

① 在此期间，按照平均每晚睡 10 小时 [60]，即 14 小时的昼间活动时间计算。

在许多家庭中（根据调查为 35%—45%[61-64]），即便没人观看，电视也总是或几乎总是开着。为了评估这一现象对家庭内部关系的影响，美国马萨诸塞大学的一组研究人员观察了父母（主要是母亲）与他们的孩子（1—3 岁）玩耍 1 小时的情况。[56] 房间内有一台电视，在实验的前 30 分钟或后 30 分钟随机打开。分析显示，电视会产生强烈的干扰影响。在电视播放时，父母和孩子交流和玩耍的时间明显减少。例如，在电视关闭时，一位家长花了 33% 的时间与其 24 个月大的孩子积极玩耍。而当电视开启，这一数值下降了一半（17%）。对那些曾经在餐馆里吃晚饭，而餐馆大厅中的电视正在播放节目的人而言，这一结果不足为奇。即便我们"并不想看"，我们最后一般也会开始看电视，即使是偷偷摸摸地看。最终，我们与亲人之间的对话也会中断。实际上，我们的大脑是为了回应明显的、突然的或意外的外界刺激（听觉的或视觉的）而编程的。[65-70] 当然，我们也可以选择"抵抗"，但在这种情况下，这种努力会占用我们大部分的认知潜力。这也会导致与不合时宜的目光一样的后果：降低交流的质量。

近期的一项研究证实并归纳了这些数据。[49] 这项研究涉及手机，且基于一个十分简单的原则。研究人员在连续的 4 个阶段中对一些母子进行了观察，每个阶段持续 4 分钟。在每个阶段开始时，实验者都会带来不同的食物，如果母亲和孩子愿意，他们可以品尝和评价这些食物。有些食物是他们所熟悉的（例如纸杯蛋糕），另一些是他们从未见过的（例如土耳其果仁糖，一种东方甜点）。在实验中，四分之一的母亲自发地使用了手机，这导致母子之间语言和非语言的交流都大大减少。这种减少在所谓的"鼓励性"互动中（例如，语言互动："尝一口"；非语言互动：母亲将食物靠近孩子或让孩子吃一口）以及在面对那些未知的食物时尤为明显；在第二种情况下，那些没有手机的母亲与孩子的互动水平最高。因此，面对土耳其果仁糖，手机的存在导致母亲的鼓励减少了72%，整体的语言互动减少了33%。这些数据与同一研究小组在波士顿地区的几家餐厅中得出的观察结果一致。观察结果表明，使用智能手机会导致父母对亲子互动的参与度降低，且互动方式也更加机械。正如作者所写的那样，"沉迷于电子设备的家长经常会暂时忽视孩子的行为，然后用责备的语气，像机器人一样（例如，不看孩子或孩子做出的行为）重复发出指令。他们似乎对孩子表达的需求漠不关心，或使用身体回应（例如，当一个小男孩尝试反复抬起母亲的脸，不让她盯着平板电脑的屏幕时，她推开了他的手）"[50]。实际上，这毫不奇怪，因为人类不可能同时关注数字工具和环境。换言之，当家长或孩子忙于使用智能手机，他们只能分散对他人的注意力。[47—52]

此外，电子产品甚至不需要被使用就能产生干扰。仅是它的存在就能吸引足够的注意力（常常不为我们所知），从而降低交流的质量，尤其是在对话者认为讨论的内容十分重要的情况下。[71] 这种分散注意力的能力在很大程度上解释了当我们在家中使用智能手机时，其制造严重冲突的出色能力（在亲子之间或夫妻之间[47, 50, 72—75]）。没有人喜欢自己在亲人眼中不如手机重要或值得关注这种感觉，由此产生的紧张氛围也会导致对关系的不满、攻击性行为，甚至抑郁状态和身体上的某种不适。[51, 72—75]对于电视和游戏机，结果也十分相似。[76—78] 如果我们知道家庭"气氛"对儿童社交、情感和认知发展的重大影响，就会明白这些论述并非在捕风捉影。[79—81]

残缺的语言能力

语言是我们人类的基石，是我们与动物之间的最终分界线。正是因为语言，我们才能思考、交流和保存重要的知识。此外，在语言发展和智力表现之间存在着密切的联系。[12] 正如耶鲁大学的认知心理学教授罗伯特·斯滕伯格（Robert Sternberg）所解释的那样，"词汇量（很好地反映了语言发展的一般状况）可能是衡量一个人整体智力水平的最佳单一指标"[82]。然而，如今的大量研究表明，使用数字娱乐产品明显会对语言发展产生干扰。[83—91] 最近，一项大规模的元分析验证了这一结论："较多的电子产品使用量（例如使用时长、不看却开着的电视）与较差的语言技能有关。"[92]

早期影响

不出所料，电子产品对语言表现的影响始于儿童早期，这似乎印证了上文中的观点，即最好避免让孩子在幼年期接触任何电子产品。例如，研究表明，18 个月大的孩子每天使用移动设备的时间每增加半小时，其语言发育迟缓的概率就会增至大约 2.5 倍。[90] 同样，对于 24—30 个月大的孩子，其语言能力不足的概率与其看电视的时长成正比。[88] 因此，与轻度用户（每天少于 1 小时）相比，适度用户（每天 1—2 小时）、中度用户（每天 2—3 小时）和重度用户（每天多于 3 小时）语言发育迟缓的概率分别是原来的 1.45、2.75 和 3.05 倍。这一结果得到了另一项同样针对电视进行的研究的证实：如果 15—48 个月大的孩子每天看电视超过 2 小时，其语言能力不足的风险将增至

4 倍；如果这些孩子在 1 岁前就已开始看电视（不论时长），这种风险甚至会增至原来的 6 倍。[89] 另一项研究表明，对于年龄更大的 3.5—6.5 岁的孩子，如果他们在早上去学校或托儿所之前（即在可能有利于家庭互动的时间）使用任何一种电子产品，其语言发育迟缓的概率将增至 3.5 倍。[91] 这些结果与一项大规模流行病学研究得出的结论相符；后者证实，对于 8—11 岁的孩子而言，如果其使用电子产品的时间超过了加拿大运动生理学会推荐的使用上限（每天 2 小时[93]），其大脑机能（语言、注意力、记忆力等）就会全面受损。[94] 这一结论与两项纵向研究[①] 的观察结果一致。这两项研究表明，6—18 岁的孩子看电视[95] 和玩电子游戏[96] 的时长与其语言智商[②] 之间的关系呈负相关性。换言之，实验参与者使用电子产品的时间越长，其语言智商就下降得越多。值得注意的是，从程度上来看，这种联系与铅中毒（造成内分泌腺功能紊乱的重要因素[97]）对语言智商的损害相当。[98] 这意味着，如果您无法忍受讨厌的邻居家的孩子，想要尽可能地毁掉他的人生，没必要在其水壶中投铅毒。不如送他一台电视机、平板电脑或游戏机。这些产品对其认知的影响将是毁灭性的，而您也不用承担任何法律风险。

　　近年来，研究人员不满足于这些行为研究，开始尝试确定观察到的损伤和神经元之间的关系。结果显示，使用数字娱乐产品会对支持语言、阅读和更普遍认知功能的大脑网络的组织和发育产生干扰。[95, 96, 99, 100] 例如，近期的一项研究表明，儿童（3—

---

① 纵向研究考察的是同一人群的一个或多个变量在几个月或几年内的相关变化（例如智商与使用电子产品的时间之间的关系）。

② 智商测试包括多项任务，其中一些涉及语言。综合这些任务，我们能够计算出"语言智商"，它在某种程度上体现了测试对象的语言智力。

5 岁）越是不遵循美国儿科学会的建议（使用时长、观看内容
等），其语言能力不足的概率就越大，大脑白质通路中与语言、
执行功能和初期读写能力相关的微观结构就越是异常。[101]

明确的因果关系

这些神经生理学数据尽管非常有趣，却并不令人惊讶。虽
然有些无礼，但我们几乎可以说这些数据都是重复和多余的。
实际上，一个多世纪以来进行的数百项研究表明，人类和动物
的大脑网络都需要受到刺激才能组织起来。因此，缺乏任何功
能性刺激都会导致儿童发育不良。[102—104] 这正是电子产品的全部
问题所在：它们使儿童语言互动的数量和质量都明显下降。换
言之，家庭成员使用电子产品的时间越多，他们之间交流的话
语就越少。[49, 50, 56, 58, 59, 89] 例如，在一项常被引用的研究中，研
究人员给 2—48 个月大的孩子配备了录音机，录下的声音随后
会被自动解码。[55] 平均而言，在一天内，孩子们每小时会听到
925 个单词。而当电视机在放映时，这一数量下降至 155 个，也
就是下降了 85%。同样，孩子每天说话的时间原本为 22 分钟，
但看电视的时间每增加 1 小时，孩子说话的时长就会减少 5 分
钟，即减少大约四分之一。

早期的语言交流不仅对语言发展至关重要，同时也对更宽
泛的智力发展起到了极为关键的作用。[12, 105—111] 最近，一项纵
向研究证实，早期（18—24 个月）的语言互动程度是造成青
春期（9—13 岁）的智商和语言能力分数方差的重要原因（占
比为 14%—27%）。[112] 这些结论与心理学家贝蒂·哈特（Betty
Hart）和托德·里斯利（Todd Risley）奠基性的观察结果完全

一致。[12, 113] 此外，不出所料，近期的一项神经影像学研究得出的结论也与这些数据相符。这项研究证实，幼儿（4—6岁）受到的语言刺激水平越高（尤其是在与成人对话交流的情况下），其语言神经元网络内部的结构连通性就越强。[114]

为了向对此有所怀疑的人证明，我们可以引用一项最新的纵向研究。该研究的被试包括2400多名学龄前儿童。[46] 据作者称，这项研究工作的目的是确定"谁先发生：发育迟缓还是过量使用电子产品？"。为此，研究人员先后3次（在被试24个月、36个月和60个月大时）评估了他们的数字消费水平及其在标准化发育测试[①]中的表现。分析表明，一方面，幼儿在24个月时较多使用电子产品与其在36个月时较低的发育水平有关；另一方面，幼儿在36个月时较多使用电子产品与其在60个月时较低的发育水平有关。反之则不然。这意味着使用电子产品的时长增加先于发育迟缓的出现，或者更通俗地说，"使用电子产品的时间可能是初始因素"[46]。换言之，并不是发育迟缓导致儿童在电子产品上花费更多时间，而是电子产品导致儿童发育迟缓。可以注意到，这项研究的价值有时并没有得到认可，原因是其中的因果关系并不明显。[115, 116] 即使这一观点有充分的根据，它也具有误导性。实际上，这项研究使用的统计工具只能得出全部因果关系的一部分，即与个体内部变化相关的部分（也就是说同一个孩子在一段时间内的变化），而可归因于系统差异的因果关系部分（即随着时间的推移保持稳定的部分）则无法得到评估。然而，这并不意味着这部分不存在或可以忽略不计。对于36—60个月之间的孩子而言，假如马克每天使用电子产品

① 《年龄与发育进程问卷：第三版》（ASQ-3）。该测试评估了儿童在5个发育领域的进步情况：沟通、大动作、精细动作、问题解决和个人社交。

15 分钟到 40 分钟，皮埃尔每天使用 3 小时 15 分钟到 3 小时 40 分钟，那么"内部"影响并不包括两个孩子之间 3 小时的系统差异。然而，当孩子每天使用各种数字娱乐产品的时间达到 3 小时，这显然会激活各种有害的因果链：人们与之交流更少，他的运动量更少，阅读量也更少，他会经受更加密集的感官轰炸，睡眠受到影响，等等。因此，并不是因为"稳定"影响的因果关系部分不能被无可辩驳地量化，它就可以被忽略不计。需要明确的是，在该研究中，使用电子产品的时间与发育之间的总体关系并非微不足道：每天使用电子产品 1 小时就会导致儿童的行为测试分数减少 20 分（60 个月大的幼儿平均得分为 55 分）。

"教育"节目的可悲幻想

如果电子产品能够带来一些积极影响就好了，但情况并非如此。同样，在语言领域，"视频缺陷"[①]占了上风，数字技术也无法取代人类。以下面这项与声音辨别能力相关的研究为例。[36]儿童分辨外语和母语的能力在 6 至 12 个月之间迅速下降。[9]基于这一观察结果，帕特里夏·库尔（Patricia Kuhl）及其同事让一些 9 个月大的美国婴儿分别在两种条件下接触普通话：一种是真实条件（一名实验人员与婴儿面对面），另一种是间接条件（该实验人员的脸部特写出现在给婴儿播放的视频中）。结果是"真实条件"能够让婴儿发挥其分辨能力，而"视频条件"则没有任何效果。这意味着，如果您希望通过尽早让孩子观看外语节

————————

① 参见第 127 页。

目来培养其英语、德语、汉语或日语口音，您可能会大失所望。

显然，这种"视频缺陷"不仅在语音层面，它同样会在词汇方面产生显著影响。在儿童 3 岁之前，所谓的教育节目在增加儿童词汇量方面起到的作用最差是负面的，最好也是无效的。[87, 117—120] 在一项常被引用的代表性研究中，研究人员要求12—18 个月大的孩子观看一部时长为 39 分钟的商业 DVD。[121]这部 DVD 很受欢迎，据称能够提高儿童的语言水平。它把 25 个描述常见物体（桌子、座钟、大树等）的简单单词以非连续的方式呈现 3 次（每次重复同一单词的时间间隔为几分钟）。在 4 周里，儿童每周观看 5 次 DVD，每个单词总共呈现 60 次；与一个孩子（或一条狗！[122]）在"真实"情景中记住这类单词所必要的重复次数相比，次数显然过多。[110, 123] 最终，与许多家长的想法相反，研究人员没有观察到任何学习现象，即便是在有成人陪同观看的情况下。他们由此得出结论："比起对照组，观看 DVD的孩子在一个月内并未学到更多的单词。学会最多单词的是没有观看视频的孩子，这些孩子的父母试图在日常活动中教给他们相同的目标单词。另一个重要结论是，喜欢这部 DVD 的家长往往会高估孩子从中学到的东西。"然而，这些结果与后来的一项研究得出的结论相悖，后者采取的实验方法与前者相似，却更加"简练"。[124] 在这项研究中，DVD 时长 20 分钟，仅包含 3个单词，每个单词重复 9 次。在 15 天后，儿童共观看DVD 6 次，也就是说，每个单词被重复 54 次，时长 40 分钟。在儿童 17 个月大之前，这种大量重复单词的方法不会对他们产生任何效果。但研究人员称，儿童"会从反复观看 DVD 的过程中受益"。可惜从报告中的平均数来看，无法得知有多少孩子学会了多少单词。但这并不重要，因为这项研究引人注目之处在于，即便我们选择最有利的结果（所有孩子都学会了这 3 个单词），在儿童观看视频花费的大量时间和观察到的微不足道的成就之间存在着令人难以置信的差距。所幸现实生活并非如此贪婪，在学习词汇时，儿童只需接触几次就能记住这些单词，有时甚至仅需一次。[110, 123] 等到数字技术代替人类的那一天，我们的后代需要的不再是 30 个月（像现在这样），而是 10 年，才能达到 750—1000 个单词的词汇量。[12, 110]

对于这种悲观的预言，我们当然可以反驳称，在 18 个月或 30 个月大时无法做到的事情完全可以在 4 岁时做到。此言不假，文献综述和元分析都明确证实，教育视听节目能够使儿童习得某些语言技能。[92, 117] 然而，一项详细的数据分析指出，这些研究主要涉及的是较为基础的词汇，研究对象也都是幼儿园的孩子。[117] 研究人员在研究学龄儿童掌握的更加复杂的技能（例如语法[125]）时，情况就会变得更糟[117]；那些让青少年通过加字幕的电影来学习外语的实验也具有同样的局限性[126]。然而，正是这些复杂的技能构成了语言的核心，也最容易受到发育敏感期的限制。在任何年龄都可以学习词汇，而句法并非如此![9] 换言之，表面上的益处掩盖了暗藏的严重损害。从某种意义上说，儿童所学与所失相比不值一提。在此必须明确一点：当电视（或者任何劣质的应用软件）中的人偶向孩子展示梨子或柠檬时，孩子能够大声说出"黄色""梨子"或"柠檬"等单词，这并不意味着他在学习说话。近期的一项研究很好地说明了这一点。[127] 这一次，研究人员关注的不是名词，而是动词，是诗人夏尔·波德莱尔（Charles Baudelaire）所说的"运动的天使，启动了句子的进程"[128] 的部分。该研究得出了两点结论。其一，在 3 岁之前，儿童无法通过教育视频学习简单的动词（例如"摇动"或"晃动"),但他们却能在与人互动时轻松学会这些动词。其二,在36—42个月大时,这些孩子能够明白视频中的动词的含义,却无法在面对新人物或处在新情景中时运用它们;而当学习过程涉及人际互动,他们却能轻而易举地做到这一点。换言之,即便儿童似乎通过电子产品学到了一些东西,他们实际上学得并不好,也并不深入。这一发现在人意料之内,证实了已被广泛提及的"视频缺陷"现象,我们可以将之总结如下:就语言学习而言,比起把孩子扔在没有人际交往的处境中,让他们使用所谓的"教育"软件更好一些;但最好还是(明显是)与他们交谈,告诉他们事物的名字,为他们讲(或者读!)故事,鼓励他们发言,等等。

但归根结底,如果我们仔细思考这个问题,就会发现,所谓的"教育"节目无法显著提高儿童的语言水平这件事毫不令人讶异,原因至少有三。第一,如前所述,我们的大脑对视频刺激的关注度远不及对出现在我们眼前的人类的关注度。注意力能够极大地促进记忆。[129] 难怪比起所谓的教育视听内容,父母才是更有能力的教师。第二,如果在视频中出现玻璃杯时,视频观看者正盯着自己的双脚,那他什么都学不到。与父母不同,电子产品在指出物品的名字前,从不会确认孩子的视线所在。如果在视频播放"玻璃杯"这个单词时,孩子正盯着刚刚落在桌子上的苍蝇或视频中指着玻璃杯的滑稽人偶,而不是玻璃杯本身,那他有学习困难也就不足为奇了。此外,在听到一个物品的名字时,比起需要先将注意力集中在这件物品上,在儿童的注意力已经集中在物品上时,他们学习词汇的效率更高。[130] 最后,第三也是最重要的一点,人际互动对早期的语言学习十分必要。一方面,它会促使儿童主动重复他们听到的词语,而重复本身大大有利于记忆的过程。[131, 132] 另一方面，人际互动体现了语言的交际维度。[130] 在儿童说话或行动时，与家长不同，视频从不做出回应。它不会适应儿童的知识水平，也不会在儿童做出表达不解的肢体动作时进行调整。在儿童说"苹果"时，视频不会微笑或将苹果递给他。当儿童说了"评估"而非"苹果"，视频不会好心地重复"苹果"这个单词。它不会将语音相似的单词变成内容丰富的模仿游戏，类似于"你一遍，我一遍"这种模式。它不会重新组织孩子的话语，不会用新词丰富话语，也不会纠正孩子使用的错误句法。

　　简而言之，教育视听节目对语言的不良影响不仅得到了实验的验证，在理论上也是可以预测的。也许这不会持续很久，也许在几年或几十年后，移动应用能够弥补这些缺陷。甚至有一天，人形机器人能够代替我们教育孩子，解释他们"咿咿呀呀"的儿语，满足他们的好奇心，照看他们的睡眠，对他们做出的举动微笑，为他们换尿布，把他们想要或指着的东西拿给他们，爱抚他们，等等。他们不再需要父母、保姆、老师、家庭教师、朋友、家人和兄弟姐妹。儿童再无烦恼，我们的后代也没有养育子女的负担，因为谷歌及其算法会解决一切。它真是"数字世界中最好的工具"！当然，我们离那一天仍然十分遥远，因为根据美国儿科学会最近发表的观点，目前的应用软件仍极为原始。[133]但谁能知道未来发生的事呢？所有的噩梦都有可能发生。

幼年期过后，除了阅读，别无他法……

　　话虽如此，但即便这些噩梦成真，也远不能解决所有问题。实际上，在幼年期过后，语言能力的发展不仅需要交谈，还需要阅读。[19,134] 所以我的一位正音科医生朋友常说，她的女儿精通口语和书面语两种语言。这种想法虽然好笑，却极为中肯。要相信这一点，看看那些比较不同的口头和书面语言材料复杂度的研究就足够了。[19,135,136] 一般而言，这些研究基于将所有单词按照使用频率排序的规范量表。我们可以看到，"the"这个单词排名第一（也就是说"the"是最常用的单词），"it"位居第十（也就是说"it"是使用频率第十高的单词），"know"是第一百名，"vibrate"是第五千名，等等。基于这份排名表，很容易确定一个文本的"平均"复杂度（例如，给该文本中的所有单词按使用频率排序，取中间单词的排名），从而确定大量相似文本（小说、电影剧本、儿童动画片的台词等）的平均复杂度。当研究人员如此操作时，他们发现，与书面材料相比，口语材料的词汇极度贫乏。如图 6 所示，平均而言，比起任何电视节目或成人间的日常对话，儿童读物中的语言都更加复杂，"罕见"单词（排名在 10 000 名之后的单词①）出现得更为频繁。然而，这并不意味着儿童读物充满了难懂的、超级专业化的术语和行话。这仅仅意味着口语中出现的词汇和句法通常并不十分丰富。换言之，我们的日常交流使用的是极其简单的语言。像"方程式"（equation）、"放弃"（relinquish）、"暴露"（exposure）、"合法化"（legitimate）或"逐字的"（literal）等单词，虽然掌握它们似乎并不多余，但在口语中遇到它们的次数比在书面语中少得多。[136] "地狱的"（infernal）或"排外"（xénophobie）等词语——在法国，有 40% 的初中四年级学生 [137] 和 25% 的文科大学生 [138] 并不认识这些单词——也是如此。

---

① 参见第 58 页的例子。

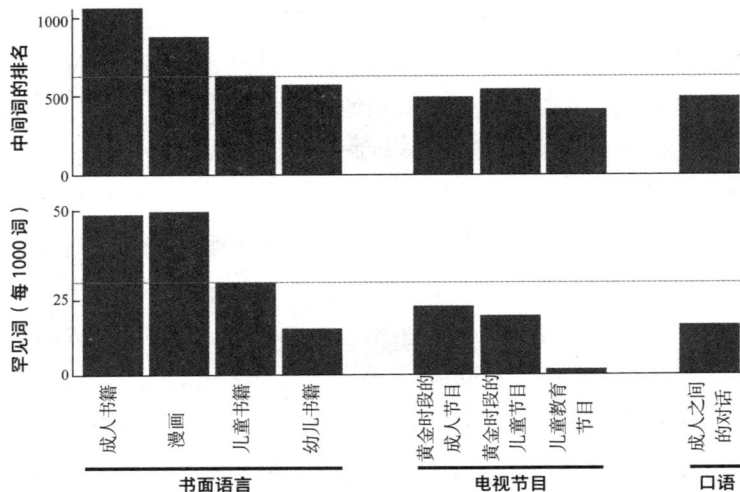

图 6　语言的丰富性集中体现在书面文字中。 不同材料的语言复杂性有两种测量方式：确定中间词的排名以及评估罕见词的比例（每 1000 个单词）。可以看到，平均而言，电视节目和成人之间的日常对话所用的单词数量少于儿童读物（灰色横线）。所谓的教育性电视节目（《芝麻街》和《罗杰斯先生的邻居》）的语言贫乏尤其引人注目。数据来源为文献 135 和 136。详情参见原文。

　　简而言之，这一切都说明，除了在人生的最初几年里构建的口语基础之外，正是在书中，也唯有在书中，儿童才能丰富和充分发展自己的语言。在这方面，一项研究十分有趣。[139] 该研究表明，书籍对四五年级的小学生具有极高的"性价比"。这些小学生平均每天"为了娱乐"[①] 阅读 10 分钟，阅读时间为他们看电视时间的十三分之一。在 1 年内，把这些短短的 10 分钟相加，意味着大约 60 万个单词的阅读量。仅有 2% 的儿童每天阅读

---

① 这一表达指的是在学校环境和要求之外进行的个人阅读。

1 小时以上，这些孩子在 1 年内阅读的单词量接近 500 万（！），这让他们远离了语言交流贫乏的道路。这些数字无疑与安妮·坎宁安（Anne Cunningham）和基思·斯塔诺维奇（Keith Stanovich）的观察结果相呼应。对于这两位将整个学术生涯都献给了阅读研究的美国研究者来说，"第一，让儿童在早期开始阅读的重要性怎样强调都不为过……第二，无论儿童的成绩如何，我们都该为他们提供尽可能多的阅读体验……对后进生的老师（和父母！）而言，研究隐含着鼓舞人心的信息。我们常常对改变学生的能力这件事失去信心，但至少还有一种可以养成的习惯能够发展他们的能力——阅读"[136]！与最后一句话相符的是，许多研究表明，"为了娱乐"而阅读这件事对学习成绩具有积极影响。[140-145] 这一结果与数字娱乐产品的强烈负面影响形成了有趣的对比。

每个人都将明白，问题在于，使用电子产品的时间越长，孩子从阅读中得到的好处就越少。这分为两种情况：与父母共读的时间减少[57]，以及独自阅读的时间减少[140, 144, 146-152]。例如，一项常被引用的研究表明，当幼儿园儿童每天使用电子产品的时间超过 2 小时，父母为其读故事的频率就会减少三分之一。[57] 同样，另一项研究证实，对青少年群体而言，每天玩电子游戏的时间每增加 1 小时，其独自阅读的时间就会减少 30%。[153] 这些因素至少部分解释了数字娱乐产品对学习书面语造成的消极影响[154-156]，这种影响反过来又会损害语言的发展。这就形成了恶性循环：由于儿童阅读较少，他们在学习阅读时会遇到更多困难；阅读越困难，他们就往往会逃避阅读，因而阅读量更少；由于阅读量较少，其语言能力不会发展到预期水平，他们就越难以获得本该在这个年龄获得的能力。这完美诠释了上文提及的著名的"马太效应"①，以及"人们只会把钱借给富人"这句知名谚语。

　　与这些论述一致的是，最近进行的大规模调查表明，年轻一代对阅读明显不感兴趣。[157—159] 仅有 35% 的 8—12 岁儿童与 22% 的 13—18 岁青少年称自己每天都"为了娱乐"而阅读。[160] 他们的读书（纸质书和电子书）时长分别为 26 分钟和 20 分钟。这意味着青少年花在数字娱乐产品上的时间是花在书籍上的 22 倍，前青春期儿童则是 11 倍多。当然，许多专家解释说，没必要对此感到担忧，因为"年轻人的阅读量再没有比今天更多的了……但他们是在互联网上，而不是在书中，搜寻对其有用的信息"[161]。对我们的数字技术专家而言，"在互联网时代，说'年轻人的阅读量比以前少'没有任何意义"[162]。然而，这种所谓的在线阅读海啸似乎并未掀起多少风浪：前青春期儿童平均每天在线阅读 1 分钟；青少年在线阅读 7 分钟（包括"计算机、平板电脑或智能手机上的文章、故事、诗歌或博客"）[160]。其中确实有令人欣喜之处。然而，正如一位对年轻一代的文化行为进行了充分分析的社会学家所解释的那样 [163]，"年轻人的阅读时长较短，通常与其在互联网上的文字交流有关，因而与社交能力息息相关"[164]。问题在于，与前数字时代的老古董们如此珍爱的优质书籍相比，这些活动并不具有同样的结构化潜力。此外，与该主张一致的是，最近的两项研究证实，"传统"书籍和数字化内容在教育方面存在着鲜明的层次差别。前者对词汇的习得和阅读理解能力的发展具有极大的积极影响，后者的影响则介于零和消极之间。[165, 166] 三个互补的假说能够解释这一结论。其

---

① 参见第 53 页。

一，一般而言，与传统书籍相比，年轻一代在互联网上撰写、交流和查阅的内容呈现出的语言丰富性极为有限，无法与传统书籍媲美。其二，在网络上，碎片化的信息以及不断出现的干扰信息（电子邮件、超链接、广告等）破坏了专注力的发展，而专注力对理解复杂的书面文本十分必要。其三，对我们的大脑来说，"图书"形式比"屏幕"形式更易于操作和理解。[167] 许多研究证实，一般而言，纸质版文本比在屏幕上呈现的版本更易于被准确理解，而且这与读者的年龄无关。[168, 169] 换言之，在阅读和理解文本时，即便是所谓的"数字原住民"也会觉得阅读纸质书籍比在电子产品上阅读更加舒适；但这并不妨碍他们中的大多数人提出与之相反的主张[170]！如有必要说明，这也能证实我们的主观感受具有结构性缺陷。

用电子游戏克服阅读障碍

当然，媒体会对我们说，此处的描述太过消极。除了我们已经讨论过的"教育性"内容，数字娱乐产品一定还隐藏着各种间接的积极影响。电子游戏再一次位居前列。据称，电子游戏尤其能够促进学习阅读和治疗阅读障碍。这仅仅是个开始！在两项科学研究得出了明显一致的结论后，世界各地的新闻工作者开始竞相给他们令人难以置信的报道冠以各种奇妙的标题："电子游戏能够克服阅读障碍"[171]；"电子游戏'有助于阅读障碍儿童的阅读'"[172]；"玩一天的电子游戏胜过阅读障碍者一年的治疗"[173]；"电子游戏也许能够治疗阅读障碍"[174]；等等。骇人听闻……也是对事实的极大歪曲。实际上，研究中的任何内容都不能证实这些谄媚的言论。无须挖掘太过专业的细节，一些说明就应当能够证实这一点了。

让我们从最新的研究开始。[175] 这项研究的对象是成年人，且与电子游戏毫不相干。它仅仅证实了一些阅读障碍者在整合视听信息方面存在特殊困难。电子游戏的问题以一种非常隐晦的方式出现在文章的结尾。研究人员指出，这些工具也许有助于解决研究中确定的视听障碍。我们深感震惊，因为基于这样一种如此不成熟的猜测，一家大型日报竟敢在标题中写道，"推荐阅读障碍者玩动作游戏"[176]；而一名记者则在法国广播电台黄金时段播出的节目中大肆宣扬，"牛津大学最近的一项研究证实，动作游戏能让大脑习惯于将图像与声音联系起来，因而有助于克服阅读障碍"[177]。如果这种幻觉都能被贴上科普的标签，那么鲁德亚德·吉卜林（Rudyard Kipling）就该被授予诺贝尔医学奖，因为他创作了关于驼峰起源的故事。①[178]

第二项研究提出的问题更加微妙，但同样重要。在意大利帕多瓦大学进行的这项研究工作中，研究者测量了患有阅读障碍的 10 岁儿童解码单词的速度。[179] 在两周内的 12 个小时里，两组相似的群体（人数少得令人难以置信：只有 10 名被试）玩了同一款电子游戏 [《雷曼：疯狂兔子》（*Rayman contre les lapins crétins*）] 的不同关卡："实验组"玩的是所谓的快速战斗关卡，"对照组"玩的是所谓的慢节奏关卡。在游戏结束后，只有实验组儿童的解码能力得到了显著提升：他们读单词的速度更快，错误也没有因此增多。他们每分钟读出的音节增加了 23 个，也就是大约 10 个单词。要理解这意味着什么，有必要知道，一名患有阅读障碍的意大利 10 岁儿童每分钟大约能读 95

---

① 出自吉卜林的一本童话故事书，中译书名《原来如此的故事》。书中讲到，驼峰是神为了惩罚骆驼的懒惰，为了让骆驼能够干更久的活而让它长出来的。——编者注

个音节（45 个单词左右）[180, 181]，而一名没有阅读障碍的儿童每分钟能够读出 290 个音节（大约 140 个单词）。换言之，在接触游戏后，患有阅读障碍的儿童仍有很大的缺陷：他们每分钟读出的单词数量从 45 个增加至 55 个，而没有阅读障碍的儿童每分钟读出的单词数量是其 2.5 倍。因此，声称"电子游戏'能教会有阅读障碍的儿童阅读'"[182] 可以说是夸大其词，特别是因为解码和阅读之间也存在着巨大的差异。患有阅读障碍的儿童解码单词的速度更快，这并不意味着他们能够更好地理解所读内容。归根结底，正是这种理解决定了阅读的效果！研究者当然提到了这一问题，可惜电子产品的大量拥趸未能成功澄清这一点——"考虑到有阅读障碍的儿童可能由于核心阅读解码能力缺陷而出现阅读理解方面的问题（我们甚至不能确定这一点！），进一步的研究可以直接调查动作游戏对更高质量的阅读可能产生的影响"。换言之，我们尚不清楚一小群有阅读障碍的儿童解码能力的小幅度提升是否会影响阅读本身，但如果有机会，测试一下就好了。上文中媒体的夸张描述与谨慎的科学事实似乎相去甚远。不过我们必须承认，与其他错误百出的主张相比（例如"玩快节奏的电子游戏比持续一年的密集传统疗法更有助于提高阅读障碍儿童的阅读速度"[173]），这一点不值一提。因为事实上，研究关注的并非为期一年的治疗，而是用研究者的话来说，"为期一年的、自发的阅读发展（即在没有治疗的情况下的发展）"[179]；二者之间具有很大的差异。所以停止胡言乱语，还是坦率地陈述事实为好。

最糟糕的是，即便我们承认《雷曼：疯狂兔子》这款游戏确实能够提高阅读障碍儿童的阅读能力（我们还远没有证明！），上述媒体文章对许多人而言仍然是空想。实际上，在许多情况下，这些文章都通过一概而论且具有倾向性的言论表示，动作游戏对阅读学习的积极影响实际上关系到所有儿童和所有电子游戏。例如，某些记者称"训练视觉注意力能够提高阅读能力"[174]，或"帕多瓦大学的一项研究给电子游戏对儿童大脑有害的观点泼了一盆冷水"[183]，再或是"我们经常指责电子游戏让儿童变得具有攻击性，但鲜为人知的是，它们可能带来医学上的好处……研究者让有阅读障碍的儿童每天分9次玩80分钟的游戏，例如《雷曼》。他们由此发现，在短短12小时内，这些孩子就获得了与经过一年的传统治疗后相似的阅读速度（原文如此），同时还能收获乐趣。因此，这是一个天大的好消息，尤其是对孩子们而言。他们终于有了正当理由不做作业，并且玩游戏了"[177]！

这些推论当然毫无根据。实际上，并非所有电子游戏都有相同的结构，对《雷曼》而言正确的东西对《我的世界》（*Minecraft*）、《堡垒之夜》（*Fortnite*）、《超级马里奥》或《侠盗猎车手》等游戏来说并不一定如此。即使我们承认假定的积极影响普遍适用于所有类型的游戏，但我们如何确定这对没有阅读障碍的儿童同样有益？即使我们承认这一点，我们怎样知道最终的收益风险比是积极的，而且消极影响不会超过观察到的少数积极影响？尤其是在游戏时间超过12小时，且一直持续的情况下。许多研究表明（我们将在下文继续讨论），动作游戏远非仅在睡眠、成瘾、注意力集中程度或学业成功方面有害。但为何要用此类次要细节让父母、读者和听众无谓担忧呢？

简而言之，在此提到的科学研究可能值得关注，但鉴于其方法上的缺陷及其未解决的问题，人们可能会对这些研究对媒体的巨大影响力以及新闻工作者完全缺少客观报道的事实产生怀疑。我们也可以看到，关键就在电子游戏，它们似乎明显具有值得羡慕的优点。是时候讨论这些优点了……

优化视觉注意力（以及动作游戏的其他所谓优点）

在数字领域，除了我们将在下一节详细讨论的暴力问题之外，最成功的宣传工作无疑是"动作"游戏对注意力的所谓益处。这不是最近才发生的事情，而是始于 2003 年。当时发表的一篇研究文章表示，这些游戏可能会对视觉注意力的某些组成部分产生有益影响。[184] 这一结果引发了大量的研究工作，其中多数都证实了这一现象（我们将在下文继续讨论）。这导致持赞同态度的媒体持续不断地援引这些研究结论："第一视角射击游戏能够大幅提高视觉注意力"[185]；"被指责培养攻击性的动作游戏对注意力、视力和反应速度的提高尤为有效"[186]；"许多研究证明，玩射击游戏也许能够快速且持久地提高玩家的注意力和视觉敏锐度"[187]；"电子游戏有助于培养更加集中的注意力"[188]；等等。2013 年，在法国科学院提出了令人震惊的观点后[189]，媒体的热情达到了顶峰。这种影响极为惊人（且十分持久）。可以说法国科学院传达的信息充满了希望："某些为儿童和青少年设计的动作游戏能够提高他们的视觉注意力和专注力，从而有利于他们快速做出决策。"换言之，"玩家使用的策略能够促进其学习各种能力：注意力、创新能力、快速决策能力，以及集体解决问题、完成任务的能力"。可惜研究者只提供了一份简单的参考文献[190]，并且奇怪的是，这份参考文献对以上绝大多数论断只字未提。我们今天仍处于这种状态。经法国科学院完美概括的媒体神话仍然随处可见，却又缺乏依据。

更具创造力的玩家？

　　毫无疑问，电子游戏产业具有十分强大的创新能力，但将设计者的这种能力延伸到用户身上绝对与事实不符。迄今为止，没有任何科学依据——甚至是初步的科学依据——能够证实这种推论，也没有合理的理论假说能够解释《堡垒之夜》、《超级马里奥》、《使命召唤》（Call of Duty）或《侠盗猎车手》如何提高玩家的创造力。相反，却有许多依据能够证明这种想法的荒谬性。实际上，创造和创新能力并非孤立存在，而是基于在一门学科中获得的所有知识来进行表达和组织的。换言之，要想跨越边界，首先要到达边界。正因此，与一些流行的看法相反，创造者从来不是凭空出现的；在创造出任何引人注目的东西之前，他们花费了大量时间来深入掌握其所在领域的知识。[191-193] 正如该领域最重要的国际学者安德斯·埃里克森（Anders Ericsson）明确指出的那样："关于这些创新者，我们所了解的一件事是，在开拓新领域之前，他们几乎无一例外地为成为业内专家而付出努力。这样做是有道理——毕竟，如果您不熟悉也无法复制前人的成就，那您如何创造有价值的新科学理论或有用的新小提琴演奏技巧呢？"[194] 换言之，创新绝非某款电子游戏可以奇迹般地灌输给我们的无形通用技能。不。创新首先是针对某个特定领域所付出的时间、努力和汗水。因此，断言动作游戏能够促进"创新能力"似乎极不妥当。

更善于协作的玩家？

这也是一种毫无根据的言论。首先，我们可以注意到，许多动作游戏都是由玩家单独操作。其次，需要明确的是，人数多也并不总是成就的保证，情况远非如此。许多研究证明，在绝大多数情况下，创造是孤独者的长处。[195] 一般来说，把每个个体的想法相加得到的总和往往比集体的想法更加丰富，也更机智灵巧。您有一个问题需要解决？如果您让集体进行"头脑风暴"，结果将远不如先让每个人独自思考所得的结果精彩丰富。[196—198]

此外，这也提出了迁移这一基本问题。玩家在解决游戏中问题的过程中，确实能够学习交谈、组织和配合：射击巨型僵尸、拆毁坦克等。这些"知识"在现实世界的哪些方面、又如何发挥作用呢［或许（！），在一些结构上与游戏情境相似的环境中——例如在城市战区执行安全行动］？哪里有研究证明，通过操作游戏控制杆培养的技能能够扩展至与游戏没有直接关系的情境中？哪里有研究指出，玩动作游戏有助于个人在外科团队中更有效地工作？哪里有研究表示，《堡垒之夜》等游戏能够优化玩家在交响乐队、足球队、销售团队或厨师班子中的协作能力？显然哪里都没有。当我们发现，合作和团队工作能力主要取决于特定的学科能力时，我们怎能不感到惊讶？要想团队表现出色，每个人都应该懂得融入集体的运作节奏中。但要做到这一点，每个人都应该有效完成自己的工作任务、理解集体的行动、了解目标的进展状况等。与几个朋友一起玩动作游戏怎能获得如此具体的技能呢？简而言之，玩动作游戏能够提高协作能力这种言论，往好了说是一种捏造，往坏了说则是宣传的伎俩。

更加专注和敏捷的玩家?

最后这种说法建立在具体数据之上。这是一大进步，却无法掩盖其缺少对所用术语和概念的精确定义这一问题。实际上，在其有所保留的话语背后是一些有局限性的能力。例如，此处的问题并不在于对文章内容更持久、更有效的注意力，也不在于决策能力的普遍提升。不是。问题仅在于对大脑接收的视觉信息的处理时间进行了轻微优化。换言之，游戏玩家对环境中的某些视觉元素的反应比普通人稍快。[190, 199] 因此，与不玩游戏的同龄人相比，游戏玩家能够关注更多的视觉元素（图 7，第 1 行）；其视觉注意力更加分散（图 7，第 2 行）；能够更快地识别视野中是否存在目标元素（图 7，第 3 行）；能够更快地发现一组混合点的优先移动方向（图 7，第 4 行）。值得注意的是，上文提及的法国科学院的观点建立在最后一个结论上，却从未对

图 7　电子游戏和视觉注意力。（见下页）研究对象盯着屏幕。第 1 行：方块短暂出现（1—10 个；50 毫秒）。被试必须说出他们看到了多少个方块。游戏玩家的表现更好。平均而言，他们能够准确地看到 4.9 个方块，而非游戏玩家只能看到 3.3 个。数据来源为文献 184。第 2 行：一些"干扰物"（方块）和一个"目标物体"（圆内接三角形）短暂地出现（90 毫秒）。被试必须说出目标物体出现在 8 条射线的哪一条上。游戏玩家的平均成功率高于非游戏玩家（81% 比 39%）。数据来源为文献 184。第 3 行：呈现一些"干扰字母"（除了 b 和 d 之外的字母）和一个"目标字母"（b 或 d）。被试必须识别目标字母。游戏玩家比非游戏玩家的速度更快（1.2 秒比 1.5 秒）。数据来源为文献 200。第 4 行：在屏幕上突然呈现一些或多或少一致移动的点，有 1 个到一半的点的移动方向一致（向右或向左），剩下的点则随机移动。被试必须确定这些点的优先移动方向。平均而言，游戏玩家在 0.6 秒内做出反应，而非游戏玩家需要 0.8 秒。数据来源为文献 201。在所有任务中，游戏玩家的优势都是真实存在的。然而，这种优势涉及的都是非常普通的能力，更何况观察到的优势很少能迁移至现实生活情景中。详情参见原文。

刺激物	表现

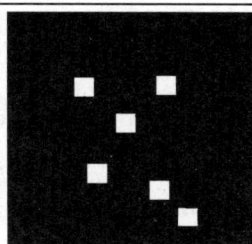

刺激物（■）：50 毫秒　　　有几个方块？

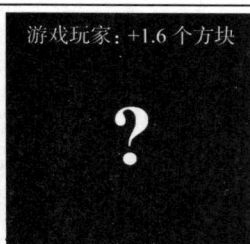

游戏玩家：+1.6 个方块

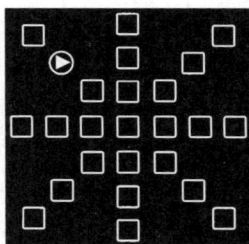

刺激物（▶）：90 毫秒　　　刺激物在哪个位置？

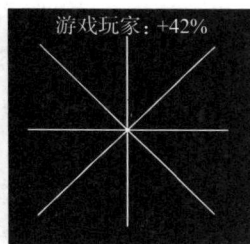

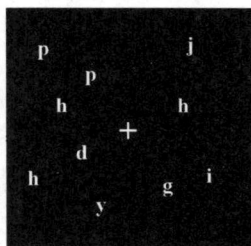

游戏玩家：+42%

刺激物是"b"还是"d"　　　出现的是哪个字母？

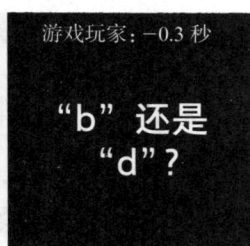

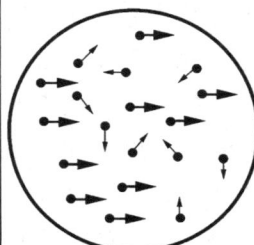

游戏玩家：−0.3 秒　　"b"还是"d"？

点在移动　　　向哪个方向移动？

游戏玩家：−0.2 秒

其进行描述，仅提到"从概率论推测，这是一种可迁移（到游戏之外）的能力"[189]。实际上，这确实能给犹豫不决的读者留下深刻的印象。

没有人说这些研究没有价值。问题在于，这些研究的结论被令人难以置信地夸大了。对此需说明两点。第一，应当强调的是，研究方法上的不足以及相互矛盾的观察结果的存在可能会让人怀疑研究结论的可靠性和普遍性[202-206]；近期的几项研究也未能消除这种怀疑，远远没有[207-211]。第二，明确地讨论能力迁移的问题（将通过游戏获得的注意力迁移至"现实生活"中）十分重要。显然，我们很容易断言，玩动作游戏对各种需要快速和准确处理视觉流的运动技能（例如踢足球）有着积极影响。[190]复杂的是怎样证明。更复杂的是，现有研究对此并不十分有利。实际上，我们现在明白，就复杂的视觉运动技能而言，其专业程度与注意力的基本功能的表现（据称是由动作游戏培养出来的）毫不相干。以这项与手球运动相关的研究为例：在运动员的技术水平及其在视觉注意力标准测试中的表现之间，研究人员并未发现任何明显的联系。[212] 他们总结道："体育技能的水平与注意力的基本差异无关——技能似乎不会造成基本注意力的差异，注意力的基本差异似乎也无法预测运动员最终的技能水平。"对于棒球运动，观察结果也毫无二致。职业击球手的反应速度令人惊讶，但在完成需要集中注意力的任务时，例如在视觉刺激出现时尽可能快地按下按钮，他们并不比一般人更加优秀。[194, 213] 这并不在人意料之外。实际上，击球手不会对对方球员的行为做出"事后"反应，而是会预料对方的行为。也就是说，早在对方投球之前，击球手就开始准备击球。为此，他们提前将注意力集中在投手的姿势所显示出的迹象上（肩部的轴线、手臂动作的轨迹等）。这种才能绝不是与生俱来的，而是在学习过程中，通过失败、成功、重复，以及需要特别指出的，在领域的特殊性中构建的。在这方面，现有研究表明，对于不同的任务，视觉探索的策略也明显不同。[214-218] 这意味着网球运动员、足球运动员、篮球运动员、滑雪运动员、棒球运动员和赛车手的大脑所收集的信息完全不同。换言之，每一种复杂的视觉运动技能都会构建和调动一种独特的注意力功能。[194, 218, 219]

因此，技能无法从动作游戏迁移至复杂的视觉运动并不令人感到惊讶。像主流媒体频繁宣传的那样，断言游戏玩家通过经常玩游戏获得的潜在能力"并不是虚拟的：它们能帮助你在现实生活中做得更好，例如开车"[220]，这简直是个笑话。以开车这种活动作为我们最后的例子。研究证实了两件事：（1）玩动作游戏对驾驶没有任何积极影响[221, 222]；（2）与之相反，电子游戏通常会使玩家变得狂热和盲目乐观，这会导致危险和冒失行为的出现，导致玩家更频繁地无证驾驶，发生更多事故，更经常被交警拘留或逮捕[223-228]。

显然，这些负面结论与最近的许多新闻标题并不相符，例如"玩《马里奥赛车》（*Mario Kart*）能让你变成更优秀的司机，这已得到科学证明！"[229-231]；"研究证实，《马里奥赛车》真的能让您变成更优秀的司机：看，妈妈！"[232]；或"玩《马里奥赛车》就**能**①让您变成更优秀的司机"[233]。这些大肆宣传的"头条"依据的是一项与可信的驾驶场景（真实或模拟）毫无关联的研究。[234]实验分为三个阶段。首先，被试玩一款制作粗糙的驾驶游戏（一种简化版的《马里奥赛车》）。他们坐在电脑屏幕前，电脑屏

① 原文 CAN 为大写。（本段第一个标题原文为法文，本标题原文为英文。——编者注）

幕代表着不断向前的道路（他们看道路的视角就和坐在汽车驾驶舱中一样）。研究人员要求他们操作一个小方向盘，一直保持在道路中间行驶，不被突如其来的随机因素（突然的横向推力使汽车偏离笔直的行驶路线）干扰。视觉环境极为简陋，没有任何障碍物、交通工具、行人、树木、交通信号牌、弯道、交叉路口；什么都没有。屏幕上只显示了地平线（黑色）、地面（棕色）和两条红色虚线（道路）。结果显示，动作游戏爱好者让汽车保持在两条线之间的成功率比非游戏玩家略高。换言之，经常玩动作游戏的玩家在玩一款新的、基础的驾驶游戏时，他们的表现比新手要好。那又怎样？！

　　在研究的第二阶段，研究人员对初始游戏稍加修改，要求参与者玩修改后的版本。他们需要在随机出现干扰力（这次是垂直的）的情况下使用操纵杆，让一颗在黑色屏幕上移动的红色小球的轨迹保持水平。游戏爱好者再次比他们没有经验的伙伴拥有更高的成功率（真令人惊讶！）。在最后的第三阶段，两组参与者都是非游戏玩家。在 10 个小时里，一组参与者玩《马里奥赛车》，另一组玩《过山车大亨 3》（ *Roller Coaster Tycoon III*，一款策略游戏）。在训练阶段结束后，只有《马里奥赛车》组的成员对上一个任务（使黑色屏幕上红色小球的轨迹保持水平）的掌握程度有所提高。应该承认，正是基于这种奇妙的结论，我们的记者朋友才能够向读者解释，"玩《马里奥赛车》这款电子游戏真的能让您为成为现实世界中的司机做好准备"[232]，或"玩几小时的《马里奥赛车》可能会有意想不到的好处"[235]。从现在起，"没必要花好几个小时研究规则就能成为出色的司机"[230]。实际上，"数小时的电子游戏训练能够提高玩家在现实世界中的驾驶技能。这也许能成为未来培训驾驶员的一种合算的方法"[233]。因为，很显然，所有人都会明白，"更优秀的司机"并不是能够更好地解读环境、根据外部限制更好地控制速度、更了解交通法规、更精确地判断安全距离、更准确地预测他人（行人、摩托车手、自行车手或汽车司机）行为的人。不！"更优秀的司机"是当他被要求在随机出现干扰力的情况下保持红色小球在黑色屏幕上水平移动时，表现得更加出色的人。

从该研究中得出结论，《马里奥赛车》使我们成为"更优秀的司机"，这纯粹脱离了现实。从科学角度而言，这项研究的唯一用处在于，它证明了当我们必须玩一款我们不了解的游戏，经常玩动作游戏会让我们更容易上手。研究结论可能十分有趣，但归根结底，我们不得不指出它与媒体向读者传达的荒唐信息毫不相干。如上所述，在现实场景中驾驶时，游戏玩家所谓的更出色的能力不仅会消失，还会转变为负面影响（主要是因为他们更倾向于冒险）。基于该研究（让我们记住，它是在一个环境荒漠中完成的）断言动作游戏能使我们变成优秀的司机，因为它"有助于司机认识现实世界中的危险"[233]，这实在是厚颜无耻。这篇光辉文章的作者忽略了一个实际的小细节：要想识别道路上的危险，首先要知道在哪里找到它们；也就是说，知道看哪里以及什么时候看！但这种知识只能通过在道路上真实和反复的驾驶经验获得。对于那些（仍然！）心存疑虑的人，近期的一项研究记录了"真正的"司机和驾驶游戏玩家的眼部活动。结论是："没有真实驾驶经验的游戏玩家并不具有在实际驾驶中发挥作用的道路视觉探索模式……电子游戏中的虚拟驾驶无助于发展对道路模式的充分探索。"[222]

简而言之，可能（且有极大的可能[236]，尽管这个问题仍有待讨论[237]）动作游戏不会改善我们的注意力或一般的决策能力，却会改善我们视觉注意力的某些特性。问题在于，绝大多数情况下，这些改善仍然是"局部的"，不会扩展到"现实生活"中。说得更明白些，玩动作游戏本质上教会了我们……玩这款游戏及其同类游戏。当然，当现实的要求与游戏的要求相同，偶尔也会发生一些积极的能力迁移，例如操作外科手术放大镜[238, 239]或远程驾驶战斗无人机[240]。但除了这些特殊情况外，正如许多研究证明的那样，期望将能力从电子游戏迁移至现实中是一种幻想。[194, 241-247]最近的一项大规模元分析指出，"我们并未发现在玩电子游戏和提高认知能力之间存在因果关系的证据。因此，电子游戏训练同样会在远迁移（即从特定领域——例如学习国际象棋——迁向另一个不同的领域——例如背诵诗歌）方面遇到困难……我们的结论支持这一假设，即专业能力的获得在很大程度上依赖于特定领域的、因而也是无法迁移的信息。相比之下，我们的结论并不支持那些理论，即预测在电子游戏训练和一般的认知训练后能够发生远迁移（例如，'学会学习'）的理论"[248]。

注意力更集中的玩家？

让我们回到捏造的报道上来。尽管这似乎令人惊讶，因为主流媒体一再重复这些言论，但在科学文献中没有任何数据可以支持这些说法。它们仅仅基于上述与视觉注意力相关的错误推论。将视觉注意力描述成注意力这种一般能力，再将其完全转变为专注力是如此轻而易举。显然，这种倾向并非上文提及的法国科学院意见[189]所特有的。我们的记者朋友也经常走最荒野的捷径。例如，在一篇题为《这些电子游戏对您有益》的文章中，他们解释道，"虚拟武装战斗游戏有另一个值得关注的优点：它能够提高玩家对注意力的控制，即专注于一项任务而不分心的能力"[249]；而在一部名为《电子游戏：世界的新主人》的大众纪录片中，他们称研究人员进行了一些实验，以"测量游戏玩家的注意能力，即专注力"[250]。最近，甚至是法国著名的神经科学家、国家教育科学委员会主席、法国科学院院士斯坦尼斯拉斯·德阿纳（Stanislas Dehaene）也在一家大型国家广播电台向数百万名听众解释说，我们不该"妖魔化电子游戏……即便是动作游戏和射击游戏也对教育有着积极影响，因为它们能提高儿童的专注力，即注意能力"[251]。

所有人都会理解，问题在于，在"注意力"或"专注力"这些通用术语的背后，隐藏着非常不同的功能和神经生理学事实。[252-254] 在字典中，集中的本义是"将原本分散的东西集中于一个中心或一个点上的行为"；而其在认知领域（作为专注力时）的一般定义是"将精神力量汇集在一起并将之集中于一个单一对象上的行为"。同样，注意力的特点是"思想高度集中于某一对象而排除其他所有对象"。这些定义较为准确地反映了集中注意力的大脑机制。[70, 252] 实际上，大脑在"专注"时，会发生两件事。第一，与任务有关的重要区域的活动增加。第二，没有使用到的区域，尤其是那些和处理外部干扰有关的感官区域，其活动会减少。① 第二种机制在我们忽略干扰信息、从而最终专注于目标时起着重要作用。

当我们向忧心忡忡的父母解释动作游戏能够提高孩子的"注意力"或"专注力"时，他们会不由自主地想到这种认知资源高度集中的过程。有必要强调的是，这个过程对智力运作、

---

① 例如，当您正专注于一项心算任务时，如果有人轻触您的指尖，与您没有在计算的情况相比，传达到大脑皮层感觉区域的信息会显著减少。

进而对学业成功是绝对必要的。[256-264] 归根结底，对于大众而言，专注就是"处在自己的透明罩子内"，专心于手中的任务。我们可以将注意力视为一种机制，它将所有光线聚集在一个点上，并主动将周围环境变黑。问题在于，电子游戏引起的是与之完全相反的活动，它们移开汇聚在一起的光束，照亮了整个房间。这是由这些游戏的内在性质决定的。实际上，它们从结构上而言就是面向外部世界的。因此，它们需要的是非常分散的注意力。为了赢得游戏，玩家需要不断扫视视觉空间，在不断变换的场景中立即发现出现的所有威胁或与之相关的配置，甚至是在视野的边缘地带。

也许有人会觉得好笑，在这些领域，我们的近亲黑猩猩的能力远远优于一个正常人类。[265] 如果我们的目的在于让我们的后代获得实验室中的灵长类动物所拥有的注意力，那么电子游戏确实是一种非常合适的教学工具。但不要心生嘲讽，只需记住，就动作游戏而言，最佳成就只能通过发展分散的外源性注意力获得，即对外部世界的风吹草动保持警惕。也就是说，这是一种本质上与专注力完全相反的注意力。在一种情况下，人们分散注意力，努力不错过任何外部环境信号；而在另一种情况下，人们聚精会神，并竭力忽视这些信号的干扰影响。至少可以说，以意义相似为由将这些不同类型的注意力混为一谈是不合适的。更何况已经明确证实的是，注意力分散的过程会对专注力造成一些严重的损害：在我们训练快速视觉处理能力时，主体也更容易被环境的变动分散注意力。[266] 换言之，我们将完全把"分心"这两个字刻入身体中。

实际上，大脑核心结构积极学习并努力实施的分心程度的增加，解释了为何电子游戏除了可能会对视觉注意力产生积极影响

之外，还会对注意力集中，即专注力产生明显的有害影响。[267—275]
我们将有机会在下一部分详细讨论这一点。即便是参与证明动
作游戏对视觉注意力能够产生积极影响的研究人员也承认了这种
分裂的现实。例如，在接受法国科学院上述报告的编辑采访的几
个月前，达芙内·巴韦利埃（Daphné Bavelier）在一份权威的
科学期刊上解释说："如果是指快速有效地过滤快速呈现的视觉
干扰物的能力（即视觉注意力），那么玩动作游戏显然会大大提
高这种能力。但如果是指专注于缓慢发展的信息流的能力，例
如专心听课，那么近期的研究表明，所有用于电子产品的时间，
尤其是玩电子游戏的时间，可能会对其造成负面影响。"[276] 此
外，另一名研究者也在同一篇文章中解释说，在他看来，"通
过玩动作游戏学习到的相同的注意力技能（例如更宽广的视野
和对外围的关注）也是问题的一部分。尽管在以计算机为媒
介的环境中，这些都是很好的技能，但在学校里，当孩子应
当忽略在旁边的椅子上坐立不安的同桌、只专注于一件事情，
它们就成了一种不利因素"。遗憾（为了避免说有害）的是，人
们常常绝口不提这种区别，而是粗暴地混淆视觉注意力、注意
力和专注力的概念，从而使科学数据得出与其真实结论完全相
反的结论。

　　说到这里还剩最后一点，也许是次要的，却很有启发性。
一名女记者感到十分好奇，于是她对法国科学院的上述文章产
生了兴趣。这篇文章的原名为《电子游戏：有偏见的学院》①，这
表明这篇文章关注的并非只是科学。[277] 这位记者对我们说，实
际上，这最终有利于"打开立法的闸门——自 2007 年起，法律

---

① 改名后：《当法国科学院偏向电子游戏时》[277]。

禁止电子游戏产业利用税收抵免政策开发 18 禁游戏，即只面向成人、包含可能引起玩家厌恶感的暴力或色情场景的游戏"[277]。这是为了支持我们的企业家而伸出的援助之手。正如一位议员所言："说真的，我是对这份修正案的通过最感到惊讶的人……北美允许用税收抵免来进行复杂且昂贵的 18 禁游戏开发，为避免人才流失到北美，我们应当采取行动。"[277] 这种观点是可以理解的，但它本身无法自圆其说吗？有必要用一份持赞同观点的"科学"报告来支持这种观点吗（如今，这份报告仍然为最糟糕的极客奉承者的宣传提供养料）？有必要如此伤害一家拥有数百年历史、本应保证科学纯粹性的官方机构的信誉吗？这些问题并非无关紧要，因为在当今时代，通过不断出现的、最猛烈的阴谋论，对公共话语普遍怀疑的运动正在不断发展。

被破坏的专注力

因此，在看似统一的"注意力"的概念背后，隐藏着不同的行为和神经生理学事实。一些活动，例如动作游戏，需要"分散"的注意力，这种注意力受外在刺激、广泛面向世界的喧嚣。与之相反，其他活动，例如读书、撰写综述文本或解决数学问题，则需要"集中"的注意力，这种注意力由内在维系，很少受周围的吵闹和干扰观点的影响。在下文中，我们会使用"外源性"和"视觉的"等形容词来描述由动作游戏培养的注意力的特征。同时，为了与通常的用法保持一致，我们将用"注意力"和"专注力"来描述反思性活动（例如读书）所调动的"集中的"注意力的特征。

压倒性的证据

迄今为止，几乎所有现有研究都以一致的方式表明，数字娱乐产品作为一个整体，对专注力有着深远的有害影响。[274,278,279]换言之，在这方面，电子游戏[267—273,275,280]与电视[261,271,272,279—285]和移动媒体[286—289]同样有害。此外，一项关于该主题的元分析明确证实，使用数字娱乐产品（电子游戏/电视）和注意力障碍之间呈正相关。[279]这种关系的强度类似于智商和学校成绩之间的关系[290,291]，或者换种说法，类似于吸烟和肺癌之间的关系[292]。电子游戏对个体的影响与电视完全一致。同样，非暴力的内容似乎也与暴力内容一样有害。

我们可以引用下面这项长期研究来进行说明。该研究证实，儿童在小学时每天看电视的时间每增加 1 小时，其在初中出现注意力障碍的概率就会增加近 50%。[282]后来的一项研究工作得出了同样的结果。[261]这项研究证明，14 岁时每天看电视 1—3 小时，16 岁时难以集中注意力的风险就会增长为原来的 1.4 倍；如果超过 3 小时，风险将增至接近 3 倍（图 8）。这些数字令人不安，因为根据一项补充结果，16 岁时存在注意力障碍事实上会使 22 岁时学业失败的风险增至 4 倍。实际上，正如我们已经强调的，许多研究证实了内源性注意力对学业成功的根本重要性。[256—260,262—264]在另一项研究工作中，研究者直接对比了电子游戏和电视对两组人的影响，一组是儿童（6—12 岁），另一组是青年（18—32 岁）。[271]结果显示，无论年龄大小，从数量上看，这两种活动对注意力产生的损害程度相当。平均而言，每天使用电子产品（电视/电子游戏）2 小时以上的参与者，其难以集中注意力的概率是普通人的 2 倍。有趣的是，分析指出，从早期使用电子产品（电视和电子游戏）的行为中能够预测到注意力障碍在随访期间（13个月）将会加重。另一项研究关注的是12—20岁的个体使用移动设备的情况，并且也得出了相似的结果。[289] 拥有智能手机的人出现注意力缺陷的概率大约是没有智能手机的人的3倍。事实证明，使用数字娱乐产品（游戏、视频等）尤为有害。实际上，与每天进行此类活动少于20分钟的人相比，每天在此类活动上花费1小时以上的人有注意力障碍的风险几乎翻倍。这些观察结果令人担忧，但根据最近一项针对5岁儿童进行的研究[293]，这似乎又是"合理"的。研究考虑了他们使用电子产品的所有时间（电视、游戏机、移动设备等）。研究结论是，相较于每天使用时间不超过30分钟的人，每天使用电子产品超过2小时的人出现注意力障碍的概率是前者的6倍之多。

对仍心存疑虑的人而言，最后一项研究可能值得一提。这

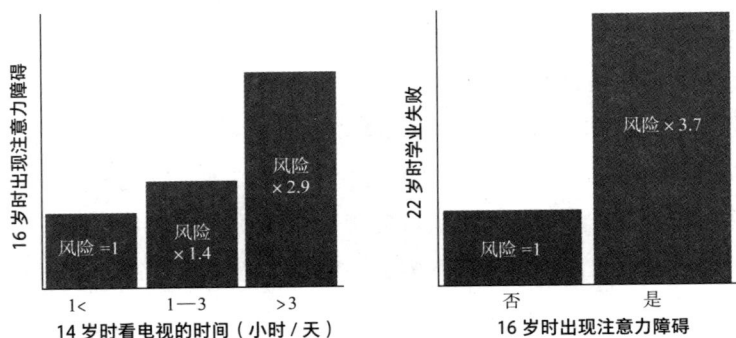

图8 电子产品对注意力的影响。 16岁时出现注意力障碍的风险随着14岁时看电视时间的增加而增加（左图）；同时，16岁时出现注意力障碍的青少年在22岁时学业失败的概率明显增加（右图）。数据来源为文献261。详情参见原文。

项研究不是由学术团体进行的，而是由微软加拿大分公司的市场销售部完成的。[294] 该研究被公之于众这件事令人感到奇怪。研究在一开始就解释道，15年来，人类的注意力从未停止减退，如今已达到历史新低，并且将不及金鱼的注意力。注意力的减退与数字技术的发展直接相关。根据该文件，"数字生活方式会对长时间保持专注的能力产生影响。拥有更多数字生活方式的加拿大人（那些使用更多媒体的人，包括多媒体用户、社交媒体爱好者或较早使用技术的人）难以在需要长时间聚精会神的环境中集中注意力……他们是酷爱新奇事物的人"。广告部的结论是："用清晰简洁的信息尽早、尽快地吸引消费者……要与众不同，站出来挑战常规。"用直白的话可以将其表达为：亲爱的伙伴们，如果不想超出亲爱的"金鱼消费者"的注意力范围，请将你们的营销宣传控制在几秒内；如果不想让你们的宣传淹没在数字刺激的汹涌海洋中，那就选择尖锐的、欺骗性的、挑衅的、刺耳的和粗犷的信息。多好的一项规划！

学会分散注意力

电子产品对专注力产生的消极影响还有多个补充手段。根据或多或少的时间常数，这些手段也或多或少以直接的方式发挥作用。以睡眠为例。我们如今知道，白天的注意力功能和夜间的睡眠效率之间存在着密切联系。[295—298] 换言之，当大脑睡眠不足或质量不高，它就无法高效地专注于日常任务。然而，可以明确的是（我们将在下一节继续讨论），使用电子产品的时间越长，睡眠的质量和时间受到的损害就越大。这正是注意力不集中的主要原因。关于这个问题，我经常在中小学的班级里和学生谈论电子产品。我总是对有这么多昏昏欲睡的学生感到惊讶，他们努力睁着眼睛，张开嘴巴打着大大的哈欠。无论愿不愿意学习，这些孩子在生理上都无法吸收任何知识。更何况每天早上上学前，他们中的许多人的外源性注意力总是被电子游戏或刺激性的视听节目所吸引。[91] 然而，如今可以确定的是，这种做法会持续损害专注力，从而影响智力表现。[299−302] 一项常被引用的研究很好地说明了这一点。一些 4—5 岁的孩子在观看了 9 分钟快节奏的虚构动画片 [《海绵宝宝》（Bob l'eponge）] 后，接受了各种认知测试。[303] 结果远不如在两个 "对照条件" 下（填色 9 分钟或观看 9 分钟节奏缓慢的教育性动画片）得到的结果好。例如，在测试 "冲动性格" 时，孩子们面前有一个铃铛和两个盘子：一个盘子上有 2 颗糖，另一个盘子上有 10 颗糖。指令如下：如果你等我回来（5.5 分钟后），你就可以吃 10 颗糖；如果你不想等，你可以随时摇动铃铛，吃掉 2 颗糖。在 "《海绵宝宝》条件" 下，孩子坚持了 146 秒；而在 "控制条件" 下，孩子平均等待了 250 秒（+71%）。在另一项 "专注力" 任务中，实验者告诉孩子："当我说'摸摸你的头'，我希望你摸摸自己的脚尖，但当我说'摸摸你的脚尖'，我希望你摸摸自己的头。" 经过 10 次实验，指令发生了变化（肩 / 膝盖）；又经过 10 次实验，指令最后发生了一次变化（头 / 肩）。实验每成功一次，孩子得 2 分，实验出错后得到纠正（孩子先触摸错误的目标，随后触摸正确的目标）得 1 分。在 "《海绵宝宝》条件" 下，孩子共得 20 分；而 "控制条件" 下的孩子平均分为 32 分（+60%）。简而言之，在要求孩子专注于各种反思性任务之前，刺激其外源性注意力系统的神经回路并不是个好主意；同样地，打个比方，每晚睡前喝一杯浓缩咖啡也不是特别明智的做法。

显然，除了这些局部损害，从长远来看，还有越来越分散注意力的环境所产生的影响。其中，移动工具的影响最大。在这方面，即使我们承认关于移动工具使用的研究极为多样（以调查为主），我们也不得不对问题的严重性感到震惊。平均而言，智能手机用户，无论是成人还是青少年，每天都会被打断50—150次，也就是每10—30分钟一次；如果从一天中扣除7小时的睡眠时间，甚至每7—20分钟就会被打断一次。[252, 294, 304, 305]这些中断有一半与突如其来的侵入性外部干扰（信息、短信、电话等）有关[306, 307]，另外一半则来自强迫性的内源性活动。这种活动是与生俱来的，它反映出在生物进化的过程中，自然逐渐选择了最"好奇"的个体，也就是那些最快地收集和分析环境信息（机会或危险）的人。这种好奇心本身是由大脑奖赏回路[①]的激活维系的。[252, 308—310]换言之，我们之所以在没有客观必要的情况下如此狂热地使用移动设备，一方面是因为我们（无意识地）害怕错过重要的信息，另一方面是因为完成核实过程会让我们产生少量带来愉悦（也令人上瘾）的多巴胺。人们常用首字母缩合词FoMO（Fear of Missing Out），即"错失恐惧症"来指代这种双重机制。[311—313]

最近的一项研究得出的结论与这种观点一致，该研究证实了抗拒"手机的呼唤"有多困难。[314]在15分钟的课堂上，研究人员观察了处于不同学习阶段的学生（从初中到大学）。平均而言，参与者只将10分钟用于学习。尽管有实验人员在场，但他们集中注意力的时间还未超过6分钟，就如饥似渴地开始玩手机了。6分钟的专注时间也许比微软公司的"金鱼消费者"要

---

① 参见第27页注释。该短语再次出现时将不做提示。

好[294]，但这仍然令人难以置信！这一结论与上文引用的另一项研究相呼应，表明仅仅将手机放在身旁就会导致注意力不集中，从而影响智力表现；即使这一设备完全保持安静。我们可以将这一观察结果与激烈的内在斗争联系在一起，这种斗争对抗的是"检查"环境的冲动需求，即确保自己没有错过重要信息。这个过程与外部干扰（哗哗声、响铃、振动等）突然出现时发生的过程相似，唯一的区别在于刺激的性质（外源性或内源性）。在这两种情况下，结果是相同的：认知功能受到干扰，专注力受损，智力表现下降。[315, 316]

　　这里需要明白的是，注意力被打断不需要持续就能够产生危害。根据最近的一项研究，两到三秒的不专心就足以"使思想的列车脱轨"[317]。这也许是因为思绪出奇地脆弱，一旦遭到破坏就难以恢复。例如，假设有人要求您完成一项综述，您正在整理、挑选、分类和组织论点。突然，您的手机振动或发出消息提示音。无论您愿意与否，您的注意力都会立刻转移到收到的信息上。这就产生了一些问题：我该不该看，我该不该等待，我该不该回复，会是谁，等等。问题在于，即使您很快决定忽略干扰，但损害已经造成，因为不像人们可能认为的那样，仅仅关乎恢复一时中断、如实地储存在大脑某个地方的思路，即只需要在错综复杂的神经元回路中"重新加载"思路即可。不。在被打断之后，您需要重建思路，寻回其组成部分，将之重新集中以回到中断之前的初始状态。显然，这样做所花费的时间和精力都会极大地影响认知的可靠性及其效率。[318—321] 这还是最有利的情况。实际上，在思考一堂课、一场讲座或一个简单的对话所传递的信息时，损害会自动加重。在这些情况下，注意力的中断会对获取信息和思考的过程造成双重影响，这显然不利于领会所呈现的内容。在上一节谈论学校数字技术对认知发展的影响时，我们已经详细讨论了这一点。关于讨论可以补充的一点是，许多实验数据证明，在驾驶汽车时查看通知和使用移动设备会极大地分散注意力，进而大大增加发生事故的风险。[322, 323] 例如，根据美国交通部的一项大规模研究的结论，在开车时查看短信，事故风险会增至原来的 23 倍。[324] 但这并不妨碍 50% 的父母在开车并且子女在车内时查看信息，甚至有 30% 的父母会主动发短信！[325] 尽管如此，我的目的并不是让任何人感到内疚，而是为了强调，我们的移动工具具有令人难以置信的强制力量。

同时做几件事

除了注意力中断的问题，还应该讨论的正是"多任务处理"，即同时进行多项活动的普遍问题。诚然，有人解释称，年轻人已经发生了变化，他们的大脑如今不同于往日，更活跃、更快速、更适应数字空间的碎片化结构。有人说，在突破了数千年的阻碍后，年轻一代的神经组织终于得以摆脱按顺序执行任务（一项任务完成后再做另一项任务）的折磨，达到同时进行多个活动（"多任务处理"）的化境。故事虽美，却十分荒谬。无论年轻还是年老，现代还是古代，人脑都完全无法同时做两件事而不失去精确性、准确性以及高效率。[321, 326-328] 我们的大脑不是计算机处理器。当它需要同时处理多个问题，它所能做的就是"玩杂耍"。[329-332] 事情大致以如下方式进行：（1）我们处理第一项任务（例如阅读文本），然后我们决定进行第二项任务；（2）于是我们暂停处理任务 1，并将获得的要素存储在临时存储器中；（3）随后我们着手处理任务 2（例如，在色拉布上回复卡米耶的消息);（4）直到我们决定是时候回到任务1;（5）于是我们停止任务2，并将相关要素存储在临时存储器中;（6）接下来，我们恢复与第一项任务相关的数据（希望没有遗忘或损坏任何内容），并在我们（据说是）停止的地方继续开展工作;（7）以此类推。每次转换任务都需要时间，并且容易出现错误、疏忽和信息丢失等问题。此外，对于每项任务，认知参与都只能是部分的和不完整的。实际上，"玩杂耍"过程的进行本身调动了很大一部分大脑资源，因此必须使用剩余的可用神经元来处理目标任务。最后，对所读文本的理解和给可怜的卡米耶回复信息的质量都极有可能与理想中的最佳状态相去甚远。

但这还不是全部。"多任务处理"的过程同样可能使所执行操作的存储受损。[333-335] 实际上，在特定内容的储存和处理该内容时的注意力水平之间存在着紧密的联系；从能量的角度而言，注意力水平体现了认知努力的程度。[129] 然而，在"多任务处理"的情况下，注意力只是粗略地掠过任务，而不会高度集中于它们身上。难怪当我们同时做几件事，记忆力也会受到损害。

同样的机制解释了在做笔记这项任务上，笔远远胜过计算机的原因。[336, 337] 在这方面，研究人员证实，打字比写字更快，也更轻松（显然是对那些有打字习惯的个体而言）。键盘能够打出相对流畅和详细的笔记，而手写的内容则较为简洁。手写笔记需要个体在概括和重新表述方面做出努力，这对记忆过程十分有利。此外，记忆和认知努力之间的联系很容易通过实验证实。例如，有研究表明，同样的书面信息以不太容易阅读的形式呈现时更容易被记住。[338] 同样，已得到证实的是，如果将目标单词的几个字母删除（这让单词更加难以辨认），个体对单词表的记忆水平会明显提高。[339]

将注意力不集中嵌入大脑

因此，数字世界使人分心的潜力极大。抵抗这种巨大的诱惑十分困难，更何况正如我们所见，我们亲爱的数字工具激活了我们神经组织中最隐秘的缺陷。我们的孩子确实年轻，但他们的大脑与祖先并无差异。其基因编码是获取信息并在每次成功时获得"奖赏"——以产生少量多巴胺的形式。[252, 308—310] 对于这一事实，互联网资本家深谙其道。[340, 341] 前不久，脸书的前任总裁肖恩·帕克（Sean Parker）承认，社交网络的设计说白了就是"利用人类心理的弱点"[342]。对于我们的员工而言，激励创建和经营社交网络的人的诀窍在于："我们如何尽可能多地消耗你们的时间和注意力？"[342, 343] 在这种背景下，为了吸引你们，"需要让你们频繁释放一些多巴胺。因此你们的照片和动态会收到他人的'赞'或评论……这会促使你们发送越来越多的动态，以获得越来越多的评论和'赞'，等等。这是一种通过数字进行判断的死循环"[343]。这番言论与脸书的前任副总裁查马斯·帕利哈皮提亚（Chamath Palihapitiya）的话几乎一字不差，他负责业务增长和受众问题。[344, 345] 如今，这位高管深感懊悔，他称自己感到"十分内疚"，因为自己曾为一些"正在撕裂社会运作方式所依赖的社会结构的工具"[344] 工作。他的结论十分明确："我无法控制他们（他在脸书的前任老板）。但我可以控制自己的决定，那就是我不会使用那玩意儿。我也能控制我的孩子们的决定，那就是不允许他们使用那玩意儿。"[344] 曾在脸书工作过的雅典娜·查瓦里亚（Athena Chavarria）也说了大致相同的话："我确信魔鬼就住在我们的手机里，并且正在对我们的孩子造成巨大的伤害。"[346] 这话是否太过极端？越来越多的研究表明，与数字世界（尤其是社交网络）的不断活动有关的"多任务处理"行为，会让注意力不集中和认知冲动在我们的行为习惯[335, 347—353]以及更内在的大脑功能[354]中根深蒂固。如果参考这些研究，那么答案将是不确定的。

鉴于这些结论，考虑反向因果关系的存在当然是合理的。正如一篇参考文献所指出的，问题在于："更多的媒体多任务处理导致了认知和神经系统方面的差异？还是说具有这种预先存在差异的个体往往有更多的媒体多任务处理行为？"[355] 现在，答案是已知的："多任务处理"正是，至少部分是上述变化的原因。第一个证据来自最近的一项实验研究：研究人员让一组没有电子产品的年轻人使用智能手机3个月。[356] 在这段（相对短暂的）时期结束时，参与者在速算测试中的成绩明显下降，而速算测试需要高度集中注意力。此外，他们的认知冲动程度与其使用智能手机的时间成正比。

在最近几项动物研究得出的结论中可以找到第二个能够证明这种因果关系且更具决定性的证据，可惜实验结果并不乐观。实验的基本思想很简单：不能对人类做的事情有时可以施加在动物身上，特别是我们可以用实验还原儿童在数字环境中受到的外源性注意力刺激并评估其对发育造成的干扰。然而，需要注意的是，这项实验并不是将动物置于一个丰富的环境，即一个有利于积极探索、互动和学习的物质和社会环境①，而是从听

① 在这种情况下，通常将动物分组饲养在宽敞的笼子里，笼内配有利于探索的、有吸引力的物理元素（球、坡道、滚轮、隧道等），并定期更换。

觉、视觉和嗅觉上重复刺激其感觉器官。简而言之，丰富环境的实验方法与感官刺激的实验方法之间的差异涵盖了动词"刺激"的双重语义。实际上，这个词语既指"将某人或某物置于能够使其采取行动或做出反应的条件下"，又指"被激起，受到生理刺激"。[357] 丰富的环境属于第一种含义，感官刺激属于第二种含义。最终，这两种方法对动物的社交、情感、认知和大脑发育的影响明显不同：丰富环境的作用非常积极 [103, 104, 358]，而感官刺激的实验方案则十分有害 [359]。我们关注的正是后者。华盛顿大学的迪米特里·克里斯塔基斯（Dimitri Christakis）的团队首次在小鼠身上进行了实验。[360] 这些动物被置于还原电视效果的视听刺激之下。在涵盖了啮齿动物的幼年期和青春期的 42 天时间里，它们每天受到 6 个小时的刺激。研究人员给它们播放儿童动画片［例如《神奇宝贝》（Pokemon）或《爆丸》（Bakugan）］的原声带。这种中等强度的声音（相当于儿童看电视时通常听到的声音强度）与彩色光源（绿色、红色、蓝色和黄色）的运作联系在一起。在成年期，与普通小鼠相比，受到刺激的小鼠过度活跃，应激水平较低，并且更倾向于冒险（例如，远离笼壁或黑暗的地方）。它们还表现出明显的学习和记忆困难。随后的一项研究采用了同样的实验方法。[361] 研究人员证实，小鼠过度活跃，而应激水平并未提升（这一次，研究人员直接抽取了小鼠的血液，检测其中的皮质酮含量。皮质酮是一种应激激素）。然而，关键在于，研究同样证实，受到刺激的动物更容易成瘾；这与大脑奖赏回路的深刻变化有关。在人类身上，这种回路在成瘾的病理和注意缺陷多动障碍中扮演了重要角色；这两种疾病往往关系密切。[362—364]

　　然而，这些结果并非仅在视听刺激下才能得出，嗅觉实验也得出了与之相似的结果。[365] 例如，最近的一项实验对两组大鼠进行了研究。在 5 周的时间内（大致相当于大鼠的青春期），第一组（实验组）每天接受 1 小时不同气味的连续刺激（每 5 分钟换一种气味），而第二组（对照组）只接触单一气味（由第一组大鼠所闻的所有气味混合而成）。在成年期，与对照组的同类相比，实验组的大鼠表现出了严重的注意力障碍。

显然，如前所述，出于明显的伦理原因，在人类身上进行这类实验是不可能的。然而，此前在幼儿园或社会弱势家庭中进行的几项研究证实了这些动物研究的结论。实际上，这几项研究表明，环境噪声的程度，以及更宽泛的感官刺激的水平，对认知发展[366—368]，尤其是注意力[369] 有着显著的负面影响。

从整体来看，所有这些数据都表明，在幼年期和青春期受到过度感官刺激会对大脑发育造成负面影响。过多的图像、声音和各种其他刺激似乎为注意力缺陷、学习障碍、多动症以及成瘾行为的出现创造了有利条件。将这些结论与流行病学的观察结果进行比较是很吸引人的，后者表明，在过去的 20 年间，诊断出患有注意缺陷多动障碍的儿童人数（及与之相关的药物处方的数量）大幅上升。[370—372] 同样应该提醒公众，除了上述对专注力的影响，使用数字娱乐产品还与儿童和青少年患上注意缺陷多动障碍的风险紧密相关。[279, 293, 373, 374]

小　结

从本节来看，需要记住的是，电子产品会暗中破坏儿童发育的三大支柱。

其一是人际交往。儿童使用智能手机、电视、计算机、平板电脑或游戏机的时间越多，家庭内部交流的数量和质量就下降得越多。同样，父母越是沉迷于电子产品，他们的空闲时间就越少。如果电子产品能为儿童提供足够的大脑"食粮"，即拥有与具体的人际关系相同或更高的营养价值，那么这两点就无足轻重。但情况并非如此。对于儿童的发育，电子产品是熔炉，而人类是锻炉。

其二是语言。在这一领域，电子产品通过两个互补的方面来施加影响。一是通过减损早期口头交流的数量和质量，二是通过阻碍儿童进入书写的世界。当然，在3岁以后，一些所谓的"教育性"视听内容能够教给孩子一些词汇。然而，与"现实生活"提供的知识相比，以这种方式获得的知识耗时多、碎片化且流于表面。换言之，在语言发展方面，让儿童使用电子产品比把他们单独关在黑漆漆的扫帚柜里要好[375]，并不意味着在没有柜子的情况下，可以用电子产品代替人类而不造成伤害。因为儿童不需要视频或移动应用程序来组织语言，他们需要的只是有人与之交流，鼓励他们说话、指出物体的名字、组织答案，有人给他们讲故事和请他们朗读而已。

其三是专注力。没有它，就无法使思想集中于一个目标。然而，年轻一代沉浸在使人分心的数字环境中，这一点十分危险。因此，电子游戏的危害并不亚于电视或移动工具的危害。此外，媒介和内容都不重要；事实是，人脑根本不是为如此密集的外源性刺激而设计的。不断经受感官刺激，人脑就会"受损"，其构造亦会不佳。在数万年或数十万年后，如果我们这个杰出的物种仍未从地球上消失，事情也许会发生变化。在此之前，我们正在经历的是一场真正的认知浩劫。

第四节

健　康

无声的侵略

多年来，科学界一直称"（电子）媒体需要被视作主要的公共卫生问题"[1]。可以说，将数字娱乐产品的使用和健康风险联系起来的研究材料浩如烟海。受到影响的领域似乎数不胜数：肥胖症、饮食行为（厌食／食欲过盛）、烟瘾、酗酒、毒瘾、暴力、无保护措施的性行为、抑郁症、久坐等。[2-4] 鉴于这些数据，我们可以毫不犹豫地说，电子产品是当今时代最大的疾病制造者之一（医生可能会说最大的"致病因子"之一）。然而，在很大程度上，流行的文章和书籍仍忽视了这一主题。也许是时候将其从阴影中拉出，花些笔墨进行描述了。需要再次强调的是，我并不企求面面俱到，因为与之相关的研究如此多样且数量巨大。我们将限制在重点内容上，聚焦于三个经过充分研究的问题——睡眠障碍、久坐和"危险"内容（性、暴力、烟瘾等）对健康的影响。

严重受损的睡眠

关于电子产品这一主题，许多书籍和报告都探讨了睡眠问题。然而，在大多数情况下，这种讨论都仅限于简短地提及问题，而没有对其进行详细和有文字记录的拓展研究。[5-9] 仿佛这个问题并不是最严重的，仿佛归根结底，这只是一个相对次要的困难。此外，如果我相信自己的经验，家长似乎也持有这种观点。实际上，在我做过的许多场关于数字技术问题的讲座结束时，我从未被问及睡眠问题。我认为，这是因为大众普遍认为睡觉是为了休息；如果休息得不够，那也没什么大不了的。我们只是有些疲惫，打的哈欠比平时多一点，但我们还是会恢复精力的。

当我们睡觉时，大脑在工作

问题在于，我们睡觉不是为了休息。我们之所以睡觉，是因为在我们活跃时，有些任务是我们的大脑无法处理的。一个（非常简单的）类比能够解释这一点。想象一家超市正处在促销的第一天。从超市开门起，大量顾客就涌入了货架。他们抢购、移动和损坏商品，垃圾满地。超市的员工无法控制局面，赶忙试图处理。他们忙于往叠层货架上补货、清除垃圾、通知顾客、站在收银台后收银等。然而，虽然他们十分努力，情况还是在无情地恶化。当夜幕降临，超市该关门时，顾客离开了，超市重新恢复了平静。员工终于可以弥补损失。他们修复该修复的东西、清洁地板、补货、盘点库存、清点收银台的收入、为即将到来的一天做准备等。人体有点类似于超市。白天，"神经元员工"忙于控制当前的繁忙局面，无法完成任何一项基础性的工作。到了"关门"的时刻，睡意开始出现。大脑及时卸下大部分负担，可以专心于基本的维护任务：修复身体、分类和整理记忆、巩固所学知识、促进发育、与感染和疾病做斗争等。在夜晚结束时，人体这台机器得到重置，准备面对新一天的繁忙局面。帷幕升起，睡意消散。

现在设想一下，"关门"修复的时间太短或受到太多干扰，以致无法完成所有必要的维护操作。如果这种情况很少见，就不会引起任何严重的问题。然而，如果长此以往，最终会造成惨重的损失。实际上，当人体得不到适当的维护，其功能就会受损。正如表 1 所示，个体最基本的认知、情绪和健康领域都会受到损害。归根结底，关于该主题的大量现有研究所传达的信息可以简单归纳如下：睡眠质量不高或睡眠不足的人（儿童、青少年或成年人）无法正常工作。[10—12] 几项有代表性的研究能够证明这一点。

健康、情绪、智力：睡眠控制一切

让我们从情绪和一项在大量青少年（大约 16 000 名）中进行的研究工作开始。研究人员分析了父母的指令，更准确地说，是强制的睡眠时间所起的作用。结果显示，对于那些被允许在午夜后睡觉的青少年（这些青少年的睡眠时间因此更少）而言，其患抑郁症（+25%）和有自杀念头（+20%）的风险大幅增加。[13] 这些结果与最近的几项研究相呼应，这些研究证明，睡眠不足会干扰参与情绪管理的大脑回路的反应速度和连通性。[14—16]

在健康方面，许多研究工作与肥胖症问题相关。[17, 18] 例如，一项研究证实，正常体重的被试如果睡眠不足（每天少于 6 小时），6 年后其患肥胖症的风险将增至 3 倍。[19] 考虑到睡眠不足

（尤其会导致生化紊乱——特别是激素分泌失调）会刺激食欲 [20]，使大脑转向能够带来快乐、却也最油腻的食物 [21]，并减少白天的能量消耗 [22]，那么这一结果就不足为奇了。

最后是认知领域，最近的一项研究尤其值得关注。[23] 研究人员跟踪研究了大约 1200 名儿童，时间为他们进入幼儿园开始一直到小学结束（2.5 岁至 10 岁之间）。结果显示，在这段时间内，大部分参与者的睡眠时间相对稳定。但令人震惊的是，在 10 岁

表 1 睡眠不足对个体的影响。 当睡眠长期受损，我们全部的认知、情绪和健康功能都会受到负面影响（箭头 ↘—— 下降 —— 以及 ↗—— 增加 —— 表明睡眠长期受到干扰或睡眠长期不足对相关功能的影响，例如：↘ 注意力下降和 ↗ 肥胖风险增加）。

认知	↘ 决策，尤其是在复杂任务中 [25—27]
	↘ 注意力 [28—34]
	↘ 记忆力 [31, 35—37]
	↘ 大脑发育和认知发展 [23, 38—43]
	↘ 创造力（解决复杂问题）[44]
	↘ 学习成绩 [45—50]
	↘ 工作效率 [51, 52]
情绪	↗ 情绪紊乱（抑郁症、自杀、焦虑等）[13—16, 53—59]
	↗ 冲动、过度活跃、行为问题 [32, 34, 43, 49, 50, 60—63]
	↗ 攻击性 [48, 55, 64]
健康	↗ 肥胖症 [17—19, 65—70]
	↗ 2 型糖尿病 [71, 72]
	↗ 心脏代谢疾病风险（高血压、糖尿病、梗死等）[73—77]
	↘ 免疫响应 [78—80]
	↘ 细胞完整性（特别是修复由细胞活动引起的 DNA 损伤）[81]
	↗ 死亡 [82, 83]
	↗ 交通事故和工伤事故 [84—86]
	↗ 痴呆症风险 [87—92]

时，睡眠时间较短（每晚睡 8.5—9 个小时）的儿童语言发育迟
缓的风险是对照组（每晚睡 11 个小时）的 2.7 倍。对于中等睡
眠时长（每晚睡 10 个小时）的儿童，睡眠较少的儿童语言发育
迟缓的风险"仅"是他们的 1.7 倍。如果我们知道睡眠对记忆功
能、注意力效率和大脑发育过程的重要性，这些数据就毫不令
人惊讶了（见表 1）。

最后来看一项较为轻松的研究，该研究证实，睡眠不足时，
即便是校准得最好的机器也会出现故障。[24] 研究人员关注的是在
2009—2016 年期间保持活跃推特账号的美国职业篮球联赛 [①] 的
篮球运动员，共有 112 人。研究人员收集了每位球员在两个方
面的信息：（1）表现统计；（2）是否在比赛前一晚（23 点以后）
发布了推特。然后，将这些信息进行交叉分析，以确定球员在
比赛前一天熬夜是否会改变其在球场上的表现（第二个方面的
信息通过观察其在推特上的活动推理得来）。不出所料，更注重
睡眠的球员表现更好。他们得分更多（+12%），抢到的篮板球
也更多（+12%）。

由于电子产品，睡眠质量越来越差

我们几乎可以无穷无尽地列举类似的例子，但这不会改变
总体情况：睡眠是我们情绪、健康和认知完整性的关键，尤其
是对身体和大脑都正处在积极发展阶段的儿童和青少年而言。
因此，不要认为只有巨大的变化才会产生影响。实际上，50 年
来，许多研究证明，睡眠时长看似轻微的变化会对身体机能产

---

① 著名的 NBA。

生重大影响。因此，将孩子的睡眠时间延长（或缩短）30—60分钟就有可能大大改善（或损害）他们的身体机能。[93—98]

将这些结论与年轻一代每天大量使用电子产品的事实进行比较一定十分吸引人。这种对比似乎理由充分，因为它基于两个如今已得到广泛证实的事实。其一，许多儿童和青少年（在30%至90%之间，具体取决于年龄、国家和睡眠时长的最低标准）的睡眠时长远低于建议的最低值。[11, 99—104] 其二，在很大程度上，20年来大幅增加的睡眠不足现象[100, 103, 105]与越来越多地使用电子产品有关[4, 104, 106—108]。所有媒介和用途都涵盖在内，从电视到电子游戏，再到智能手机、平板电脑和社交网络。[103, 109—117] 同样，所有睡眠参数都会受到影响，无论它们是定性的（频繁惊醒、入睡困难、异睡症[①]等）还是定量的（睡眠时长）。

例如，一项涉及超过125 000名6—19岁个体的大规模元分析最近发现，"在睡前使用媒体设备与睡眠不足（让步比[②]为2.17）、睡眠质量差（让步比为1.46）以及白天过度嗜睡（让步比为2.72）之间存在着强烈且一致的关联"[107]。这些结果与另一项在11—13岁被试中进行的研究工作所得出的结论相符，后者证实，睡前频繁使用各种数字工具会显著增加儿童每周数次从睡梦中惊醒的概率，他们过早醒来而无法再次入睡。[109] 具体而言，电视使这一概率增至4.1倍，电子游戏使其增至2.7倍，手机使其增至2.9倍，而社交网络使其增至3.5倍。另一项研

———————————

① 异睡症是睡眠障碍的一种，涉及异常的动作、行为、情绪、感知和发生在入睡、睡眠、睡眠阶段之间或唤醒时所做的梦，如梦游、说梦话、梦魇等。——编者注
② 在统计学中，让步比是一种用以衡量一个特定群体中，属性 A（如高血压）的出现与否和属性 B（如酒精摄入）的出现与否的关联性大小的特征值。——编者注

究工作表明，每天使用电子产品超过 4 小时的青少年，其睡眠时间非常少（少于 5 小时）的概率会增至 3.6 倍，睡眠时间较少（5—6 小时）的概率会增至 2.7 倍，而睡眠不足（6—7 小时）的概率会增至 2.1 倍。[113] 这一观察结果得到了随后一项研究的证实：一半以上的电子产品重度用户（每天的使用时间超过 5 小时）每晚的睡眠时间少于 7 小时；而在轻度用户（每天的使用时间少于 1 小时）中，这一比例仅为三分之一。[103] 在其他研究中，特别强调了保护子女的个人空间免受电子产品入侵的必要性。[118—122] 例如，据观察，卧室里装有电视的儿童（5—11 岁）患有睡眠障碍的风险几乎增加到 3 倍。[116]

除了学龄儿童，研究人员同样对婴儿和幼儿进行了研究。研究证实，对于 6—36 个月大的孩子来说，每天使用平板电脑或智能手机的时间每增加 1 小时，其在夜间的睡眠时长就会减少近 30 分钟。[111] 这与另一项研究工作得出的结论一致，后者证实，每天使用移动电子产品超过 2 小时的 2—5 岁儿童，比起使用电子产品时间较少（每天少于 1 小时）的同龄人，其睡眠不足的概率几乎是后者的 2 倍；对 0—1 岁的婴儿来说，这种风险"轻松"翻了两番。[115] 同样，卧室中电子产品导致的问题尤为严重。[123] 例如，研究证明，卧室里装有电视的 3 岁儿童出现睡眠紊乱和难以恢复体力（噩梦、夜惊、睡醒时感到疲惫等）的概率几乎是卧室里没有电视的同龄人的 2.5 倍。[117]

我们可以成倍地举例，但这丝毫改变不了研究所传达的总体信息：使用数字娱乐产品对儿童和青少年的睡眠有着巨大的危害。就因果关系而言，这种关联一点也不神秘。它基于四大因素。[4, 104, 106—108] 其一，电子产品会推迟就寝时间，这样就会缩短睡眠时间；尤其是在工作日，因为孩子起床的时间由学校的作息制度决定。此外，关于这一结论，有研究证实，推迟上课时间可能会对睡眠时间、继而对学习成绩产生积极影响。[11, 124, 125] 其二，电子产品会增加浅睡期的时间（即处于入睡时间和熟睡期之间的时间）。这个问题主要是现代视觉终端对褪黑素①分泌产生的干扰造成的。[126-128] 其三，电子产品（尤其是移动电子设备）会破坏睡眠的连续性，这样就会降低睡眠时长和睡眠质量。最近的一项研究证明，大约50%的年轻人每晚至少回复一次信息（短信、电子邮件）或至少查看一次智能手机（出于其他目的，而非查看时间）。[129] 在另一项研究中，大约20%的青少年称自己每周有几个晚上会被智能手机吵醒。[130] 睡眠中断显然对电子产品用户的认知和情绪功能产生了重大影响。[131-135] 其四，某些极具刺激性的、引起应激的或引起焦虑的内容会推迟儿童的入睡时间，并且损害其睡眠质量。例如，研究人员研究了电视对孩子（5—6岁）的睡眠产生的影响。[136] 那些经常观看不适合其观看的节目的孩子，出现严重睡眠障碍（入睡困难、夜间惊醒等）的概率会增加2倍，主动观看（儿童看电视）还是被动观看（儿童在做其他事情，而电视在一边播放）并不重要。在另一项研究中[137]，一些13岁的初中生进行了语言学习（记忆单词、名字和数字）。在学习后，研究人员立刻对其进行记忆测试。随后，在大约60分钟后，研究人员给参与者分配了3个实验条件中的1个②：（a）玩1小时的动作游戏（"电子游戏条件"）；（b）看1小时的"刺激性"电影（"电影条件"）；（c）进

---

① 褪黑素，也称"睡眠激素"，参与控制觉醒-睡眠周期。其分泌取决于光刺激。然而，当夜晚来临，电子产品发出的光的某些成分会使大脑"相信"现在还是白天，从而抑制褪黑素的分泌，最终推迟入睡的时间。
② 参与者被随机分配到3个条件中的1个，并度过一周的时间。

行 1 小时的自由活动，不包括玩电子游戏和看电视（"控制条件"）。在 2 个到 3 个小时后，被试就寝。夜间，他们在睡眠时的大脑参数会被记录下来。第二天，研究人员会再次评估其记忆水平。结果表明：（1）与"控制条件"组相比，"电子游戏条件"组对语言材料的记忆显著下降（图 9）。（2）同样的消极趋势也出现在"电影条件"组。尽管与"控制条件"组相比，前者没有达到统计学的显著性阈值，但从统计学的角度而言，无法区分"电影条件"和"电子游戏条件"（图 9）。[①]（3）在两种实验条件下，睡眠均受到干扰。对于"电影条件"组，数据显示其睡眠效率（"总睡眠时间"与"卧床时间"之比："控制条件"组的睡眠效率为 90.7%—94.8%）显著下降。"电子游戏条件"组的睡眠效率也同样下降，同时还受到了另外两个更大的损害：一是入睡时间（从上床到睡着之间的时间）大大增加（与"控制条件"组相比，增加了 22 分钟）；二是更难进入深度睡眠（深度睡眠参与记忆过程[138, 139]）——这占"控制条件"组总睡眠时间的 34%，仅占"电子游戏条件"组总睡眠时间的 29%。基于这些数据，研究人员对记忆过程受损做出了两点解释。第一，损害是延迟的，这与睡眠有关；第二，损害是即时的，这与精神过度兴奋有关（实际上，极度紧张的精神状态会导致某些神经递质[②]的大量释放，这些神经递质会干扰记忆的过程）。根据这两点假设，可以将电子游戏对记忆产生的更大的负面影响解释为睡眠受到更严重的损害／游戏玩家比电影观众表现

---

① 如图 9 所示，"电影条件"组的记忆水平介于"控制条件"组和"电子游戏条件"组之间。实际上，从统计角度而言，这种条件无法与"控制条件"和"电子游戏条件"区分开来。
② 调节大脑功能的生物化学化合物。

得更为兴奋这一事实（干扰性神经递质的释放也因此增加）。最近的一项研究似乎更支持第一种假设。[140]

真的还有必要强调这些结论的数量之多吗？在完成作业 1 小时后和睡觉 2 小时前玩 60 分钟的动作游戏，儿童醒来后的记忆留存率就会下降大约 30%！几年下来，如果儿童每天玩游戏的时间远远超过 1 个小时，而且往往是在睡前进行的，那么您就能够得出与欧盟委员会的一份报告相同的结论："可以玩电子游戏，但必须在完成作业之后。"[141] 请注意，这远比上文提及的法国科学院报告的联署人得出的结论要好，这位专家总是出现在媒体上，针对该研究的结论进行发言："与玩电子游戏的青少年相比，每晚看电视 2 小时的青少年第二天上课的效果更好。电视可以成为学习工具。"[142] 真是令人惊讶！

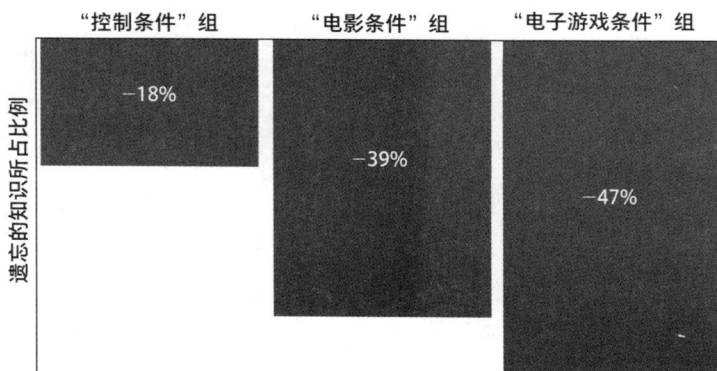

图 9　电子游戏和动作片对记忆的影响。一些 13 岁的初中生在傍晚学习了一份单词表。在学习结束后，他们进行了 1 小时的刺激性活动（玩电子游戏或在电视上看电影），或在这些活动之外做任何他们想做的事情（对照组）。第二天，研究人员评估了他们的记忆水平（图中的百分比代表他们遗忘的单词数量）。数据来源为文献 137。

　　当然，如果孩子每晚睡觉的时间较为反常，如果他们做噩梦和夜间醒来的次数增多，如果他们趴在课桌上睡觉，如果他们十分易怒，那么很容易就知道（对他人而言）和感觉到（对儿童而言）他们的睡眠功能有些失调。但如果损害程度不太严重，事情就会变得更加复杂。例如，如果早睡的孩子入睡时间有点长，如果表现正常的青少年似乎有些无精打采，如果持续时间较长的睡眠结构发生了改变，深睡期减少，那么睡眠者及其身边的人都会难以察觉问题的出现。这种忽视并非没有后果。除了上述对人体机能的有害影响之外，这也解释了为何许多家长否认电视对睡眠具有消极影响（90%），并让电视成为儿童睡前活动的固定组成部分（77%）。[116] 对于那些在子女卧室里安装电视的成年人而言，有三分之一的人声称这有助于孩子入睡。[143] 此处总结的数据体现出这种想法的荒谬性。如果我们每晚都面对电子产品，无论是何产品，我们最后都会感到疲惫。因此，我们往往认为是电子产品让我们产生睡意。但不幸的是，实际情况恰恰相反：夜间的数字活动并不会引起睡意，而是将其推迟，直到我们太过疲惫而难以忽视这种疲惫感。换言之，我们相信电子产品耐心地哄我们入睡，而它只不过过度延迟了我们进入睡眠的时间。如果需要一个终极证明，我们可以在一项针对青少年的研究中找到，该研究旨在评估四种常见活动的"睡眠诱导潜力"——看电视、玩电子游戏、听音乐和阅读书籍。[144] 结果显示，使用电子媒体（电视、电子游戏或音乐）来催眠的参与者睡得更晚，睡眠时间也明显减少（大约 30 分钟）。而阅读书籍的影响则与之相反——书籍对睡眠时间的影响较为积极，能够将入睡时间提前（大约 20 分钟）。

　　归根结底，这些数据再次表明，我们与祖先相同的生理机能完全无法适应现代数字技术的神圣指令。人体可以没有照片墙、脸书、网飞或《侠盗猎车手》，却离不开良好的睡眠，否则会招致严重的后果。为了满足如此次要的消遣而扰乱如此重要的功能实在太过疯狂。但这种疯狂不能归咎于受害者，因为我们大脑的奖赏回路的弱点将其刻在我们的身体中，而数字活动具有罕见的才能，懂得激活这种回路。鉴于其享乐主义的倾向，孩子的大脑和实验室中的这些老鼠没有什么不同——当它们发现有机会借助踏板，用电力刺激其奖赏回路的某些关键细胞，它们就会牺牲最原始的需求（食物、繁殖等）。[145]儿童或青少年确实难以抵挡生理的这种优势，特别是有大量研究人员和工程师无耻地向工业界出卖将每个潜在的生物学弱点转化为金钱所需的关键信息。

　　如果大量使用数字产品能让孩子开心，我们也许能够接受既成事实，但情况并非如此！近年来，越来越多的研究证明，在年轻一代的数字消费及其所受的精神折磨（抑郁、焦虑、苦恼、自杀的想法等）[①]之间存在着密切的联系。[146—165]电子产品对睡眠的影响为这种灾难提供了直接且有力的解释。

"轻微"的影响？

　　数字娱乐产品会对睡眠产生有害影响，这一点已经在科学界达成共识，因此几乎不可能否认这个问题。实际上，没有人敢像 10 年前那般断言，没有任何研究证实电子产品会损害睡眠。

---

① 　一般而言，每天使用电子产品超过 2 个到 3 个小时才会产生这种影响，虽然有研究报告称使用 60 分钟就会产生影响。[146]

"以前，有人敢说，人们在电视前睡了多年，如果有害，早就发现了。"[166] 不。从今以后，这种争议变得更加微妙。人们不再否认，而是将电子产品的影响最小化。一位发展心理学教授最近的言论很好地说明了这一点，且极具代表性。在一个专门讨论电子产品影响的公共广播节目中，这位教授首先承认了电子产品对睡眠的影响（同时反驳了其他领域可能达成的共识。我们还是谨慎为上）。[167] 他说："这可能是具有较为一致数据的仅有要素之一。"承认这点似乎很痛苦，但很快，这种痛苦被一个重要细节所缓和："青少年睡眠时间的绝对差异为 8 分钟，而他们的平均睡眠时长为 8.5 小时。是，这确实有影响，你们难道需要就这一问题制定一项公共卫生政策吗？8 分钟是个大问题吗？"我想说他的答案就包含在问题中，但还是不要说别人坏话。8 分钟占 8.5 小时睡眠时间的 1.6%，所占比例确实很少。但问题在于，这些数字极具误导性。关于睡眠时间，近期的一项研究证实，初中生每天的平均睡眠时间确实是大约 8.5 小时。[168] 然而，这个总值掩盖了巨大的差异。实际上，平均睡眠时间从法国初中一年级孩子的 9 小时左右到初中四年级孩子的 7 小时 25 分钟不等。第二个数值与法国睡眠和醒觉状态研究所公布的调查数据一致，其证明 15—24 岁的年轻人睡眠时间为 7 小时 17 分钟。[169] 这一数值得到了一项国际元分析的证实。该元分析涉及在 17 个国家进行的近 80 项研究，确定 12—14 岁青少年的平均睡眠时间为 8 小时 3 分钟，15—18 岁青少年的平均睡眠时间为 7 小时 24 分钟。[170] 真的有必要强调这些时间与推荐的最佳睡眠时间（分别为 9—11 小时和 8—10 小时）[171] 相去甚远吗？关于电子产品对睡眠的影响，我们的专家所提及的研究 [172] 并没有说使用电子产品的影响是使睡眠时间减少"8 分钟"，而是说"使用电子产

品的时间每天每多 1 小时，就会导致睡眠时间减少 8 分钟"，二
者截然不同。此外，这一数值绝不能代表现有数据。早在 20 世
纪 50 年代，美国心理学教授埃莉诺·麦考比（Eleanor Maccoby）
就指出，在有电视的家庭中，儿童的睡眠时间推迟了 30 分钟。[173]
在离我们更近一些的 2007 年，一个日本团队证实，将一些大学
生每日看电视的时间减少为最多 30 分钟后，他们的睡眠时间由
7 小时 4 分钟增长至 8 小时 13 分钟。[174] 最后，挪威的一项大型
研究证实，与每天玩电脑游戏 30 分钟及以下的青少年相比，每
天玩电脑游戏超过 4 小时的青少年的睡眠时长减少了大约 40 分
钟。[113] 对于社交网络用户而言，这一时长超过了 1 小时。另一
项对英国 11—13 岁初中生进行的研究证实，在工作日睡前频繁
使用手机会导致睡眠时间减少 45 分钟。[109] 对于电子游戏，这一
时长为半小时左右。而对于社交网络，这一时长则超过了 50 分
钟。此外，如前所述，我们应该明白，电子产品对睡眠的影响
并不仅限于睡眠时长的问题，睡眠质量也很重要。同样不可忽
视的还有观看的内容（刺激性的、引起焦虑的、暴力的等）以
及在夜间使用电子产品的频率。简而言之，对于我们的专家所
提出的问题（代表了一种普遍倾向，即将无可争议的电子产品
的影响最小化），我们可以明确地说"不"（！），电子产品对睡
眠的影响并不轻微；同时还要说"是"（！），这一问题需要一项
行之有效的公共卫生政策。

毁灭性的久坐习惯

如果要制作关于数字技术不为人知的损害的排行榜，除了

睡眠，久坐习惯必定位居榜首。可以说这个问题并非微不足道，而且将其从肥胖症领域（我们将在下文再谈）脱离出来花费了很长时间。

　　一般而言，久坐被消极地定义为长期缺乏体育活动。在这种情况下，久坐族是指长时间坐着或躺着不动的人（除了睡觉）。在其平凡的外表下，重要的是明确久坐的含义。实际上，久坐也包括，一个人既可以长时间坐着，也可以十分活跃。例如，邮递员可以在白天工作时走很多路，也可以每晚坐在扶手椅上狂看电视剧。同样，高中生可以经常跑步或踢足球，也可以坐在游戏机前玩几个小时。为了解释这种分离性，最近，研究人员提出了"活跃的沙发土豆"（active coach potato）[①]这一概念。[175]除了其煽动性，这一表达还包含了双重信息。第一，应当独立研究体育活动的（积极）影响和久坐习惯的（有害）影响。第二，高水平的体育活动并不会（或至少不能完全）使个体免受久坐的危害。需要明确的是，我们无法在此提供关于该问题的全面视角（在工作中、在学校里、在交通工具上等）。我们将只关注与使用数字娱乐产品相关的久坐行为。

久坐有害健康

　　也许有必要在一开始指出，人体并非为久坐而设计的。久坐会损害我们的身体，甚至会过早地摧毁它。[176] 这一可悲的结论部分基于一项广泛流传的行为研究：看电视。在这一领域进

---

① 这是对"沙发土豆"（coach potato）这一常用表达的延伸。"沙发土豆"常用于讽刺那些边看电视边吃薯条、喝苏打打水的消极且肥胖的观众。

行的首批研究之一 [177] 曾对一大群成年人（大约 9000 人；25 岁以上）进行了长达 7 年的跟踪调查。结果显示，每天看电视的时间每增加 1 小时，死亡风险（包括所有原因）[①] 就会增加 11%。仅就心血管疾病而言，这一"惩罚"的概率就达到了 18%。在另一项研究工作中，研究者对一大群年轻人（大约 13 500 人；平均年龄为 37 岁）进行的跟踪研究为期 8 年。[178] 结果显示，当每日的视听消费时间从不到 1 小时增长到 3 小时以上，死亡风险就会翻倍。最近的一项研究（4500 名参与者；35 岁以上）将这些数据的范围扩展到所有的数字娱乐消费[②]。[179] 当每天使用电子产品的时间从少于 2 小时增长到 4 小时以上，死亡风险就会增至 1.5 倍，而突发心血管疾病（无论致命与否）的可能性则增长为 2 倍。

最后，有几个团队以不太严格的方式来重新表达所有这些数据。例如，如果看电视的平均时长降至每天 2 小时以下，美国人的预期寿命将增加大约一年半。[180] 澳大利亚的一个团队也得出了类似的结果，但是所用方式与之相反。[181] 实际上，研究人员表示，看电视导致的久坐行为使澳大利亚居民的预期寿命缩短了近 2 年。换句话说，这意味着"平均而言，在 25 岁后每看 1 小时的电视，观众的预期寿命就会减少 21.8 分钟"。也就是说包括广告在内，每看一集《广告狂人》《豪斯医生》或《权力的游戏》（Game of Thrones），您的寿命就会减少大约 22 分钟（如果除了久坐这一单一因素之外，再加上电视对吸烟、饮食和

---

① 尽管为了可读性，并未在全书中明确这一点，但也许有必要提醒的是，此处的所有数据都是在考虑了重要协变量之后得出的。例如，在此例中，对于标准统计模型来说，包括性别、年龄、腰围和体育活动水平等因素。

② 研究明确排除了在工作和学校中使用电子产品的时间。

饮酒等方面的影响，寿命减少的时间可能会更多；我们将在下文继续讨论）。最近，一项元分析在证实了这些数据之后，将其扩展到患糖尿病（2 型糖尿病）的风险。[182] 其他研究虽然没有将变量控制得足够好，但也将过度使用电子产品和久坐习惯与情绪障碍（抑郁、焦虑、自杀念头）的出现联系在一起。[183—186] 电视对老年人的影响还包括认知功能衰退以及神经退行性疾病（包括阿尔茨海默病）的出现。[187]

可惜迄今为止，我们对能够解释所有这些结论的机制仍知之甚少。最有希望的解释途径是生化角度的：坐姿会导致严重的肌肉代谢异常，长此以往将十分危险①。[175, 188—190]

久坐不动会威胁发育

简而言之，从这些数据中可以看出，由数字消费引起的久坐行为本身是一个重要的健康风险因素，也（可能）是情绪障碍和神经退行性疾病的来源。换言之，露西经常运动并不意味着她会免受每天看网飞剧集和打游戏的损害，而且电子产品对其机体产生的潜在影响很可能远高于普通人群受到的影响。实际上，"活跃的沙发土豆"绝非大多数人。他们只是少数人，而非普遍存在。如果考虑到时间这一因素，很容易理解这一点。我们可以看到，当我们每天使用数字娱乐产品 4 个、5 个、6 个甚至 7 个小时，很难留出足够的时间来进行体育活动。此外，

---

① 简单来说，久坐会导致一种酶（脂蛋白脂肪酶或者说 LPL）的活性降低，这种酶参与脂质代谢，具体而言即参与血液中游离脂肪酸的捕获。在这种情况下，久坐尤其会导致器官（肝脏、心脏）和血管中未被捕获的脂肪的堆积，从而增加心血管疾病的风险。

大量研究证实，儿童、青少年和成年人使用电子产品的时间和体育活动之间呈负相关。[191-199] 这种关联间接体现在过去 40 年来，儿童的心血管功能逐渐减退这一事实。[200-202] 法国心脏病学协会最近发布的公报很好地总结了这一现象："在 1971 年（即大约在电视普及化之初），一个孩子能在 3 分钟内跑完 800 米；而在 2013 年，他需要 4 分钟来跑完同样的距离。"[203]

当然，电子产品并非唯一的原因。例如，更加有利于久坐不动行为的城市化发展也起着无可争辩的作用。[204, 205] 但这种作用和其他潜在因素无法免去"数字革命"的责任。此外，许多研究证实，在使用电子产品和体力（尤其是耐力）衰退之间存在着显著的有害联系。[155, 206-210] 我们还可以引用最近的一项研究，该研究在大量幼儿（大约 1500 名 6 岁儿童）中进行，证实了每天使用电子产品 1 小时就足以干扰心血管系统的发育。[211] 尽管在这一领域尚无长期的纵向研究，但一些结论一致的证据表明，这种异常可能与在更早的年龄阶段出现的疾病风险增加有关。[212-215] 例如，这种久远的影响可以部分解释为何在过去 30 年中，年轻人出现脑血管意外（中风）的数量剧增。[216, 217]

然而，体育活动并非仅对心血管系统有好处。与睡眠一样，它对人体的各个方面——从肥胖症到抑郁风险，再到记忆力、注意力和大脑发育——都会产生深远的积极影响。[218-223] 然而，这些好处是需要"成本"的。对于儿童和青少年，相对一致的意见是他们需要每天进行 60 分钟的适度 / 剧烈的体育活动；尽管如此，60 分钟是一个只能被超越的下限。[224-226] 但所有现有研究表明，无论在哪个国家，我们亲爱的"数字原住民"都极难达到这一最低界限。[227] 例如，在法国，仅有 20% 的儿童（11 岁以下）和 33% 的青少年（11—17 岁）的运动时间超过了这个

下限 [228]；在美国则是 43% 的 6—11 岁的儿童、8% 的 12—15 岁的青少年以及 5% 的 16—19 岁的年轻人 [229]。最近的一项研究证明，18 岁的青少年如今的运动水平与 60 岁的老人差不多。[230] 因此，不难理解——用美国儿科学会的一份报告的话来说——这种"不运动的流行病"对儿童和青少年的发育有着极大的影响。[231] 显然，仅仅限制使用电子产品的时间并不能解决全部问题，但这种限制明显会大大减少他们受到的损害。

无意识却深刻的影响

迄今为止所呈现的研究表明，数字娱乐产品的有害影响在很大程度上是非特异性的，即与使用的工具和观看的节目无关。显然，这并不意味着内容问题不重要；恰恰相反。这正是我们想在此证明的。为此，重要的是确定图像塑造我们对世界的表征、因而限制我们行为的神经生理学机制；在大多数情况下，我们对此并不知情。

记忆：建立联系的机器

在安托万·德·圣-埃克苏佩里（Antoine de Saint-Exupéry）的一部著名作品中，一只孤独的狐狸与一个忧郁的小王子相遇了。[232] "和我一起玩吧。"后者提议道。"我不能和你一起玩，"狐狸答道，"我没有被驯服。""啊！抱歉，"孩子说，又好奇地追问，"什么是'驯服'？""这是件早已被遗忘的事情，"狐狸回答，"它的意思是'建立联系……'。"

建立联系以驯服世界并赋予其意义，这正是我们的记忆所做的事情。与人们有些草率的想法相反，记忆绝非一个简单的记录仓库，而是一种真正的组织智能，即能使我们不同的知识联系起来的智能。[233-235] 这个过程十分有益，因为这些知识一旦得到联通，就呈现出强烈的"共同激活"趋势；也就是说，如果您轻触参与记忆的神经元网络的其中一个结点，整张网络都会开始振动，从而服务于您的思想或行动。这种传播趋势解释了为什么"医生"这个词在"护士"一词后比在"面包"一词后能够被更快识别。[236, 237] 同样，这使我们得以理解，在接触某些语义邻近的单词后，例如"床""休息""睡梦"或"打哈欠"，一些人相信自己听到了"睡觉"这个动词。[238, 239]

可惜，问题在于，我们的记忆对它在事物之间建立起的联系并不总是非常谨慎，尤其是对那些由"时间连续性"建立起的联系。这种情况涉及的过程十分简单，可以将之总结如下：如果两个元素总是同时出现，它们最终会在记忆之网中相互联结。[240, 241] 以葡萄酒为例。在这方面，"经验"往往告诉我们，质量与价格成正比，越贵的酒越好。这说明价格和愉悦的概念在我们错综复杂的神经元网络中逐渐联系在一起，直到二者相互加强。加州理工学院的研究人员进行的一项研究很好地说明了这一点。[242] 研究得出了三点结论：（1）同样的葡萄酒，价格越高，受到的评价越高；（2）这种评价效应基于对大脑皮层的一个特殊区域（内侧眶额皮层）的激活，该区域与愉悦感的出现有关；（3）无论葡萄酒的价格如何，参与味觉信息处理的大脑区域的反应是相同的。换言之，"它很贵"的想法一方面导致控制愉悦感的神经元集群的参与，另一方面又对实际的感觉没有任何可察觉的影响。用直白易懂的话来说：钱包"出血"时，即便东西完全相同，大脑也会告诉我们价格高的东西更好。

有趣的是，人们对某些主要的食品加工品牌也存在类似的偏好。例如，一项常被引用的研究评估了人们对可口可乐和百事可乐的偏好。在第一次"盲测"中，健康的被试们被要求比较装在两个相同玻璃杯中的两种汽水。[243] 结果显示，大多数人更喜欢百事可乐（55%）。在第二次半盲测试中，被试做了大致相同的事情，两个细节除外：（1）其中一个玻璃杯标记了可口可乐标签；（2）两个玻璃杯中装的都是可口可乐（但被试并不知情）。由此得出了明显的偏好逆转。60%的被试认为，标记为可口可乐的玻璃杯中的汽水比未标记的玻璃杯中的汽水更好喝。

随后，研究人员对一些腹内侧前额叶皮层（位于大脑前端和底端的一个区域，包括上文谈论葡萄酒时提及的眶额区）出现病变的患者进行了同样的测试。结果证实了在盲测条件下，大多数被试更倾向于百事可乐（63%），但在半盲测试条件下，品牌效应并未生效。换言之，制造商通过密集的营销活动强加于消费者的"可口可乐/更好"的关联对大脑损伤的患者并无作用。几项神经影像学研究证实了这种结论：人们对可口可乐的普遍偏好与产品的口味无关，而与广告有关。广告在大脑的记忆网络①中人为地将可口可乐和各种积极的情感属性联系起来。[244, 245]

显然，这种偏好并非仅针对可口可乐，也不是成年人所特有的。它也会影响儿童，并关系到其他消费巨头，例如耐克、

_____

① 这指的是参与记忆过程的神经元网络。

苹果或麦当劳。以麦当劳这家企业为例。在一项现已广为人知的研究中，研究人员要求一些 4 岁儿童评价装在普通包装袋和带有麦当劳标志的包装袋里的相同食物。[246] 77% 的参与者认为麦当劳的薯条更好吃，13% 的参与者喜欢无标签包装袋里的薯条，而 10% 的人认为两种薯条没有区别。对于鸡块，这些百分比则分别为 59%、18% 和 23%。尽管由于儿童年龄小，无法对其进行神经生理学研究，但他们在该研究中表现出的偏好明显基于幼儿神经元网络中建立起的麦当劳品牌和各种积极情感属性之间的反常关联。这种关联是由大规模的广告宣传造成的。

行为：无意识表征的重要性

当然，"时间连续性"的关联能力远远超出了营销手段。这一机制具有普遍性。举例来说，正是它在很大程度上构建了我们对性别、残疾、年龄、种族、性取向等的社会偏见。[247] 当然，这些偏见往往是不言明的，即深藏在我们最无意识的内心。[248, 249]但这并不妨碍这些偏见使我们本该"有意识"和"光明磊落"的行为有所偏斜，而这将十分危险。[250-253] 性别偏见提供了一个极佳的例证。它常常在我们无意识的情况下发生作用，不仅能够深刻地影响我们看待他人的方式，还能影响我们对自己的认知。有两项研究很好地说明了这一点。在第一项研究中，被试需要挑选一位候选人来开展一项科学研究工作。[254] 选择结果呈现出强烈的偏向男性的选择偏差。如果仅有性别这一可用信息（根据照片进行判断），被试（无论是男是女）选择男性候选人的可能性是选择女性候选人的 2 倍。然而，如果加上关于能力的客观数据，对女性的不利偏见虽有减少，却并未消失。有趣的是，根据对被试进行的事物联想标准测试[①]，这些武断的选择直接反映了被试暗含的性别偏见（例如，"女性的数学很差"）。

第二项研究更加令人印象深刻。该研究表明，我们有时是先入之见的受害者。[255] 来自美国一所大学的亚裔女生被分为三组，每组都需要回答一份为激活其特定的记忆网络而巧妙设计的问卷（我们称之为"启动效应"）：（1）"中性"版（例如她们是否使用校园电话，她们是否考虑订阅有线电视，等等）；（2）"性别"版，以引发"我是女生，女生数学不好"的刻板印象（例如她们所在的楼层是男女同住还是男女分开，她们是否有室友，等等）；（3）"种族"版，以引发"我是亚洲人，亚洲人数学好"的刻板印象（例如她们在家中说什么语言，她们家有多少代人在美国生活过，等等）。随后，三个小组接受了相同的数学测试。结果显示，问卷对测试结果的影响十分显著。当然，被试对此并不知情。"中性条件"组的被试成功解答的问题数量占比49%，"女性条件"组为43%，"亚洲条件"组则为54%。换言之，在被试的记忆库中，在"女生/数学差"和"亚洲人/数学好"之间逐渐形成的联系会对其认知表现产生极为显著的干扰。

该研究虽然给人留下了深刻的印象，但最后得出的结论并不在人意料之外，因为如今有许多同类研究超越了社会刻板印象的范围。例如，如果一些大学生事先用与衰老概念相关的单词（灰白、皱纹、年老等）造句，他们离开实验室到达电梯所

---

① 简单来说，向被试呈现一个属于"男性"或"女性"的项目（图像或单词），而后测量他们识别属于"科学"（如算术、工程师等）或"人文学科"（例如文学、艺术等）范畴的另一个项目所需的时间。文中已经提到的基本假设是，在记忆网络中具有功能联系的项目将更容易、更快速地被检索到。

用的时间会更长。[256] 同样，如果附近的电脑屏幕（一般不会被被试察觉）中呈现阿尔贝托·贾科梅蒂（Alberto Giacometti）创作的一些极度消瘦的人形雕塑的图片，以激发被试有关苗条、减重和节食的想法，在食用碗里盛放的巧克力时，他们的食量会减少四分之一。[257] 与之相似，如果事先让一些大学生在潜意识中接触类似"力量"或"活力"的单词（也就是说，单词呈现的时间过短以致被试无法有意识地阅读），在没有强制命令的情况下要求他们握紧把手，产生的压力明显更大。[258] 从这些数据中可以看出，"记忆共激活"过程具有非凡的力量，能够在潜移默化中改变我们的思想和行为。

为避免任何误解 [259]，需要说明的是，这并非严格意义上的"学东西"，即建构能力（例如拉小提琴）或记忆知识（例如背诵诗歌），而仅仅是将已经建立的事物表征联系起来的问题。因此，这个过程所需付出的努力极少，尤其是在注意力方面。打个比方，写书和雕刻大理石是两项需要耐心、努力和精力的活动。然而，一旦达成这些目标，我们就很容易将其储存起来。因此，儿童在使用电子产品"学习"时遇到困难和他们很容易将已储存在记忆中的基本概念联系起来（例如将麦当劳品牌与太棒了、开心和节日氛围等感觉联系起来），这二者之间并无矛盾之处。

总之，我们的记忆不是简单的存储器官，而是建立联系的机器。为此，它主要使用的是时间连续性的规则。然而，这些规则有时缺少预见性，其自动性有利于可能有害的人为联系的形成；这些联系一旦建立，就会使我们的感觉、表征、决定和行为产生极大的偏差。

以"文化"之名出售死亡

显然，我们记忆的弱点为全世界所有"大脑空闲时间"商人^① 和其他利用神经营销学的贪财者开拓了广阔的利益前景。这些人毫无灵魂，为了获取利润而利用我们的后代使用电子产品这一点，毫不犹豫地培养出世界上的三大杀手：烟瘾、酗酒和肥胖症。

烟　瘾

首先让我们来看几个要点，以使每个人都能理解问题的严重性。烟草每年导致 700 多万人死亡，其中有大约 50 万美国人[262] 和 8 万法国人[263]。总的来说，这相当于每 365 天就有一个像巴拉圭这样国家[264] 或像美国亚利桑那州这样州[265] 的人口从地球上消失。在世界范围内，每年的经济成本约为 1.25 兆欧元[266]，相当于每人 165 欧元。对于像法国这样提供了良好社会保险的发达国家，烟草成本达到了每年人均 1800 欧元左右。[267] 请不要像我时常听到的那样说，国家没什么可抱怨的，因为税收充盈了国库。在法国，税收收入仅能覆盖由吸烟引起的健康支出的 40%。[267]

当然，这里提出的问题绝非道德问题。我不是为了谴责吸烟者或使吸烟者产生犯罪感，而只是为了了解使不吸烟的孩子

---

① 在一次著名的采访中，法国电视一台集团（欧洲视听领域的主要成员）的首席执行官帕特里克·勒莱（Patrick Le Lay）解释道，他的工作目的在于"帮助可口可乐销售他们的产品"。他对这种销售方法的描述令人震惊（但关于商业电视台的存在价值，从未有过比这更为诚实的描述）。勒莱详细解释道："为使观众感知广告信息，他们的大脑需要处于空闲状态。我们的节目旨在让其变得空闲——也就是说使大脑得到娱乐、放松——以便使之在两条信息之间做好准备。我们卖给可口可乐公司的就是人脑的空闲时间。"[260]

落入菲利普·莫里斯国际公司（Philip Morris）或其他烟草公司之手的转变机制。正如世界卫生组织所解释的那样："要卖出能够杀死多达半数使用者的产品，需要极佳的营销知识。烟草制造商就是世界上最出色的营销者之一。"[268] 我们的烟草制造商朋友有超过 60 年的经验以及各种狡计和花招。他们的宣传手段如此一流，以至谨慎的世界卫生组织也大为光火。在一份题为《烟草业干预》（*Tobacco Industry Interference*）的文件中，该组织猛烈抨击道："这一产业拥有大量资金，且能够心安理得地用各种歪门邪道利用它们。"[269] 在世界卫生组织列出的烟草制造商的所有欺骗策略中，主要包括"诋毁已经证实的科学""操纵舆论来获得表面上的尊重""以起诉或威胁起诉来胁迫政府""操纵政治和立法程序"等。

　　但我们承认烟草制造商的处境并不容易，原因至少有三。其一，他们受到法规的约束，这些法规在许多国家并不完善，却有越来越严格的趋势。[270] 其二，他们的客户会迅速流失到殡葬服务公司。[271] 其三，留给烟草制造商吸收替代者的时间窗口极为有限。关于最后一点，我们已经知道未成年人极易染上烟瘾，而成年人却几乎不受影响。98% 的吸烟者在 26 岁前开始吸烟，其中 90% 的人在 18 岁前开始[272]；此外，正如世界卫生组织强调的那样，"儿童第一次尝试吸烟时的年龄越小，他们就越可能成为烟民，戒烟的可能性也越小"[268]。

　　简而言之，对于烟草公司而言，吸引大量儿童和青少年至关重要。正是在这一点上，视听产业提供了出人意料的支持。打着创作自由和艺术伟大的幌子，视听产业日复一日地向儿童灌输大量有利于烟草的刻板印象。无论在电影还是在电视中，香烟和雪茄都成了男子气概的极佳象征［《洛奇》（*Rocky*）中的西尔维斯特·史泰龙（Sylvester Stallone）]、性感的象征［《本能》（*Basic Instinct*）中的莎朗·斯通（Sharon Stone）]、青春期叛逆精神的象征［《无因的反叛》（*Rebel Without a Cause*）中的詹姆斯·迪恩（James Dean）]、有远见的科学家的象征［《阿凡达》（*Avatar*）中的西格妮·韦弗（Sigourney Weaver）]、权力和性的象征［《广告狂人》中的乔恩·哈姆（Jon Hamm）]、自由的象征［埃里克·劳森（Eric Lawson）以及万宝路的其他几名牛仔代言人⋯⋯因吸烟而死[273, 274]]等。多有创意！最糟糕的是，在许多国家，包括法国、美国、德国和意大利，这些作品多数得到了慷慨的公共补贴。[275, 276]

　　一切都始于 20 世纪 60 年代和 70 年代的电影和电视。[277, 278]对烟草公司来说，这些"新技术"是使烟草消费正常化的大规模宣传的执行者。宣传目标很简单：让人们忘记死亡，将烟草与尽可能多的好处联系起来。因此，西尔维斯特·史泰龙签署了 50 万美元的合同，承诺在接下来的 5 部电影中都会吸烟［其中就有《第一滴血》（*Rambo*）和《洛奇 4》]，首次"将吸烟与能力和力量，而非疾病和死亡联系起来"[278]。

　　认为问题已经解决就大错特错了。实际上，在这种无耻行为开始后的 50 年里，一切都未真正改变，集体意识也未觉醒。更糟糕的是，仅仅是在网络上提出这一问题[279]就会让您收到各种愚蠢至极的评论，例如"我们都会死于某种事物"或"我不明白，我是一个真正的电影爱好者，但我不吸烟"[280]。老实讲，我们是否应该因为生病和死亡的原因不计其数而不采取任何预防措施？我们是否应该以不带降落伞从飞机上跳下比吸烟危险得多为由，放弃与烟草发病率的祸患做斗争？我们是否应该因为统计学上吸烟致病的风险不是 100% 而否认所有流行病学事实？您在滑雪时比走路时摔倒的概率高，这并不意味着没有人在走路时摔倒，也不意味着所有人都会在滑雪时摔断腿！同样，在 14 世纪肆虐欧洲的鼠疫大流行中有幸存者，这并不意味着这种疾病不致命！所有这些虚假的论点都是无稽之谈。不久前，一名美国记者很好地总结了这个问题："我有时喜欢玩一个游戏，这个游戏叫作'要读多少条网络评论才会让我对人类失去信心？'多数情况下，答案都是：一条评论①。"[281]

　　对于那些怀疑问题真实性的人来说，最近的一项研究详细分析了 2002 年至 2018 年期间在北美市场（美国和加拿大）推出的 2429 部最卖座②的电影。[282] 这些电影的观影人数占这段时间内所有影院入场人数的 95% 以上。分析发现烟草在这些电影中的总体"渗透"率接近 60%。然而，不同的电影等级之间有着巨大的差异。2018 年，70% 的"限制级"电影（R 级；禁止没有父母陪同的 17 岁以下未成年人观看）含有吸烟场景，每部电影平均有 42 个片段。对于评级为"13 岁及以上"的电影（PG-13；含有可能不适合 13 岁以下儿童观看的内容），两个数值分别为 38% 和 54。"大众"级电影（G 级；面向所有观众）的两个数值分别是 13% 和 6。正如表 2 所示，如果考虑含有吸烟镜头的长片所占的比例，数据显示从 2002 年到 2010 年，总体呈下降趋势，随后进入稳定阶段。另一方面，如果考虑每部电影含有的吸烟片段的数量，总体则呈现出增长趋势，尤其是直接以青少年为目标观众的电影（"13 岁及以上"）。换言之，从 2002 年起，含有吸烟镜头的电影越来越少（这一点很好），但在每部含有吸烟镜头的电影中，吸烟的时间越来越长（这有

---

① 原文中为斜体。
② 所有在上映至少一周内票房位居前十的电影。

些令人失望）。对于电视，研究人员得出了相似的结果。[283] 在
TV-Y7[①]、TV-PG[②]、TV-14[③] 和 TV-MA[④] 的节目中，含吸烟镜头的
比例分别为 0%（好消息）、43%、25% 和 64%。

表 2　电影中吸烟场景的普遍性。包括北美市场上所有上映至少一周内票房
排名进入前十的电影。%：含有演员吸烟镜头的电影所占的比例。"片段"：
出现演员吸烟镜头的次数。数据来源为文献 282。

分级		2002	2010	2014	2018
"限制级"	%	79%	72%	59%	70%
	片段	47	35	54	42
"13 岁及以上"	%	77%	43%	39%	38%
	片段	23	25	42	54
"大众级"	%	29%	11%	5%	13%
	片段	8	7	9	6

　　除了这些精确的数字，还应该记住北美电影中仍然含有大
量的吸烟镜头，尤其是在评级为"限制级"和"13 岁及以上"
的电影中。这一点并不奇怪。更令人担忧的是这些电影被广泛
出口，并且从总体上看，美国实施的分级制度远比包括法国在
内的其他国家设立的分级制度更具保护性[275]——我们经常能在
法国的"大众级"电影中看到美国的"限制级"或"13 岁及以
上"等级的电影。[⑤] 值得注意的是，美国制片人往往做出好学生

①　"最适合 7 岁及以上儿童观看的节目"。[284]
②　"建议父母陪同观看；这些节目可能不适合幼儿"。[284]
③　"这些节目可能不适合 14 岁以下的儿童"。[284]
④　"适合成人观众，可能不适合 17 岁以下儿童观看的节目"。[284]
⑤　例如，"13 岁及以上"等级：《阿凡达》、《泰坦尼克号》（*Titanic*）、《阿甘正传》
（*Forrest Gump*）、《指环王 1》（*The Lord of the Rings 1*）、《独立日》（*Independence Day*）、
《地心引力》（*Gravity*）等；"限制级"：《比佛利山警探 1、2、3》（*Beverly Hills Cop 1, 2
& 3*）、《风月俏佳人》（*Pretty Woman*）、《婚礼傲客》（*Wedding Crashers*）、《坏妈妈》（*Bad
Moms*）、《空军一号》（*Air Force One*）、《硫磺岛家书》（*Letters from Iwo Jima*）等。

的样子，虽然他们的表现并不优秀。其他国家的情况更糟，包括德国、意大利、阿根廷、冰岛、墨西哥和法国。[275, 285] 一项研究分析了 6 年内（2005—2010）入座率最高的 180 部法国电影。[286] 结果显示，80% 的电影含有演员吸烟的画面，每部电影中吸烟镜头的时长平均为 2.5 分钟。

显然，我们不该认为电影是唯一与吸烟问题有关的媒介。最近的一项研究工作着眼于通过有线网络和流媒体网站播放的最受欢迎的电视连续剧。[287] 研究人员发现，在大多数情况下，《怪奇物语》（*Stranger Things*）、《行尸走肉》（*The Walking Dead*）、《女子监狱》（*Orange is the New Black*）、《纸牌屋》（*House of Cards*）等剧集中都含有大量吸烟镜头。毫无疑问，这些电视剧是广受赞誉的《广告狂人》当之无愧的接班人。

20 年来，大量的吸烟画面已经占据了所有可用的新数字媒体[288—292]，从社交网络[293—297]到电子游戏[298—303]，再到诸如油管之类的网站[304—309]，无一例外。例如，2013 年至 2017 年间，在各种互联网平台（油管、iTunes、Vimeo 等）上观看次数最多的说唱音乐短片中，大约一半含有吸烟镜头。[310] 在最受青少年欢迎的电子游戏中，42% 含有吸烟画面。[311] 然而，电子游戏和电视一样，吸烟画面所占的比例根据作品的等级有着巨大的差异。标明"成人"等级（17 岁及以上）的作品出现吸烟画面的比例为 75%，标明"青少年"等级（13 岁及以上）的作品为 30%，标明"儿童"等级（10 岁及以上）的作品则为 22%。然而，值得注意的是，这些标签在现实中远不能起到保护作用：有 22%的 8—11 岁儿童、41% 的 12—14 岁青少年和 56% 的 15—18 岁青少年玩"成人"游戏。[312] 此外，由于没有区分性别，这一情况在很大程度上被以缓和的方式呈现：如果只考虑男生，8—

18 岁孩子接触成人游戏的比例将远高于 50%。

　　《侠盗猎车手》系列游戏完美地说明了令人忧心的现实。这个经济巨头[313, 314] 充斥着既暴力又色情的画面[①]，同时还鼓动玩家吸烟[301]。然而，70% 的 8—18 岁男孩称自己玩过该游戏，其中包含了 38% 的 8—10 岁儿童、74% 的 11—14 岁孩子以及 85% 的 15—18 岁青少年。[315] 请让我更加清楚地解释这一点：五分之二的小学四五年级学生通过游戏中的虚拟形象做出极度暴力的行为，通常情况下毫无缘由；他们动用闻所未闻的酷刑，堪比越南战争或阿尔及利亚战争中最惨无人道的折磨；他们还会进行最色情的电影都不会拒绝的露骨性行为。

　　总之，吸烟的画面似乎充满了儿童和青少年的数字世界：电视、电子游戏、社交网络、流媒体网站等。任何地方都不能避开这一汹涌的浪潮。如果烟草对健康的影响得到如实陈述，这自然不是问题，可惜情况并非如此。所有这些公开表示喜欢吸烟的演员、歌手、说唱歌手、网红、照片墙用户和游戏人物都很少患癌，没有中风引起的失语症或偏瘫，他们不受白内障或老年性黄斑变性的折磨，他们没有勃起功能障碍，他们的胎儿没有天生畸形，他们免疫系统的功能似乎没有下降，等等。[②] 恰恰相反，吸烟者都表现出极好的一面。[4, 297, 301—303, 316—319] 在绝大多数情况下，这些人好看、聪明、社会地位高、冷静、有趣、有勇气、有反叛精神、阳刚（男性）、性感（女性）等。显然，这正是我们记忆的缺陷所在。实际上，由于合理的时间巧合，我们对烟草的印象与神经网络中的各种积极属性相联系。最后，如果"吸烟"

---

① 参见第 60 页注释。
② 让我们再次明确，这并不是要评判吸烟者，只是为了了解儿童如何成为烟草这种物质的消费者。这里列出了烟草的可怕副作用（并非详尽无遗）。

节点被一个画面（某人正在吸烟）/一个时机（尝试吸烟）所调动，整个相关的行为和表征网络都会被激活（冷静、性感、有反叛精神、阳刚等），而这对决策过程十分不利。

反复观看关于吸烟的积极画面是否会增加青少年吸烟的可能性也不再是个问题。正如世界主要卫生机构最近发表的各类报告所指出的那样，这场辩论如今已尘埃落定。[275, 320—322] 美国癌症研究所的一部专题著作总结道："来自典型的、纵向的和实验性研究中的所有证据，加上从社会影响的角度来看极高的理论合理性，都表明观看电影中的吸烟镜头和青少年开始吸烟这两件事之间存在因果关系。"[323] 这一论断基于在许多国家使用各种研究方案严格进行的数十项研究。[3, 4, 275, 288] 总体而言，这些研究材料表明，与观看吸烟画面较少的同龄人相比，观看吸烟画面较多的青少年吸烟的概率是前者的 2 到 3 倍。[324—332] 例如，一项常被引用的研究对 1800 名 10—14 岁孩子进行了长达 8 年的追踪研究。[333] 一开始，研究人员要求所有孩子在一份电影清单中找出自己看过的电影，这使得研究人员能够评估每个孩子对烟草的接触水平。结果显示，与四分之一烟草接触水平最低的孩子相比，四分之一在 10 至 14 岁之间烟草接触水平最高的孩子在 8 年后成为烟民的可能性高出了 1 倍。① 换言之，这一观察结果意味着 35% 的吸烟者通过早期大量观看视听产品中的吸烟画面而染上烟瘾。

另一项类似的研究对大约 5000 名平均年龄为 12 岁的青少年进行了 24 个月的追踪调查。[334] 结果表明了两点：（1）删减青

---

① 为避免任何误解，也许有必要再次说明，这部分（以及下文）中的数据都是在控制了许多潜在的协变量之后获得的。例如，这项研究中的协变量就包括年龄，性别，父母、朋友和兄弟姐妹的吸烟情况，学习成绩，父母对吸烟的态度，性格测试结果，等等。

少年电影（"13 岁及以上"等级）中的吸烟镜头减少了 18% 的尝试吸烟的次数；（2）在删减吸烟镜头的基础上，严格遵守年龄分级制度（"限制级"）能够进一步改善情况，使尝试吸烟的总数减少 26%。在另一项研究中，研究人员对 1000 名儿童进行了 20 多年的追踪研究。[335] 结果表明，17% 的成年吸烟者（26 岁）染上烟瘾可以归因于其在 5—15 岁期间每天看电视超过 2 小时（因此总体上增加了观看吸烟画面的时间）。对那些认为这些百分比微不足道的人而言，换种表述也许更能引起他们的关注。吸烟者的人数减少 20%（大约是上述研究得出的结果的平均值），这意味着全球每年能够避免 150 万人的死亡，这个数字相当于费城的人口总数。就美国而言，如果根据美国卫生与公众服务部提供的数据[320]，这意味着有 100 万未成年人不会尝试吸烟，也不会因与吸烟有关的疾病而过早死亡。然而，仅仅是强调烟草在儿童接触的数字内容中无处不在，或是提出应当采取保护未成年人的立法措施，就会卷起愤怒的波涛。也许标榜言论自由的迟钝者有一天会想知道，他们对自己及其神圣事业的高度评价是否能够为现在的屠杀进行辩护。

然而，我们不该认为只有非吸烟者才是数字世界制造的大量吸烟画面的受害者。事实上，吸烟者也受到了很大的影响，这是因为我们上面谈到的"启动效应"。其原理十分简单：当大脑受到与吸烟有关的刺激（香烟、打火机、吸烟者等）时，就会激发吸烟的欲望，从而显著增加采取行动的可能性。这个过程有两个后果：（1）每天的吸烟量增加，而这会强化成瘾的过程[336]并且增加新烟民（尤其是青少年）长期吸烟的风险；（2）为戒烟做出的努力难以保证成功且过程十分痛苦。据观察，看电视时间更长的吸烟者吸烟更多。[337] 同样，研究表明，电子产品中出现的吸烟刺激能够更频繁、更长久地吸引吸烟者的目光[338]，同时唤起吸烟的冲动[339,340]。这一现象足够强烈，可以在最基础的生理层面观察到（皮肤温度升高和出汗增加）。[341] 最后，不出所料，所有这些因素导致吸烟者采取满足其欲望的行动。在一项有代表性的研究中，100名20多岁的年轻吸烟者①观看了一个8分钟的短片，短片含有（实验组）或不含（对照组）与烟草有关的画面。在放映结束30分钟内，实验组成员吸烟的概率要比对照组高出4倍。[342] 最近，一项神经影像学研究发现，吸烟画面会对大脑产生明显影响。[343] 在该研究中，同样20多岁的吸烟者和非吸烟者被分为两组，并观看含有吸烟刺激的电影。比起非吸烟者，这些电影导致吸烟者的两个大脑区域得到激活：（1）与吸烟欲望的出现相关的区域；（2）与吸烟行为的计划相关的区域。换言之，这一切就好像是被试的大脑感受到了强烈的吸烟欲望，并且模仿了演员的动作（或者说是手在准备点燃香烟）。

总之，数字世界中无处不在的吸烟画面给烟草制造商带来了三大利益：（1）大大有利于增加烟民的人数；（2）使戒烟过程变得更加困难；（3）通过打着创作自由幌子的软广告规避法律的限制，违背法律精神而免受被追诉的风险。

酗 酒

上面详述的连锁作用显然并不仅仅会促使人们吸烟，还会在很大程度上影响人们的饮酒行为。这正是我们将在下文论证的内容。但这部分将不如上一部分详细。实际上，鉴于所涉及

① 出于伦理原因，研究人员不能在未达到吸烟/购买烟草的法定年龄的被试中进行此类实验性研究（这会诱导被试吸烟）。

的机制的相似性，为避免乏味的重复，我们应当简化论证。因此，我们将主要聚焦于饮酒画面与酗酒行为之间的因果关系。

　　和烟草一样，酒精也是可以避免的主要杀手之一，每年造成 300 万人死亡。[344] 科学界一致认为，对于未成年人，唯一安全的饮酒量为零。[345, 346] 这一结论与全世界几乎所有国家都规定的严禁向低于法定年龄的人出售酒类相符。这一年龄在法国为 18 岁，在美国则为 21 岁。[347] 如果需要解释各国为何如此谨慎，那么可以在发育中大脑的极端脆弱性中找到原因。在青春期（更不必说青春期之前）饮酒会干扰大脑发育 [346, 348 , 349]，并增加长期酗酒的风险 [346, 350]。

　　尽管在许多国家，特别是欧洲，酒精消费量似乎略有下降，但年轻人的酒精消费仍然很高。[344] 在法国，四分之一的 16 岁高中生经常喝酒，并且每月至少喝醉 1 次。60% 的 11 岁儿童喝过酒。[351] 电子产品再次在其中发挥了作用。实际上，在数字世界中，酒精消费也无处不在，并且被刻画得极为正面。[309, 332, 352-364] 以电视为例，一项研究表明，饮酒画面在电视中出现的频率高得出奇，在 TV-Y7[①]、TV-PG、TV-14 和 TV-MA 的节目中，饮酒画面出现的比例分别为 3%、75%、73% 和 79%。[283] 这种大规模的宣传不断增强我们记忆网络的联想缺陷。记忆网络受到大量积极表征的影响，逐渐将酒精和各种令人羡慕的特点联系起来：有个性、节日气氛、放松、反叛等。随后，这些联想会促使孩子过早饮酒；而一旦开始饮酒，这些联想就会促使他们过度饮酒［长期饮酒或狂喝滥饮（binge-drinking）[②]］。[365-371]

---

① 参见第 204 页注释。
② 这一表述描述的是快速且大量的饮酒行为。这种饮酒方式尤为危险，对大脑有着很强的毒性，会增加事故、无保护措施的性行为、酒精中毒昏迷、暴力和成瘾行为的风险。

例如，一项研究追踪调查了约 3000 名平均年龄为 13 岁且从未喝过酒的德国青少年。[372] 一年后，观看含有饮酒画面的电影（无论在何种媒介上）最多的四分之一被试，在没有父母监督的情况下饮酒的可能性是观看此类电影最少的四分之一被试的 2 倍。前者出现酗酒这种危险饮酒行为的可能性是后者的 2.2 倍。

好消息是，与吸烟一样，父母的警惕性有利于改善情况。在一项常被引用的研究中，研究人员对 2400 名从未饮酒的美国初中生进行了平均 18 个月的追踪调查。[373] 他们根据父母对孩子观看"限制级"电影的倾向来评估孩子开始饮酒的概率。事实上，父母的教育与孩子饮酒的可能性密切相关。与"从不"允许孩子观看"限制级"电影的对照组相比，"很少""有时"和"总是"三组的孩子在研究期间开始饮酒的概率分别是前者的 5.1 倍、5.6 倍和 7.3 倍。这些结果证实了最近进行的另一项研究的结论，该研究涉及 1000 多名 11—17 岁英国青少年。[332] 那些玩过含有大量饮酒画面的电子游戏［大多数是"成人"游戏——例如《侠盗猎车手 5》、《马克斯·佩恩 3》（Max Payne 3）、《热血无赖》（Sleeping Dogs）等］的青少年，饮酒的概率比没有玩过此类游戏的同龄人高出 3 倍。

此外，正如我们在吸烟研究中观察到的那样，在电子产品中看到的饮酒画面同样会对即时的饮酒消费产生显著影响。[374—376]换言之，在大脑面对酒精刺激时，饮酒的想法会被激发，由此采取行动的可能性也大大增加。我们在关于汽水的研究中也观察到了同样的现象。[377]

总之，数字世界中无处不在的饮酒画面给酒精制造商带来了双重好处：（1）大大降低了初次饮酒时的年龄；（2）增加了长期饮酒个体的数量。

肥胖症

在烟草和酒精之后，再来看看体重问题。同样，我们将聚焦于核心问题，主要尝试阐明图像与超重和肥胖症之间的因果关系。

在全世界，超重问题涉及 20 亿成年人和 3.5 亿儿童。[378] 每年约有 400 万人因此而死。[379] 尽管这个问题有多重原因，但如今，没有人会再严肃质疑使用电子产品这一习惯所产生的有害影响，尤其是对儿童和青少年的影响。[3, 4, 380—383] 这涉及许多因素，其中就有我们已经谈及的睡眠和体育活动水平的降低。有人说，为避免监管措施的实施，所向无敌的广告可能起到的作用并不确定。[384—386] 这也许合情合理，却缺乏可信度。15 年来，所有主要的科学著作和机构出版物都指出，来势汹汹且无处不在（电视、社交网络、视频分享平台等）的食品营销提高了儿童和青少年患肥胖症的概率。[4, 387—396] 一项又一项的研究都得出了同样的结论："有充分的证据表明，肥胖症这一流行病至少在很大程度上是美国食品营销力量增强的结果。"[387] 换言之，"科学文献证实，面向儿童的食品营销具有以下特点：（a）规模大；（b）范围广（植入式广告、电子游戏、互联网、手机等）；（c）宣传的几乎都是低营养、高热量的食品；（d）具有有害影响；（e）日益全球化，因而单靠个别国家难以监管"[397]。最近发表的一篇综述表明，如今有"大量证据证实，食品营销会影响儿童对不健康食品的态度、偏好和消费，最终对其健康产生不利影响。现有研究为支持限制面向儿童的食品营销提供了宝贵的见解和有力的证据"[395]。

例如，有研究表明，观看含有大量食品广告的商业频道的孩子，比起观看不含此类广告的非商业公共频道的孩子，患肥胖症的概率显著增加。[398] 同样，据计算，禁止这种类型的广告后，根据所使用的计算模型不同，能够使幼儿患肥胖症的概率减少 15% 至 33%。[399, 400] 与该结论一致的是，一项在十几个发达国家（美国、澳大利亚、法国、德国、瑞典等）进行的国际比较研究证实，幼儿患肥胖症的概率随着食品广告在儿童节目中出现频率的增加而几乎呈线性增长。[401]

总之，这毫不令人惊讶。这些数据把我们重新引向已谈论过的酒精和烟草问题；但除此之外，食品广告不受任何限制。广告商拥有全权委托书，将其品牌和产品完全刻在孩子稚嫩的大脑中。记忆构造一旦受到影响，儿童整体的口味偏好就会改变，转而倾向于广告广泛宣传的高热量食品。在这一方面，许多研究证实，儿童对使人肥胖的加工食品（零食、快餐、汽水等）的需求、获取和消费倾向随着营销强度的增长而增长。[400, 402—407] 谁会真正认为，哪怕只有 1 秒钟，这些食品的多余热量不会对儿童的体重产生影响？[408, 409] 一项研究分析了儿童 3 岁时每天看 1 小时电视对其 10 岁时的体重、体育活动和饮食行为的影响。[191] 结果显示，这些孩子在 10 岁时会吃更多的垃圾食品（汽水、零食；+10%）和更少的果蔬（−16%），周末进行的体育活动更少（−13%）。不出所料，他们的体重指数①也明显更高（+5%）。这个观察结果令人不安，特别是因为，研究发现的问题往往会在儿童期过后仍继续产生影响。实际上，幼时获得的味觉偏好通常会持续一生。[410—413] 这在某种程度上解释了——特别是在潜在的遗传因素之外——儿童肥胖症为何会长时间影响肥胖者。[414, 415]

当然，除此之外，还有上述的"启动效应"问题，因为看

----

① 体重指数由体重（千克）除以身高（米）的平方得来，因此其单位为千克／平方米。当体重指数在 18.5 到 25 之间，个体的体重正常；低于 18.5，体重过轻；在 25 和 30 之间，个体超重；超过 30，个体患有肥胖症。

到屏幕上的人吃东西显然会使我们的即时消费显著增加。[390, 416]
换言之，当大脑面对食物刺激时，吃东西的想法会被激发，从
而显著增加进食的可能性。[17, 18]

总之，这些因素表明，电视和所有数字媒介中无处不在的
食品营销大大增加了儿童和青少年患肥胖症的风险。

标准的重要性

实际上，上述因素仅仅反映出大众视听内容形成我们社会
表征的一般能力。油管、电视连续剧、电影、音乐短片和电子
游戏是真正的制定标准 —— 即通常不言明的行为、外表和期望
标准 —— 的机器。

中产阶级探源

现为波士顿大学教授的朱丽叶·斯格尔（Juliet Schor）是
最早对此进行理论分析的人之一。在她出版于 1998 年的一本名
为《过度消费的美国人》（*The Overspent American*）的畅销书
中，这位社会学家出色地分析了电视在美国人盲目消费行为中
的作用。[417] 虽然引用了大量文献作为依据，但她的分析总结起
来相当简单：以往，我们将自己与邻居、亲戚和朋友进行比较；
如今，我们面对的是电视中的另一个自我。对于中产阶级来说，
这种改变会引起令人难以置信的社会地位下降的感觉，因为视
听世界提供的是扭曲的"现实世界"图像：位于曼哈顿的大居
室、郊区的大房子、宽敞的汽车（太太一辆，先生一辆）、精致

的服饰和餐厅等。斯格尔告诉我们，实际上，"八九十年代的情况是，数以百万计的美国人在这一时期末虽然拥有得更多，却感觉自己更加贫穷"[417]。基于她自己的研究，她解释道："一个人看的电视越多，他或她花的钱就越多。对于电视和消费之间的联系，可能的解释是，我们在电视上看到的东西影响了我们对正常事物的感觉……看电视导致欲望增加，而这反过来又会导致人们购物——比他们不看电视时买的东西多一些。在美国的一家电信公司进行的研究[①]中，我发现一周内每多看 1 小时电视，就会导致每年多花 208 美元[②]（相当于现在的 360 美元）[③]。"如果每天看电视 3 到 4 小时，就会导致每年额外支出 4368 到 5824 美元（相当于今天的 7567 到 10 090 美元）[④]。这就是在美国出现的由贷款、压力和职业倦怠助长的无休止的地位竞赛。[418]

被改变的身体形象

从这个最初的观察结果发表以来，视听内容的规范力量已在许多领域得到证实，并扩展至广泛的数字媒介领域。以体重问题为例。在法国，近 60% 的女性和 30% 的男性虽然在医学上拥有标准体重，但他们却想要减肥。[419] 媒体，尤其是数字媒体，几乎一致称赞女性过瘦和男性肌肉过度发达这两种身材，这与

① 参考 1994 年 11 月至 1995 年 5 月在美国东南部一家电信公司进行的调查，该公司雇员超过 8 万人。
② 为了避免误解，斯格尔作了一则注释："研究控制了影响消费和电视观看的其他因素，包括收入、职业、教育、性别和年龄。"
③ 根据美国劳工统计局的计算器计算得来；https://www.bls.gov/data/inflation_calculator.htm。
④ 同上。

上述荒唐现象的出现不无关系。事实上，我们每天都会在电影、电视剧、音乐短片、电子游戏或照片墙的帖子中看到无数"异常"（从该词的统计学意义上讲）的身材。[18] 而问题在于，由于只能看到异常的身材，我们最终会认为这些身材才是标准，而我们自己则是例外。以女性为例来做进一步的说明。关于这一主题，如今有大量的文献和压倒性的证据。[18] 例如，在不到一个世纪的时间里，美国小姐的体重从正常体重变为接近厌食症患者的体重。[420] 时尚杂志和时装秀的模特也是如此，她们过瘦的身材总是引起争议。[421—423] 这一问题在大约 25 年前就已被指出。[424] 我们的女明星比 98% 的女性都要瘦 [425] —— 平均而言，她们比"正常"[①]女性高 17 厘米，却比她们轻 21 千克 [426—428]。在黄金时段播放的电视连续剧中，大约三分之一的女演员体重指数属于偏瘦范围，3% 属于肥胖范围。[429] 这些数字与现实生活中三分之一的肥胖人群和 2% 的偏瘦人群的数据完全相反。[425, 430]当然，正如我们已经讨论过的 [②]，所有数据与媒体中无处不在的对肥胖人群的负面刻板印象不无关系：软弱、意志缺失、不干净、不忠诚、笨拙、懒惰、粗鲁等。[18, 431—434]

这种脱节导致"现实世界"中的许多女性产生了真实且强烈的不满足感，众所周知，这种感觉会引发广泛的心理痛苦（抑郁、自卑等）和饮食行为障碍（厌食症、暴食症等）。[18] 此外，一项针对该问题进行的元分析得出结论："媒体与女性对自己身材的普遍不满、对外貌的投资增加和对不正常饮食行为的认可增多有关。这些影响似乎很大：它们存在于多个结果中，在实验和相关性研究中均得到了证实。因此，我们可以看到，

---

① 再次强调，应从严格的统计学意义来看待该词。

② 参见第 68 页。

无论评估技术、个体差异变量、媒体类型、年龄和其他特殊的研究的特性如何，媒体似乎都与女性对身材的看法有负面的相关性。"[435] 一项实验性研究很好地证实了这一点。哈佛大学的研究者考察了斐济共和国的一个省份，这个省还未但即将安装电视。[436] 研究人员通过对两组相似的青少年进行标准测试来评估她们是否存在饮食行为障碍，一次在安装电视之前（几周），另一次则在安装电视之后（3年）。结果显示，承认催吐来保持体重的女生数量显著增加（从0增至11%），测试评估为"有风险"的青少年人数增加了近2倍。由于并非所有家庭都购买了电视，研究人员能够对家中有电视和没有电视的被试进行比较。前者被测定为"有风险"的可能性是后者的3倍。

性行为表征的深刻改变

在性行为方面也得出了类似的结果。在这一方面，色情内容的问题往往掩盖了所谓较为"普通"的电影和电视剧的潜伏性影响，例如《广告狂人》《阿凡达》或《绝望主妇》。诚然，含有性爱情节的剧集并不非常露骨，但这些剧集情节真实，频繁出现，且在多数情况下具有威胁性，因为它们往往以相当"随意"的方式呈现（也就是说不提示潜在的风险，不采取适当的预防措施）。[3, 4, 437—439] 例如，就电视而言，在TV-Y7[①]、TV-PG、TV-14和TV-MA的节目中，分别有8%、65%、55%和91%的节目含有危险性行为。[283] 问题在于，通过记忆系统的联想倾向，观众最终会不自觉地将这种开放的行为视作行为规范。在

---

① 参见第204页注释。

这种情况下，从理论上说预计会出现两个直接后果：促进性行为的发生和忽视保护措施。这正是科学文献得出的结论。[440-445]例如，一项针对电视的研究对近 1800 名 13—17 岁青少年进行了为期 1 年的追踪调查。[446] 1 年后，10% 接触了最多性爱内容的参与者进行第一次性交的概率是 10% 最少接触此类内容的参与者的 2 倍。另一项同样针对电视的研究对 1700 名 12—17 岁少女进行了 3 年的追踪调查。[447] 在此期间，与 10% 最少接触性爱内容的参与者相比，10% 接触最多此类内容的参与者意外早孕的可能性增加了 1 倍。与这一发现一致的是，后来的一项研究证实了这种影响具有极强的持久性。用研究者的话来说，"早期（16 岁前）较多接触性爱内容预示着成年后会有更多的危险性行为（例如性伴侣更多，不用安全套的随意性行为更加频繁）"[444]。另外一项研究对说唱视频的影响进行了分析。[448] 研究人员对 500 多名 14—18 岁美国非裔少女进行了 1 年的追踪调查。在研究结束时，接触最多性爱内容的参与者拥有多名性伴侣和染上性病的风险分别增至原来的 2 倍和 1.6 倍。

现在来谈谈露骨的色情内容。在包括法国在内的许多国家，对这些内容的访问限制极其可笑——只需按下"18 岁以上"的魔法按钮就能访问最露骨的图像①。只要点击一下鼠标，孩子就能接触各种性爱内容，而这会让其形成最糟糕的性别偏见，进行危险和暴力性行为[3, 449-455]：性虐、羞辱、侵犯、纵欲、无保护措施的多人性关系等。我们无法在讨论防范强奸、使用安全套的必要性和性别歧视的不可接受性（至关重要！）的同时，容许我们的孩子无限制地接触利用且（往往）美化这些行为的内

① 我在两个成人网站上进行了尝试：Pornhub 和 YouPorn。

容。例如（色情视频中的常见剧本）被强奸的女性被激起欲望，
因为她和所有同类一样，必须将其内在的"荡妇"本质隐藏在
资产阶级的美丽外表下，最后她不加克制地享受并一再要求，
屈从于侵犯者的进攻！这个剧本在某些非常流行的"动作"游
戏中也十分常见。一些刺激睾酮分泌和宣传男子气概的游戏往
往损害处于次要地位的女性人物的形象，通常表现为受到占主
导地位的男性的侵犯。[456] 一些游戏对性别偏见和性别歧视态度
的负面作用越来越有据可查。[456—464] 为了更好地了解这个问题，
仍有所怀疑的人可以去看一眼我们已经提过的《侠盗猎车手》。
请允许我再一次批评（！）这个混合了暴力和色情内容的游戏[①]，
因为有 38% 的 8—10 岁儿童、74% 的 11—14 岁孩子和 85% 的
15—18 岁青少年在玩这款游戏。[315]

　　简而言之，就总体而言，这些数据表明视听和数字内容是
社会规范的有力制定者。它们通过改变我们的世界观来影响我
们的行为方式，并且通常是在悄无声息的情况下，不会唤醒意
识的防御雷达。在这方面，与某些观念陈旧的游说者想让人相
信的观点相反，问题不再是这些数据是否可靠。它们确实可靠，
特别是因为影响就位于我们神经组织的深处。大脑是一台神奇
的机器，但它也是极度脆弱的机器。这台机器在我们不知情的
情况下，以纯自动的方式处理大量信息。[248, 252, 465—467] 从功能
的角度来看，这不仅不是缺陷，反而是真正的进化奇迹，没有
它，思维和决策过程将即刻饱和。但从商业角度来看，这是一
场灾难。对无数"大脑可用时间售卖者"而言，这场灾难是天
赐良机。它构成了一个巨大的安全漏洞，且正是因为这个漏洞，

---

① 　参见第 60 页注释。

引导和操控人类行为才成为可能。坦白说，如果集体意识无法在短时间内觉醒，那么在接下来的几年中，事情很难顺利解决。事实上，由于数字监视工具快速且持续地普及，目前为止还只是较为明显和普遍的宣传行为正逐渐变成极其有害且不道德的定位行为。[468] 我们在网络上留下的每一个痕迹、每一条数据、每一个购物记录、每一个字、每一次访问、每一次点击、每一个赞都被用来对付我们，且其精准程度令人不安。剑桥分析公司（Cambridge Analytica）根据数百万太过轻信别人的用户在脸书上留下的个人数据，在包括美国在内的多个国家操纵了民主选举，这也许只是未来的大量不道德行为的开端。[469－472] 这则丑闻在很大程度上证实，从今以后，识别、接触和影响某些关键选民来左右其选票或使其放弃投票都是有可能的。但当我们知道这些"工具"已被广泛用于向目标用户投放广告，还有什么是真正值得震惊的吗？而这正是谷歌或脸书等数字巨头的商业模式。

暴　力

因此，威胁我们后代的内容不在少数，从烟草到酒精，再到垃圾食品、色情内容、消费主义和各种令人作呕的刻板印象：性、身材、性别、体重和种族（尽管未提及最后一个方面，但它已得到广泛研究[473－475]）。但我们的画卷还缺少一大部分：暴力。暴力在数字空间中无处不在，以致现在几乎无法让我们的孩子远离它。正如美国儿科学会最近所言，"媒体中的暴力内容正成为儿童生活中不可避免的组成部分"[476]。然而，现在有一个非常广泛的科学共识揭露了这种趋势对儿童发展产生的深刻有害影响（我们将在下文详细讨论）。一般而言，这会产生三个主要问题：（a）攻击性思维、情感和行为增加；（b）共情能力丧失或降低；（c）主观上的不安全感加剧且毫无事实依据。尽管如此，正如我们将看到的那样，媒体的争论仍旧十分激烈，辩论仍在继续，并且常常以反传统的研究和观点为根据。这种长时间的争论是荒谬可笑的，因为即便我们忽略过去50年积累的所有实验证据，暴力内容对儿童的表征和行为的影响也是无可争议的！实际上，从因果关系的角度来看，这里牵涉到的联想和规范机制与上述关于烟草、酒精、性行为、身材等方面涉及的机制相同。发生怎样的奇迹才能使暴力被排除在进化弱点的普遍领域之外？实际上，从大脑功能的角度来看，令人惊讶的观点并不是暴力内容会对我们的行为产生深刻影响，而是暴力内容不会产生影响。

一场早有定论的争辩

60多年来，科学家已从各个可能的方向深入研究了暴力媒体内容的影响。除了媒体（电影、电视剧、电子游戏、电视新闻等）、方法（实验、观察、纵向、横向[①]等）、对象（年龄、性别、种族等）和统计方法的差异之外，结果从未改变：无论是在短期内还是在长期内，暴力内容都会促使儿童和成年人表现出攻击性行为和情绪。[476-485] 然而，攻击性并不意味着暴力电影或游戏会将所有孩子变成嗜血的杀手，让他们犯下强奸、屠杀或大规模的暴行等各种罪行。这也不意味着暴力内容是攻击行

---

① 横向即"跨学科"。

为的唯一（甚至主要）原因。最后，这也不是说影响是绝对的，表现形式是一成不变的。这"仅仅"意味着，接触暴力内容的群体的语言／肢体攻击行为比不接触此类内容的相似群体更加频繁和明显，且随着接触的暴力内容程度的加深而加深。为避免误解，让我们强调最后一次，没有人可以肯定，观看暴力内容导致的攻击性水平的提高会（甚至偶尔会）导致兽性的暴力行为的出现……但也没有人可以完全排除这种可能性。例如，如果没有这一点额外的攻击性或怒火（以及／或通过暴力和性别歧视的虚拟内容慢慢形成的与男子气概有关的印象），X 先生可能不会下车去攻击刚刚危险超车的司机……这件事情也不会变成一场粗暴野蛮的斗殴。

正如美国儿科学会指出的那样，问题在于"媒体报道常常将研究者和行业专家或发言人，甚至是持相反观点的学者搭配在一起来呈现媒体暴力和攻击性问题的'正反两面'，这导致观众在二者之间画上错误的等号，误以为缺乏研究数据和科学共识"[476]。实际上，许多"主流"文章毫不犹豫地暗中操纵读者的心理，让其误以为科学界并未达成共识，以否认行为攻击性水平的提高与媒体上的暴力内容之间存在因果关系。[486, 487]为了终结这一可悲的谎言，一组研究人员最近着手对这一问题进行定量分析。[488, 489]他们提问了数百名数字领域的科学家、儿科医生和家长（图 10）。结果表明，"他们达成了广泛的共识……尽管少数研究者声称在这个问题上仍存在'争论'，但绝大多数研究者认为，暴力媒体内容会增加儿童的攻击性，二者之间存在因果关系。儿科医生对此更是深信不疑，家长也几乎没有怀疑"[488]。如果我们知道，临床医生和家长比研究者更频繁地接触大量使用电子产品，尤其是含暴力内容电子产品对儿童行为影响的案例，那么后两项观察结果就不足为奇了。实际上，家长的回答令人安心，因为这表明他们并没有完全受到这个问题和宣传手段的愚弄。

实际上，根据这些数据，最让人惊讶的是，科学界并没有达成更加一致的共识。这可能是由于研究调查的样本缺乏特异性。实际上，由该领域的真正专家（也就是直接对暴力内容的影响进行研究的专家）进行的研究可能会获得更多的一致意见。[490] 为了证明这一观点，我们可以注意到，在主要的政府 [491, 492]、医学 [476, 482, 493—495] 或学术机构 [481, 496] 的支持下成立的极其专业的专

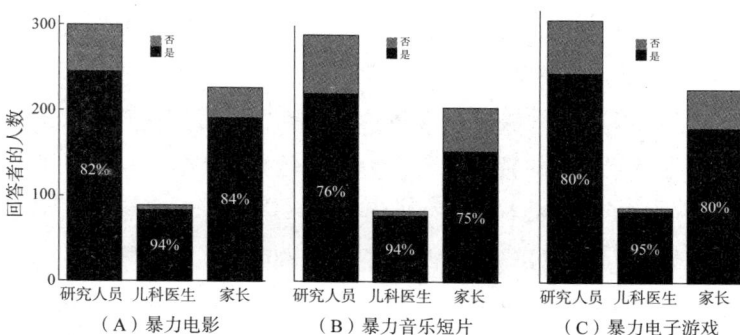

图10 就暴力内容的影响达成的广泛共识。研究人员（媒体公共关系心理学领域的研究人员 —— 不一定是暴力问题专家）、儿科医生和家长需要就三个观点表态：含暴力内容的电影（A）、音乐短片（B）和电子游戏（C）是否"会增加儿童的攻击性行为"。该图表明肯定回答（"同意"和"完全同意"的回答合计为"是"；条形图的黑色部分）远多于否定回答（"不同意"和"完全不同意"的回答合计为"不是"；条形图的灰色部分）。该图不包括那些没有表态的人（约占受访者的15%），因为无法确定这些没有回答的人是觉得自己不够格回答问题（"我对这个问题不太了解，没法表态"）还是认为自己并不确定问题的答案（"就我目前的知识水平，我无法给出意见"）。数据来源为文献488和489。

题讨论小组均得出了类似的结论[①]："大量研究证据表明，媒体中的暴力内容会导致攻击性行为、对暴力不敏感、梦魇和对受到伤害的恐惧。"[494] 此外，当然还有大量严谨的元分析和综述证实了暴力媒体内容的这些影响。[477, 478, 480, 483, 484, 497—501]

简而言之，如果我们仔细分析所有可用数据，就会发现可笑的是，关于暴力画面和暴力电子游戏的争论仍未结束。早在1999年，美国心理学会主席就在《纽约时报》上宣告，"证据是压倒性的，反驳它就相当于反驳重力的存在"[502]。然而，以媒体为中间人进行的争论仍在继续，并且依然十分激烈。2000年初进行的一项关于媒体内容的研究使这个问题得以客观化。当时，两位研究人员开始质疑美国主流媒体对暴力画面问题的不一致（为避免用"有利的"一词）看法。[503] 在《新闻周刊》（Newsweek）拒绝就一篇被认为不太客观的文章做出回应后，两位专家有些恼火，决定从数量角度研究并彻底解决该问题。为此，他们以细致的目录学研究为基础，对比了科学知识和媒体表述在25年内各自发生的变化。结果表明，二者逐渐走向两条截然相反的道路。在1975年至2000年间，科学界对暴力视听内容对行为的有害影响越是确信，媒体的话语就越装腔作势、宽慰人心。换言之，学术研究越是一致地指出问题的真实性，新闻工作者就越是会向读者解释说无须惊慌，就算有问题，问题对"现实生活"的影响也微不足道。正如人们所担忧的那样，自该研究结果发表以来，二者之间的偏差并未得到消除。根据最近的一项研究得出的结果，媒体的谨慎程度有增无减。[504]

---

① 所引文献仅就美国而言，包括美国儿科学会、美国心理学会、美国精神医学会、美国儿童和青少年精神病学会、美国社会问题心理研究学会、美国医学会、美国家庭医师学会、国际攻击行为研究学会、美国卫生局、美国国立卫生研究院。[490]

2000 年初，表示"赞同"的媒体文章（承认在暴力视听内容和攻击性行为之间存在着明显的联系）的数量是"中立"文章（强调问题还没有定论）数量的 2.2 倍。10 年后，正如我们所见，尽管科学界仍存在明显的共识，但这种关系几乎反转，"中立"文章的数量是"赞同"文章数量的 1.5 倍。有趣的是，后者常常出自女性笔下，而非男性。众所周知，男性是电子游戏的主要消费者[505]，他们往往可能不愿承认问题[506]。不出所料，随着"非特异性"研究（与该领域无关的研究人员、媒体工作者、消费者等所做的研究）数量的增加，"赞同"的文章越发少见。

当然，某些无能的或被收买的伪专家的不同见解无法解释科学知识和媒体话语之间逐渐产生的分歧。为了有效地将不确定性的虫子塞进知识的苹果中，反对的声音应当来自研究人员内部，让人们产生研究和同级别权威人士之间存在分歧的印象，从而产生怀疑。简而言之，应当由学者进行反驳。在这方面，没有人比著名的克里斯托弗·弗格森（Christopher Ferguson）更能胜任。他是心理学博士和美国佛罗里达州斯泰森大学的教授，多年来不断搜集表明暴力视听内容和攻击性行为之间没有联系的媒体文章[507—509]和学术出版物[510—515]。然而，这些出版物存在令人震惊的方法论偏差，数值也不甚准确。[477, 478, 488, 516—518] 我们仅举一个最近的有代表性的例子，它出自弗格森的一项元分析，旨在解决与电子游戏（尤其是暴力电子游戏）对认知功能和行为的潜在影响有关的争议。[511] 不出所料，这位研究者同样"发现"电子游戏对攻击性行为、学习成绩和注意力障碍的影响微乎其微。可惜汉娜·罗思坦（Hannah Rothstein）看到了这项研究。[519]这位研究者是元分析领域最优秀的国际专家之一。面对困难的课题，她与他人共同开发出专用软件[520]，并且以书籍[521—523]

和文章 [524—526] 的形式发表了许多具有参考价值的作品。她的结论发表在此前刊登了弗格森文章的期刊上，可以说是十分尖锐，正如文章的标题所示：《元分析评论中的方法和报告错误使其他元分析研究学者感到愤怒》[①][519]。在列出了一长串方法论和统计学上的失误后，文章总结道："我们无法相信被编码变量的可靠性和有效性。效应量有误且无法解释。但我们害怕读者（例如父母、儿科医生、政策制定者）会认为，因为这项元分析发表在颇负盛名的期刊——《心理科学展望》（*Perspectives on Psychological Science*）——上，所以它是关于电子游戏对儿童影响的有效综合研究。情况并非如此。它存在致命的缺陷，不该在这份期刊或其他期刊上发表。"[519] 如果我们了解科学修辞的所有微妙之处，这种评价就十分清晰易懂了。

但我们应当成为能服理的人，尽管弗格森的研究常常遭到质疑，但应当承认它们是可靠、严谨和可接受的。但总的来说，这并不能改变问题。实际上，如果我们将弗格森的研究与其他细致（且方法正确！）的元分析中的所有可用研究相比，就会发现弗格森的研究工作（和立场）似乎完全不符合要求，并且与其他几项同类研究一起构成了真正的统计学异常现象。[477、478] 换言之，当几乎所有人都发现了什么，弗格森这位反传统者却一无所获。这很奇怪，却很实用，因为它为全世界所有贩卖怀疑的商人提供了充足的弹药；更何况主流媒体坚持践行具有欺骗性的"公平主义"，为所有"阵营"提供大致相等的曝光度。这样一来，反常的研究工作就失去了其逸事特性。[278] 因此，反常的研究与其反驳的数十项研究被赋予了相同的可接受性。为此，

---

① 毫无疑问，这是在回应弗格森的文章标题：《"愤怒的小鸟"会让孩子愤怒吗？》。

正如近 20 年前我们在著名的《科学》杂志上看到的那样，关于暴力画面影响的争论持续良久，"而它本该早已终止；就像在科学界知道吸烟会导致癌症后，有关吸烟 / 癌症的争论仍持续了很久一样"[527]。但为了确定这一主张的真实性，也许是时候看一看数据了。

数据说明了什么

让我们从关于内容的研究开始。这些研究表明，在烟草、酒精或性行为方面观察到的偏差同样适用于暴力。在数字世界中，暴力不仅无所不在，还被赋予各种积极特征，包括权力、金钱、顽强或（对男性而言）男子气概。在许多情况下，暴力以一种极具魅力的方式呈现，并被描绘成一种正当（更不用说必要）的手段。无论是在短期内还是长期，经受暴力后所受的创伤都被大大低估了（有哪个人能够承受洛奇在他的每部电影中遭受重击的百分之一，而不用经受不可逆转的神经系统后遗症？）。[3, 4, 494, 528] 很明显，大量暴力内容会对儿童和青少年的行为产生十分显著的影响。[476—478, 480—485, 491—501] 这些影响既包括短期影响，也包括长期影响。

先来看短期影响。短期影响主要与上文已经提到的启动效应有关。其原理很简单：接触暴力刺激和暴力行为会激活攻击性的记忆网络，促使个体出现敌对行为。数十项研究证明了这一机制的真实性。例如，在一项研究中，研究人员要求一些年轻人在陌生人答错问题时对其施加电击，强度可以自由选择（从 1 到 10）。[529] 就在实验开始之前，一名大学生走进房间，解释说他必须完成一项研究才能通过考试，但是他的课题遭遇了失败。他请求帮助，声称只需要几分钟的时间。第一项实验的实验者欣然应允。被试的新任务是用零散的单词造句。这些单词或是"中性的"（例如"那，门，打开，维修"），或含有敌对情绪（"打，他，她，他们"）。结果表明，"敌对组"的被试所用的电击强度远高于"中立组"的被试（+50%，3.3 比 2.2）。在另一项类似的研究中，被试需要用表示礼貌（尊重、有礼、耐心等）或无礼（侵入、打扰、破坏等）的单词造句。[256] 任务结束时，被试需要向实验者介绍自己，而"不凑巧"的是，后者正聊得热火朝天。"无礼组"的被试打断实验者对话的人数几乎是"礼貌组"的被试的 4 倍（63% 比 17%）。

显然，视听"启动效应"研究也得出了同样的结论。例如，一项研究的工作人员首先让一些年轻人观看暴力或非暴力的短视频。[530] 随后，被试需要尽快确定屏幕上短暂出现的一连串字母是否能构成一个真正的单词。此前观看了暴力视频的个体比观看非暴力视频的个体能够更快识别出"攻击性"词语（摧毁、伤害、损害等），而二者在辨识中性词语时没有任何差异。在另一项研究中，一些大学生在 4 天内观看了 4 部电影。[531] 每次观影结束后，他们需要给这些电影评分。在第 5 天，他们被告知研究中止，并且需要完成一项面部识别任务。任务完成后，这些大学生需要评价指导其完成第二项任务的两位实验者［例如他们是否有礼貌（评分等级从 1 到 10）？他们应该获得研究经费吗（是 / 否）？］。在实验的第一阶段观看了一系列"暴力"电影的大学生表现出的敌意远多于观看"中性"作品的大学生。在后者中，认为实验者有礼貌（+29%；5.8 比 4.5）并认为他们应当获得经费支持（+23%；66% 比 43%）的人数更多。针对监管所中的青少年罪犯的研究也得出了类似的结果。[532] 在一周的时间内，一些人观看了

"中性"电影，另一些人则观看了"暴力"电影。与第一种情况不同，在第二种情况下，青少年罪犯的攻击行为显著增加。

不出所料，几项研究证实，年龄更小的儿童也有此类攻击性行为。例如，研究人员让一些4—6岁的儿童和两个小机器人自由玩耍。[533]按压操纵杆，第一个机器人会释放一颗球，这颗球会绕过不同的障碍物，最后返回原点。第二个机器人会激活一个玩偶，让其用棍子击打旁边的玩偶。在此之前，孩子观看了含有中性或暴力画面的动画片。第二种条件极大地提高了被试选择打人玩偶的概率，选择率在观看中性动画片的情况下为29%，而在观看暴力动画片的情况下提升至50%。一项针对年龄稍大的儿童（5—9岁）的相似研究也得出了类似的结果。孩子首先观看暴力电影或田径运动体育节目（跳跃、跑步等）。[534]此后，他们需要在玻璃窗后帮助或阻止另一个孩子移动杠杆。不出所料，结果表明敌对行为在"暴力条件"下显著增加。

此后，这些观察的范围不再局限于被动观察，而是扩展至主动实施暴力的领域。在一项有代表性的研究中，一些大学生在连续3天的时间里每天玩20分钟暴力或非暴力电子游戏。[535]每当游戏结束，研究人员都会要求他们把一个"模糊不清"的故事补充完整，以评估其感受到的敌意程度（即归因于外部世界的敌意）。随后，在第三阶段，每位被试都被置于直接对立的环境（但这是虚拟的，被试对此当然并不知情）。在看到突然发出的视觉信号后，他们需要比对手更快做出反应。每次比试后，获胜者有权通过耳机对失败者进行声音攻击，强度（1至10）和时长（0至5秒）参数可以自由配置。研究人员写道："正如预期的那样，暴力游戏玩家的攻击性行为和敌意在几天内有所增长，但非暴力游戏玩家并没有，而攻击性行为的增长有一部分归因于敌意的增长。"在第三天结束时,"暴力"组的攻击性行为平均分(通过强度和时长参数计算)是"中性"组的 1.7 倍(6.8 比 4.1)。一项针对小学生(8—10 岁)的更加"环保"的研究获得了相同的结果。[536] 研究表明,在减少媒体(电子游戏、电视、DVD)接触水平的规则实施 6 个月之后,小学生的攻击性行为明显减少,而没有受到任何干预的对照组的攻击性行为没有发生变化。这个结果与此前的一项研究相呼应,后者证明,加拿大一座城市的家庭在安装电视 2 年后,该城市的小学生在课间休息时的身体攻击(×2.6)和言语攻击(×2.0)行为大幅增加。[537] 这一增幅与对照组的两座城市的小学生形成了鲜明对比,这两座已普及电视的城市小学生行为并未发生变化。

　　简而言之,暴力媒体内容对敌对和攻击性行为的中短期影响毋庸置疑。那么长期影响又如何呢?显然,这个问题无法通过实验解决,需要进行横向或纵向的流行病学研究。研究原则并无特殊之处,即在考虑相关协变量后,确定接触最多暴力视听内容的群体是否出现更多的攻击性行为。答案显然是肯定的。例如,一项研究表明,在幼儿园(4 岁)每看 1 小时电视,在小学(6—11 岁)出现骚扰行为的可能性就会增加 9%。[538] 这可能是由电视中无处不在的暴力内容"驱动"的。实际上,另一项补充研究证实,儿童过早(在 2 至 5 岁之间)观看暴力视听节目(电影、体育节目、动画片等)会导致其在 5 年后出现行为障碍。[539] 这种影响仅在男孩身上十分明显(较之女孩风险翻了两番),而观看教育或非暴力节目的儿童不会出现此种现象。另一项研究对 6—10 岁的儿童进行了长达 15 年的追踪调查。[540] 在他们成年后,研究人员对童年时期观看了最多(20% 的人)和最少(80% 的人)暴力画面的群体出现攻击性行为的频率进行了对比。结果表明，观看最多暴力画面的男性殴打配偶（×1.9）、接受司法审判（×3.5）或违反交通法规（除了违停；×1.5）的可能性更大。而观看最多暴力画面的女性在过去一年中向丈夫扔东西（×2.3）、攻击其他成年人（×4.8）和犯罪（用她们的话来说；×1.9）的可能性也大大增加。另一项研究则对美国青少年（9—12 岁）和日本青少年（12—15 岁和 13—18 岁）两个组别进行了 3—6 个月的追踪调查。[541] 结果显示，根据不同的组别，在 T1 时间（研究开始时）经常玩暴力电子游戏会导致 T2 时间（研究结束时）出现身体攻击行为的可能性增加 1 倍或 2 倍。另一项研究评估的是说唱视频对美国非裔少女（14—18 岁）的影响。[448] 在 12 个月的追踪期结束后，接触最多暴力内容的少女殴打老师（×3.0）、被捕（×2.6）和吸毒（×1.6）的可能性显著增加。

我们可以罗列无数个例子，将研究对象扩展至不同的内容（例如色情内容[452]）和群体（例如年龄、文化、社会经济背景[542—545]），但这无益于我们的讨论，因为研究数据总是趋于一致。在这方面唯一可能的争议是可能存在归因错误。也就是说，可能不是内容影响行为，而是行为影响内容。换言之，"天生"具有攻击性的个体可能更容易被暴力内容所吸引。然而，检查初始攻击性水平的程序以及各种特定的统计工具否决了这一假设，证明因果关系在很大程度上是内容影响行为，而非相反。[540, 541, 543—545] 简而言之，事情似乎已有定论，我们可以得出结论，过早接触暴力媒体内容会永久地改变个体的攻击性倾向。有关机制的性质仍有待了解，但两个路径似乎较为可靠：适应规范和脱敏。

我们已经在上文提及适应规范的问题。它指的是通过替代性吸收（往往是无意识的）逐渐同化某些社会规范。[546] 应用于我们关心的这个问题，这种模式表明，反复观看各种暴力内容会告诉孩子，暴力和攻击能够有效解决人际冲突，获得他们应得的东西，并且是令人羡慕的人格特质。[545, 547—550] 正如一项极其有趣的研究所表明的那样，这些想法最终会完全占据孩子的心灵。[551] 在该研究中，一些大学生（18 岁）接受了语义关联测试，以确定"自我"的概念和不同的攻击属性在其无意识的记忆网络中的联系。① 结果表明，暴力电子游戏玩家对二者的关联程度明显更高。[551]

　　而脱敏则是一种导致原始刺激的有效性逐渐降低的适应现象。这是一个神经元反应逐渐减少的基本生物过程。[552] 它解释了，例如，我们很快就闻不到我们所喷的香水气味等问题的原因。[553] 就本节而言，我们可以用"可接受的暴力"这一概念来总结这个问题。从生理学的角度来看，这个概念可被定义为未产生负面情绪的最大暴力阈值。如今已经明确的是，这个阈值在儿童、青少年和成年人身上有着显著差异，取决于接触暴力媒体内容的程度：个体接触的暴力内容越多，其脱敏水平就越高。[554—556] 例如，一项纵向研究对一组新加坡小学生（7—15岁）进行了为期 2 年的追踪调查。结果显示，在研究开始时玩暴力电子游戏会导致 24 个月后移情能力的降低。[557] 最近，神经影像学研究发现了这种脱敏现象的神经元层面的原因。[558] 有研究证实，从短期来看，如果大脑反复接触暴力图像，情感网络的反应度就会降低。[559, 560] 从长期来看，最常在电视上接触暴力

----

① 简单来说，研究人员向被试呈现以下两个类别之一的项目：自我 / 他人（可以是姓、名、出生日期和图像等）。随后，研究人员测量被试识别另一个项目（也是两个类别之一）所需的时间：攻击 / 冷静（复仇、威胁、攻击 / 对话、和解、交流等）。在之前的一则注释中已经提到，此类实验暗含的假设是，在记忆网络中，功能上相关的项目会被更快、更容易地找到。

内容的青少年，其参与控制情绪和抑制攻击性行为的脑前额叶区域会出现分散却明显的发育异常。[561] 基于皮肤（当我们感受到强烈的情绪，皮肤就会发生变化）电传导的各项研究得出了与之一致的结论，指出习惯于视听暴力的儿童和青少年与较少接触此类内容的同龄人相比，对真实的斗殴或攻击性行为图像的容忍度更高。[560, 562, 563] 针对电子游戏的神经影像学研究也得出了类似的结论，证实经常玩暴力游戏的人，其大脑的情感网络对暴力的反应度较低。[564—566] 不出所料，几项研究证明这种脱敏过程会促进攻击性和敌对行为的出现。[564, 567, 568]

如果失去对他人痛苦的同情心能够帮助我们更好地控制自己对被害的恐惧就好了，但事实并非如此。换言之，在共情能力下降的同时，恐惧不会减少。例如，许多研究指出，暴力内容会增加儿童和青少年的焦虑、抑郁和睡眠障碍（拒绝上床睡觉、入睡困难、梦魇等）的风险。[165, 494, 569—571] 显然，灾难性或极度暴力的故事（恐怖主义、自然灾害、气候变化等）[572] 的影响明显大于更"普通"的内容（侦探电影、犯罪电视剧、新闻、动画片等）[573]。然而，在后一种情况下似乎出现了很大的个体差异。根据最近的一项元分析得出的结论，"几乎没有证据表明，在群体层面上，恐怖的电视节目会对儿童的心理健康造成严重①影响［在内化问题方面（恐惧、焦虑、悲伤和睡眠问题）］。然而，这种节目在外化行为（攻击、暴力、反社会等）方面确实有较为一致的影响……一些个别研究确实证实不少儿童有着极端②反应"[573]。为避免误解，让我们最后一次重申：当风险涉及几千万的人口，"不少"就意味着许多人。

---

① 原文中为斜体。
② 同上。

相关性之战

在唯利是图的商人发起的有损公众利益的长期斗争中，他们费尽心思篡改的某些理论是如此巧妙，以致我们几乎永远不会发现。然而，事实并非如此。他们继续用同样的陈旧手段制造同样的惊人言论和具有欺骗性的文章。在这些诡计中，"假性相关"无疑位居前列。其概念十分简单，分为两步。其一为前提：如果 A 作用于 B，那么当 A 增加时，B 也增加。其二为诡辩①：如果 A 增加时 B 不增加，那么 A 就不会影响 B。在几乎所有情况下，这种机制都十分荒谬。事实上，只有当 A 是影响 B 的唯一因素时，这种假设才成立，而在"现实生活"中几乎不会出现这种情况。举个简单的例子。我骑着我的小排量摩托车行驶在平坦的道路上。当我踩下油门，速度就会增长。所以我得出结论，油门控制着车辆的速度。到目前为止，一切都没问题。但突然，道路陡然升高。我再次踩下油门，但摩托车的速度没有增加，甚至有所下降。我是否应该得出是油门让我的摩托车减速这个结论？当然不是。我前进的速度之所以较慢，是因为斜坡同样会影响速度，且与油门的作用相反。因为斜坡的作用大于油门的作用，所以摩托车的速度下降。任何从这一观察结果中得出结论"油门不能提速"的人需要立刻装上一个大脑。然而，这种概念混淆在媒体中无处不在，特别是在否认暴力内容对攻击性行为的影响时。在电子游戏领域尤其如此。除了已经提到的一般论述（没有达成共识，数据相互矛盾等），"假性相关"还被贩卖怀疑的商人用作核心论据。正因如此，似乎有必

---

① 该词意指"看似正确但实际上有误，且用于欺骗人们的论证"（https://dictionary.cambridge.org/dictionary/english/sophism）。我们在此谈论的是一种属于诡辩的相关性，它从真实前提出发，得出的却是错误的结论。

要简单地讨论一下这个问题。

在现实中，问题有多种形式。其一为跨国性的，正如最近的许多媒体"头条"所高声宣扬的那样："《侠盗猎车手》《使命召唤》等暴力电子游戏玩家较多的国家的谋杀案**更少**[①]"[574]，或者"在 10 个国家进行的对照研究表明，电子游戏和枪杀案之间没有或几乎没有联系"[575]。一位记者向我们解释道："如果电子游戏真的是万恶之源（没有任何一位严谨的研究人员曾这样说过），那么按逻辑来说，其后果之一就是有更多的枪杀案，而这并非事实……实际上，**电子游戏消费量最高的国家往往是世界上最安全的国家之一**[②]。"[576] 每当我口述之后，韦西耶女士（Madame Vessilier）[③] 这位出色的小学教师总喜欢温柔地笑称，阅读这些文章总比双目失明要好。实际上，这里的"逻辑"是非常荒谬的，只有在电子游戏是犯罪和暴力攻击的唯一原因时，它才具有意义，但事实显然并非如此。谁会认为，哪怕只有 1 秒钟，暴力电子游戏对攻击性行为的潜在促进作用可以抵消世界上最危险的国家中的政治、社会或宗教冲突？比起经常发生冲突的洪都拉斯（Honduras）、萨尔瓦多（Salvador）和伊拉克等国，日本的电子游戏更多，而谋杀案却更少[574, 577]，以此为由否定暴力游戏对攻击性行为的所有潜在影响是极为荒谬的。

当然，有些研究人员足够聪明，懂得避免蹩脚的夸张，将日本和美国等看似具有可比性的国家进行对比。因此，很容易得出结论：与日本相比，美国的谋杀案更多，而电子游戏更少。[575] 但这可能忘记了暴力的某些因素，其综合作用比电子游戏可能

---

① 原文中为大写字母。
② 原文中为粗体字。
③ 如果我拼错了她的名字，她能原谅我吗？

产生的影响大得多。这些因素在两国的表现形式十分不同：获得枪支（在美国几乎可以自由买卖）、经济条件（例如犯罪行为随着失业率和贫困率的上升而增加）、过早接触某些有机污染物（犯罪和铅中毒之间存在着显著联系）、年龄金字塔（人口老龄化越严重，犯罪率就越低）、警察人数和治安方法、精神药物的消费（犯罪行为随着酒精或高纯度可卡因消费量的增加而增加）等。[578—583] 如果不将这些风险因素纳入统计模型（回到我们最初的类比，忽略这些因素就相当于在评估摩托车油门的作用时忽略斜坡的影响），那就不可能论证暴力电子游戏在人口中的渗透程度与犯罪率毫无关系。换言之，尽管所有这些跨国关联研究符合"常识"，某些媒体也喜欢引用这些研究来证明暴力电子游戏的无害性，但它们毫无道理可言。

在另一个更常见的版本中，假性相关原则以一种纵向的形式呈现。例如，人们声称"暴力电子游戏的激增与青少年暴力犯罪的增加并不同时发生"[486]。换言之，"随着电子游戏销量的逐年攀升，暴力犯罪一直在减少"[584]。最近的一项研究确实证实这一观察结果的真实性。[585] 一家大型周刊写道："这项研究再一次否定了最常见的陈旧观念。"[586] 措辞虽然优美，但未免有些乐观。让我们对此进行简要的分析。

首先，相关研究只是表明，美国电子游戏销量的走向与犯罪案件的走向相反。自 20 世纪 90 年代初以来，前者急剧增加，而后者则大幅减少。这个结果令人欣喜，却毫无意义。事实上，在过去几十年里，许多因素共同促成了北美犯罪率的大规模下降：监禁率激增，警察人数增加，经济状况改善，某些主要的犯罪相关因素（酒精、毒品、铅等）减少，等等。[578, 580, 582] 很明显，这些因素的综合作用远远大于电子游戏的单一潜在影响。因此，在犯罪曲线整体下降的情况下，这些因素很可能产生重大的负面影响。更何况我们在这里讨论的不仅仅是暴力电子游戏，而是混合了所有类型的游戏，包括婴幼儿游戏、角色扮演游戏、战略游戏、街机游戏和体育游戏。这种混合显然最大限度地减少了观察到任何重要事物的可能性，而我们怎么谨慎都不为过。

也许是意识到了第一项研究的局限性，研究人员提出了第二项据称"更加精确"的分析。[586] 为此，他们试图将 3 款暴力游戏 [《侠盗猎车手：圣安地列斯》(*Grand Theft Auto: San Andreas*)、《侠盗猎车手 4》(*Grand Theft Auto IV*) 和《使命召唤：黑色行动》(*Call of Duty: Black Ops*)] 的销量和犯罪率的月度统计数据联系起来。正如文章所言，研究思路非常简单（可以说过于简单）："如果暴力电子游戏是严重暴力犯罪的原因，那么在这三款受欢迎的暴力电子游戏发行之后，严重和致死攻击事件很可能会增加。"[585] 然而，预期的增长情况并未出现。在每款游戏发行后的 12 个月内，暴力攻击事件的数量保持稳定，平均而言，杀人犯的数量在第 3、第 4 个月甚至略有下降。显然，研究人员无法解释这种结果。但这并不重要，因为问题并不在此。实际上，如果您仔细阅读了前面这句话，就会意识到我们在此处谈论的是一款游戏——唯一的和独一的一款游戏（三款游戏分别发行于 2004 年、2008 年和 2010 年，分析也随之重复了三次）——的发行。然而，每个月都有暴力游戏问世。以 2010 年 11 月发行且被研究人员用作参照的《使命召唤：黑色行动》为例。在这款游戏发行一年之前，许多大受欢迎的超级暴力电子游戏在不同的时间段发行①；在这款

---

① 《战地：叛逆连队 2》(*Battlefield: Bad Company 2*)、《战神 3》(*God of War 3*)、《光环：致远星》(*Halo: Reach*)、《丧尸围城 2》(*Dead Rising 2*)、《荣誉勋章》(*Medal of Honor*)、《辐射：新维加斯》(*Fallout: New Vegas*)、《电锯惊魂 2》(*Saw 2*) 等。

游戏发行一年之后同样如此[①]。因此，绝对没有理由认为一款游戏会显著提高犯罪率，除非这款特殊游戏的有害作用远大于其他所有游戏。换言之，只有当《使命召唤：黑色行动》的单独影响远大于其他所有游戏的综合影响，这里的逻辑才行得通，而我们至少可以说，这种假设是几乎不可能成立的。

为具体说明其缺陷所在，举一个简单的例子。一位水果商贩每个月都会根据到货情况组织一次或多次促销活动：1月（第1周：荔枝；第2周：细皮小柑橘；第4周：苹果）；2月（第2周：牛油果；第4周：菠萝）等。这位商贩想知道这些促销活动是否对营业额有影响。为此，他选择了一个参照物（柚子——3月的第1周）和一个时间段（6个月；实际上，他认为促销的影响也许会随着时间的推移而扩散，因为促销活动也许会让顾客想要购买非促销的柚子／让消费者认为可以再次光顾这家水果店，因为这家店经常有减价活动）。因此，商贩观察了其营业额在促销前后共6个月的变化。不出所料，他一无所获。然而，他的失败并不能说明促销活动对营业额没有影响，而是反映出他所使用的实验模型的愚蠢，因为这个模型没有考虑之前和之后的促销活动的影响。

这里提到的关于电子游戏的研究存在同样的方法论缺陷。实际上，如果在游戏发行前后的几个月和几周内没有同类游戏上市，该研究用于了解《使命召唤》是否会影响犯罪的逻辑方法才有意义。由于游戏发行的情况并非如此，因此不可能从该

---

① 《刺客信条：兄弟会》(*Assassin's Creed: Brotherhood*)、《战地：叛逆连队2-越南》(*Battlefield: Bad Company 2-Vietnam*)、《死亡空间2》(*Dead Space 2*)、《格斗之王》(*Mortal Kombat*)、《战争机器3》(*Gears of War 3*)、《黑暗之魂》(*Dark Souls*)、《上古卷轴5》(*The Elder Scrolls 5*)、《刺客信条：启示录》(*Assassin's Creed: Revelations*)等。

研究中得出任何结论，更何况很难相信玩家在《使命召唤》发行之前没有玩过其他游戏。实际上，为使推理成立，还需要确保《使命召唤》的发行会使玩家的游戏时间显著增加，而不是单纯使玩家更换游戏［例如，玩家突然放弃上个月发行的《荣誉勋章》(*Medal of Honor*)，转而玩最近发行的《使命召唤》］。而且就算我们承认玩家的游戏时间暂时增加，谁又能说这种增加足以使行为发生明显的变化？一方面，增幅可能太小，无法产生可察觉的影响；另一方面，这种影响也可能超过最佳的影响阈值（我们有理由认为，当每天的游戏时间暂时从 4 小时增至 5 小时，对行为的影响不会有太大的变化）。

　　简而言之，从科学角度而言，这种研究华而不实。但令人惊讶的是，一些科学期刊仍旧在其专栏中刊登这种无异于灾难的文章。对那些说客、贩卖怀疑的商人和寻求热度的媒体而言，这些"研究"正是天赐良机。因此，有些记者发表了惊人的抒情言论，称这些结论虽然"无法明确证实电子游戏对犯罪的有益影响，却推翻了（原文如此）虚拟暴力会助长现实暴力的普遍论点……这种陈词滥调由来已久。这种过于简单化的想法产生于清教徒的政治圈子，并迅速传播到社会的许多阶层，因为他们并不理解超出其理解范围的现象"[587]。这就是它的全部内容。就我个人而言，我不知道我是否是清教徒，是否不能理解，但我清楚地知道，在公共场合发表此类言论之前，最好以正确合理的研究为依据，当然，除非其目的不是告知，而是说服。实际上，这里讨论的假性相关，其主要作用在于为说客提供活动的依据。至少可以说，这些正派人士绝不会放弃利用这一资源的机会。[385, 588] 他们对思想的毒害似乎因此合情合理。但当其宣传开始依赖本应保证严肃客观的新闻报道时，情况就发生了变化。然而，一个简单的办法能够让我们免受此类操纵：如果有人告诉您两种现象互相独立，因为它们的变化显然是不相关的，那您就要格外小心了。问问您自己，这些现象是否由多种原因决定。如果答案是肯定的（在流行病学领域几乎总是如此），问问自己统计模型是否考虑了这些原因（即作为协变量包括在内）。如果答案是否定的，这可能表明，您刚刚听到的主张与其说是高尚的科学，不如说是可悲的戏言。

当司法介入

当然，还有美国最高法院在 2011 年做出的有利于电子游戏制造商的判决。[589] 一年前，这些制造商曾对加利福尼亚的一项法律提出异议，这项法律旨在"限制向未成年人（任何'未满18 周岁'的人）出售或出租暴力电子游戏"。在法院的 9 名法官中，有 7 人宣称该法律有违宪法。在判决理由中，安东宁·斯卡利亚（Antonin Scalia）法官就科学证据问题发表了两段简短的论述。在他看来，"加州的证据并不令人信服……他们没有证明暴力电子游戏会导致[①]未成年人出现攻击性行为（至少是攻击性行为的开端）。相反，'几乎所有研究都是基于相关性，而非因果关系证据，并且大多数研究都存在明显、公认的方法论缺陷'（美国影像软件业者协会，联邦汇编第 3 辑第 964 页）"。正如引号与引文出处所示，最后这句话出自电子游戏行业所撰写的文本（令人震惊！）。

显然，对那些相信电子游戏无害的人来说，这是一个意外

---

① 原文中为斜体。

的收获。但不幸的是，表象似乎不足以说明问题的全部真实性。实际上，与前面几句话的意思相反，这里讨论的案件不是在科学基础上进行评估，而是在政治基础上进行评估的。[501, 590, 591]因此，法官们没有质疑暴力电子游戏是否会对行为产生负面影响，而是质疑提出的法律是否符合与言论自由有关的美国宪法第一修正案。正如判决后的一篇学术文章所述，"撰写多数意见的法官（斯卡利亚）承认自己没有阅读任何支持加州法律的科学文章，而只是引用了娱乐软件行业的简报以支持自己的论点，即'证据无法令人相信暴力电子游戏是有害的'"[501]。此外，最高法院的法官斯蒂芬·布雷耶（Stephen Breyer）在判决附录中明确承认，最高法院的法官完全缺乏处理争端的科学基础："我和大多数法官一样缺乏社会科学专业知识，无法明确判断谁是对的。但是拥有这种专业知识的公共卫生专家协会审查了其中的许多研究，发现暴力电子游戏与传统的被动式媒介相比，更有可能对儿童造成伤害。"[589]这位法官的怀疑带着一丝黑色幽默，此外，他还将该判决与最高法院此前限制向未成年人出售含有裸体图像产品的意见联系起来。他写道："禁止向一个13岁的男孩出售含有女性裸体图片的杂志，同时允许向其出售交互式电子游戏，他可以在虚拟游戏中自发地捆绑这名女性，堵住她的嘴巴，然后折磨和杀掉她，这又有什么意义呢？只有①在这名女性——被捆绑、堵住嘴巴、折磨、杀害——也袒胸露乳时，政府才会限制向儿童出售这种极度暴力的电子游戏，什么样的第一修正案会允许政府这样做呢？本案与其说与审查制度有关，不如说是与教育有关。"[589]实际上，被电子游戏产业攻击的这

---

① 原文中为斜体。

项法律仅仅阻止了他人与父母争夺教育特权，其废除使全世界所有奉承他人以达成目的的极客都感到欣喜。正如另一位法官［克拉伦斯·托马斯（Clarence Thomas）］所言："法律所做的只是禁止未成年人的父母、祖父母、阿姨、叔叔或法定监护人以外的人直接向未成年人出售或出租暴力电子游戏。通常情况下，如果未成年人有父母或监护人，法律不会阻止该未成年人在其父母或监护人的帮助下获得暴力电子游戏。"[589] 但这对斯卡利亚法官来说太过苛求。实际上，他指出："国家无疑拥有保护儿童免受伤害的合法权力，但是这并不包括对儿童可能接触的思想做出限制的独立权力。"[589] ……因此，即便这些思想来自唯利是图的商业机构并且侵犯了父母的教育自由，情况也是如此。但我们应当保持理智：让后者自由选择可能会导致游戏的销量骤跌，而这可能令人非常担忧。正如加州的一位参议员明确表示的那样："最高法院再次将美国企业的利益置于儿童的利益之上。允许电子游戏产业将其利益置于父母的权利和儿童的福祉之上，这是完全错误的。"[591]

归根结底，最高法院的判决基于与言论自由有关的争论，而非基于科学依据的有效性。此外，对那些仍有怀疑的人来说，斯卡利亚法官（仍旧没有阅读相关研究）对判决做了如下总结："我们没有理由对加州立法机关的观点做出判断，即暴力电子游戏（或者是任何其他表达形式）会使年轻人变得堕落或者对其品德发展造成伤害。我们的任务仅在于说明这些作品是否构成了'定义明确且范围狭窄的言论类别，预防和惩罚此类言论从未被认为会引起任何宪法问题'（答案显然是否定的）。"[589] 一年前，最高法院曾用类似的理由放弃了一项联邦法律，该法律规定创作、出售和自制含有故意虐待活体动物行为（肢解、伤害、折磨、杀害等）的图像为犯罪行为。换言之，在美国，第一修正案赋予公民购买含有殴打、折磨、焚烧或肢解动物视频的权利。它还允许向 5 岁、6 岁或 8 岁的孩子出售暴力游戏。正如其中一位法官所承认的那样（但他还是投票反对加州）："其中的暴力令人震惊。大量受害者被各种可以想象的工具杀害，包括机枪、猎枪、棍棒、锤子、斧头、剑和链锯。他们被肢解、斩首、开膛破肚、烧死并被剁成小块。他们痛苦地嚎叫并乞求怜悯。鲜血喷涌飞溅，汇流成河……有些游戏能够让玩家扮演科隆比纳高中和弗吉尼亚理工大学血案的凶手并重演其杀戮。一款游戏的目标是强奸一对母女，另一款游戏的目标是强奸美洲原住民妇女。还有一款游戏让玩家参与'种族清洗'，他们可以选择枪杀非裔美国人、拉丁裔美国人或犹太人。另有一款游戏，在肯尼迪总统的车队经过得克萨斯州教科书仓库大楼时，需要玩家用步枪射击总统的头部。"[589] 是的，在美国，这一切都受到言论自由的保护。而对最高法院的法官来说，这使游戏制造商向未成年人自由出售商品的权利变得合法，这些游戏的内容和模式对幼儿园或小学阶段儿童的社会表征和心理发育可能产生的影响并不重要。请不要说这是父母的责任，因此国家不必干预此事：这项法律所要求的实际上只是允许充分表达这种责任。

小 结

在本节中，应该记住的是，数字娱乐产品消费对儿童和青少年的健康具有极为负面的影响，其危害尤其体现在三个方面。

第一，电子产品严重影响睡眠，而睡眠是发育的基本支柱，更不用说是至关重要的支柱。当睡眠受到影响，个体的各个方面都会受到影响，包括身体、情感和智力。如今，这个问题的严重性被低估的程度令人十分惊讶（和担忧）。

第二，电子产品通过显著减少身体活动水平而大大增加了久坐行为。然而，为使身体得到最佳发育并且保持健康，需要大量的积极运动。久坐会杀死我们！运动则会塑造我们！不仅在身体方面，运动对我们的情感和智力功能都有重大影响。但奇怪的是，在关于儿童使用电子产品的争论中，这个问题被再次遗忘。

第三，所谓的"危险"内容（性、吸烟、酗酒、肥胖症、暴力等）充斥着数字空间，无一媒介幸免。然而，对儿童和青少年而言，这些内容是标准的重要制定者（通常是在其无意识的情况下），告诉人们事情该是什么样子（例如，告诉一名"正常"的高中生吸烟和性行为是什么——却不关心避孕措施问题）。一旦被接受，这些规范就会对行为产生重大影响（例如，影响高中生吸烟或进行无保护措施性行为的概率）。

结　语

勇敢新世界中的古老旧大脑

今天迈出的每一步都是你明天的人生。[1]

——威廉·赖希（Wilhelm Reich），
精神病学家、精神分析学家

有人说写作使人平静，恐怕并不总是如此，文字有时只会增长内心的不安。我们满怀真诚地开始一件事，每一步都迈得小心谨慎，最终却深感震惊。本书就是一个很好的例子。最初，以我未成体系的目录学知识来看，我只是隐约有一种不确定感。后来，一方面面对越来越多令人不安的科学研究，另一方面面对大量愈发自满的公开言论，犹豫逐渐变为发自内心的愤怒。我们对儿童所做的事情是不可原谅的。在人类历史上，或许从未有过如此大规模的"大脑切除术"实验。

　　最近有人说我"鄙视"年轻一代，没有什么比这种无稽之谈更虚假的了。如果我鄙视这些孩子，我就会冷静地恭维他们以获取他们的信任。我会对他们说，他们都是拥有超凡大脑的变种人，我会建议他们使用各种不靠谱（却可以得到银行担保）的"教育"应用软件。我会赞扬他们出色的创造力，同时悄悄向可以给我带来金钱收益的客户解释说，这些孩子的注意力系统已被损毁至此，任何超过 10 秒钟的广告都注定要遭受失败。我会赞美他们的数字天赋，同时想方设法地保护自己的后代免受这种可怕的疯狂行为的影响。我会惊叹于他们惊人的词汇创造力，而不会为其令人不安的语言贫乏程度感到遗憾。总之，如果我鄙视这些孩子，我就不会写这本书，而是会写一部大献殷勤、卑鄙得令人厌恶、表示赞同的美化传记。我本可以将自己的言语和审慎卖给寻求科学认可的电子学习产品或电子游戏制造商。我本可以成为"顾问"，我的热心本可以得到丰厚的报酬，我本可以前往各种电视节目的摄影棚和新闻发布室。

　　事实上，我之所以写这本书，不是因为我鄙视这些孩子，而是因为我爱他们，尊重他们。在很大程度上，我的人生已经定型，而他们的人生仍大有希望，这种希望不该受到侵犯。然而，我们正将这种希望置于利益的祭坛之上大肆破坏。大约40年前，尼尔·波兹曼写道："儿童是我们发送给一个我们看不见的时代的活生生的信息。"[2] 鉴于这种十分美好的图景，我们也许应该问问自己，我们想要发送什么样的信息以及建立什么样的社会。现在的世界所预示的社会似乎越来越像赫胥黎的《美丽新世界》（*Brave New World*）中的反乌托邦图景。一方面是"阿尔法"：由少数拥有特权的儿童组成的社会阶层，这些儿童免受娱乐狂欢的危害，具有坚实的人际、语言、情感和文化资本。另一方面是"伽马"：由绝大多数出身贫寒的儿童组成的社会阶层，他们被剥夺了基本的思想和智力工具。这一由虔诚的执行者构成的低级社会阶层操持着奥威尔口中的"新话"，被愚蠢的娱乐变得迟钝，却为自己的命运感到欣喜。对那些想要毫不犹豫地规避这种风险的人，简单回想本书所阐述的主要内容也许不无用处。

记住什么？

　　应该记住四个主要结论。

第一，在电子产品的使用方面，公众接收的信息尤其缺乏严谨性和可靠性。出于对工作效率的迫切需求，许多记者根本没有时间深入理解问题，因而一方面其文章无法抓住要点，另一方面其本身无法区分有资质的专家和无资质或被收买的消息来源。

第二，年轻一代的数字娱乐消费不仅仅是"极端"或"过度"，同样是荒唐且失控的。这种过量消费消耗了大量时间，并且会损害各种对发展至关重要的活动，例如睡眠、阅读、家庭内部交流、学校作业、运动或艺术实践等。

第三，这种毁灭性的数字狂欢会严重损害我们后代的智力、情感和健康。从严格的流行病学角度来看，从这些数据中得出的结论非常简单：数字娱乐产品绝对是一场灾难。所有位列同一"族谱"上的疾病（肥胖症、睡眠障碍、吸烟、暴力、注意力障碍、语言发育迟缓、焦虑、记忆等）都得到了大量研究者的研究。而利润丰厚的电子产品却并非如此，只有偶尔发出的委婉警告和"理性警惕"的呼吁。

第四，数字娱乐产品的影响之所以如此有害，主要是因为我们的大脑不适应冲击它的数字狂潮。大脑为了构建自己，需要感官上的节制、人际交往、身体活动、睡眠、有益的认知养料。然而，无处不在的电子产品构成了一个相反的世界：持续的感官轰炸，人际交往的崩溃（尤其是在家庭内部），对睡眠时长和质量的干扰，久坐行为的增加，智力刺激长期不足。受这种有害环境的影响，大脑就会受损并且无法得到良好的构建。换言之，大脑继续运转，这很明显，但是远未发挥其全部潜力。更可悲的是，儿童期和青春期特有的大脑可塑性时期并不会永远持续。一旦错过，这一时期永远不会回归。已经浪费的东西就会永远失去。于是，频繁提出的现代性论点就呈现出荒谬的一面。大批进步主义者告诉我们："应该与时俱进。"这毋庸置疑……但我们应该告诉我们的大脑，时代已经改变，因为几个世纪以来，大脑从未发生丝毫改变。而且，不幸的是，大脑需要数万年的时间才能完全适应新的数字环境（如果它能做到的话）！在此之前，情况不会好转，现实仍然令人无法忍受。也许不可避免的教育系统数字化的支持者也应该意识到这一点。迄今为止，只有一个因素会对学生的未来产生真正积极而深远的影响：有资质且有经验的教师。这是全球所有最高效的教育系统的唯一共同之处。

提笔至此，我意识到，正如索福克勒斯（Sophocles）在《安提戈涅》（Antigone）中所言："人们一点都不喜欢那些带来坏消息的人。"[4] 我当然希望事情有所不同，我当然希望科学文献能够更加积极，更加鼓舞人心，让人少些担忧，但情况并非如此。有些人免不了会为本书"危言耸听"的性质感到遗憾，立此为证。但平心而论，本书提出的内容难道没有值得警惕之处吗？相信每个人都会做出自己的判断。

做什么？

那么应该做些什么呢？我认为需要做两件事。首先，不要任由事态发展。没有什么是不可避免的。作为公民和家长，我们有选择权，没有什么能够迫使我们让孩子遭受所有这些数字娱乐工具的损害。诚然，抵制并不容易，但总是有可能的，许多人采取了行动，特别是较为优越的阶层。我当然听说过社会弃儿的知名故事，这个饱受折磨的人由于无法接触社交网络、在线游戏和"共同的数字文化"的好处而遭到同龄人的孤立和排斥。此外，在同父母协商购买智能手机、平板电脑或游戏机时，儿童和青少年非常清楚从这种言论中可以获取的所有好处。但实际上，这种虚假宣传是站不住脚的。迄今为止，没有任何研究表明，不使用数字娱乐产品会导致儿童被社会孤立或出现任何情感障碍！另一方面，许多研究指出了这一严重不利影响，即使用这些工具会导致孩子出现抑郁和焦虑症状。换言之，不使用电子产品不会对儿童造成伤害，而使用则会。在二者之间，做出何种选择似乎十分明确；更何况我们并非禁止儿童接触任何电子产品，而是确保他们的使用时长低于会产生损害的阈值。

一旦否决了站不住脚的言论，教育行为就能够重获其权利。父母可以实施具体的电子产品使用规则。基于贯穿全书的所有观点，我们可以牢记七项基本规则。显然，每位家长可以根据孩子的特点及家庭环境来进行调整。

七项基本规则

6 岁之前

· **不使用电子产品**。为了健康成长，幼儿不需要电子产品。他们需要有人与之交谈，为他们读故事，给他们提供书籍。他们需要无聊、玩耍、拼图、搭建乐高房屋、奔跑、跳跃、唱歌。他们需要画画、运动、音乐等。所有这些活动（以及其他类似的活动）比任何数字娱乐产品都能更可靠、更有效地构建大脑，更何况在幼儿期不接触电子产品不会产生任何短期或长期的负面影响。换言之，儿童不会因为在 6 岁之前没有接触过电子产品就变成数字白痴，恰恰相反。他们在远离电子产品的情况下开发的技能将帮助他们在此后充分利用数字技术所能提供的更加积极的用途。

6 岁之后

· **每天不超过 30 分钟至 1 小时（包括所有电子产品！）。** 也许本书中"唯一"的好消息就是这一点！在使用时间适度的情况下，电子产品是无害的（当然，前提是内容适当且睡眠充足）。特别是在每天的使用时长少于 30 分钟时，电子产品似乎没有任何可察觉的负面影响。时长介于 30 分钟和 1 小时之间，损害会出现，但这些损害似乎足够微弱，可以容忍。基于这些数据，按年龄分级可能是一个谨慎的方法：12 岁之前每日最多使用 30 分钟，12 岁后每日最多使用 60 分钟。请父母注意，现在几乎所有数字媒介（平板电脑、智能手机、游戏机、电脑、电视、网络机顶盒等）都有实用有效的时间控制系统可供选择，或有相关应用软件可供下载。一旦达到了预设的每日使用时长上限，设备就会被锁住。尽管如此，有些家长似乎认为"完全不使用电子产品比短时间使用电子产品更容易"。这与一位母亲最近在《纽约时报》中发表的观点如出一辙，她此前是一位社交计算研究员，并与脸书的一位工程师结婚。[5] 这个选择似乎更有意思，因为这既不会对儿童造成损害（正如我们已经指出的），又能避免父母和儿女之间的许多冲突。这有些像吃零食，在家中没有巧克力时不吃巧克力往往比控制自己只吃一小块巧克力更容易。[6]

• **不让电子产品出现在卧室。**卧室中的电子产品有特别不利的影响。它们会增加使用时间（尤其会损害睡眠），促使儿童访问不当内容。卧室应该是摆脱所有电子产品的庇护所。为了回应一个常常听到的反对意见，需要声明的是，有些性能良好的闹钟两三欧元即可购得……不需要智能手机来代替它们（可以安心将智能手机放在客厅）。

• **不访问不当内容。**无论是短片、电影、电视剧还是电子游戏，与暴力、性、吸烟、酗酒等有关的内容都会对儿童和青少年的世界观产生深刻影响。至少，遵守年龄分级制度十分重要（请注意某些分级制度的惊人宽容度，例如法国的分级制度就表现出与现实不符的宽容度）。同样，在几乎所有数字媒介上都有一些应用软件，很容易限制儿童对不当内容的访问。当然，儿童还可以通过朋友这一第三方的智能手机、电脑或平板电脑来接触这些内容，这是不可控的。因此，与孩子（包括青少年！）谈论这个问题至关重要。这并非万无一失，可惜这是唯一的选择……因为当局不屑于严格管控未成年人对极端暴力、色情、种族主义和其他内容的接触。

• **不在早上上学前使用电子产品。**"刺激性"的内容尤其会持续损害儿童的认知能力。每天早上，让孩子在安静的环境里出神、发呆和吃早餐；听他们说话，和他们聊天等。他们的学习成绩将会大幅提升。

• **不在晚上入睡前使用电子产品。**"晚间"的电子产品会严重影响睡眠时间（睡得更晚）和睡眠质量（睡得不好）。"刺激性"的内容尤为有害。在睡前至少 1.5 小时关闭所有电子产品。

• **一心一意。**最后一点，但也同样重要。电子产品应单独使用（一次做一件事）。在吃饭、做作业以及和家人聊天时，应将其放在接触不到的地方。发育中的大脑越是频繁进行多任务处理，就越是容易分心。此外，同时处理的事情越多，效率就越低，学到和记住的东西也越少。最后，我们的大脑并不真正适合现代化的数字实践。

使用电子产品越少，生活越缤纷多彩

　　这些规则虽有约束性，但它们绝非虚幻离奇的想法。正如我们所见，这些规则非常有效。至于被电子产品夺走的时间，我们应该使其恢复生命力。这并不简单，也无法立刻见效，因为整个家庭生态都需要重构。但如果家长意志坚定，孩子也会适应；最终，"空虚"的时间会被新的活动填满：聊天、交流、睡觉、运动、弹奏乐器、构图、涂色、雕刻、跳舞、唱歌、上戏剧课，当然还有阅读。如果孩子确实对书籍不感兴趣，那么他们可以翻看漫画。一些漫画拥有惊人的创造力和丰富的语言表达。

　　最后，如果这些都难以实现，如果您的孩子大发雷霆、怪罪于您，不要忘记一件事：当他们长大成人，他们中的许多人会为您曾提供了丰富多彩的体育、思想和文化活动而非贫乏有害的电子产品而对您感激不尽。就在最近，我的一个最优秀的学生对我说，电子产品（特别是智能手机和电子游戏）曾经是造成他和父母关系紧张的主要原因。但时过境迁，如今的他十分感激父母当时并未就此"放松"。

一线希望？

"以蝇攻象"——在大约 500 年前，塞巴斯蒂安·卡斯特利
奥（Sébastien Castellion）用此形容他在日内瓦发起的反对新
教改革主要人物约翰·加尔文（Jean Calvin）的宗教激进主义
和疯狂独裁行为的斗争。[7] 4 年前开始撰写本书时，我首先想到
的正是这句话。数字潮流的发展达到了顶点，如此强大，似乎
坚不可摧。随后，事情开始发生变化。反对电子产品之风渐起，
特别是儿童专家变得更加犹豫。教师、正音科医生、学生家长、
儿科医生以及校医工会和协会都与我联系。每一次都是同样的
言论，同样的观察结果，同样的问题，以及同样的对问题束手
无策的无奈。这种评定显然并无"科学"之处，却让人坚信怀
疑逐渐兴起。可以说现实不可否认，灾难已经开始显现。

不安感主要出现在与年轻一代直接接触的人心中，这并非
偶然。这些专家以惊人的敏锐度描述了本书呈现的所有问题：
注意力、语言、冲动、记忆、攻击性、睡眠、学习成绩等。这
既是对现在的悲叹，也是对未来的鼓舞。的确，人们似乎逐渐
意识到了问题所在。我真诚地希望本书将有助于它的传播。

参考文献

献词页

1. de Tocqueville A., *De la Démocratie en Amérique*, Michel Lévy Frères, 1864.

序 言

1. Braque G., *Le jour et la nuit* [FR], Gallimard, 1952.
2. Schleicher A., in « Une culture qui libère ? [FR] », Round table organized by the newspaper *Libération*, Université catholique de Lyon, 19 septembre 2016.
3. Carter C., « Head teachers to report parents to police and social services if they let their children play Grand Theft Auto or Call of Duty », dailymail.co.uk, 2015.
4. OECD, « PISA 2018 Results (Volume 1) », oecd.org, 2019.
5. Phillips T., « Taiwan orders parents to limit children's time with electronic games », telegraph.co.uk, 2015.
6. Hernandez J. *et al.*, « 90 Minutes a Day, Until 10 P.M.: China Sets Rules for Young Gamers », nytimes.com, 2019.
7. Bilton N., « Steve Jobs Was a Low-Tech Parent », nytimes.com, 2014.
8. Bowles N., « A Dark Consensus About Screens and Kids Begins to Emerge in Silicon Valley », nytimes.com, 2018.
9. Richtel M., « A Silicon Valley School That Doesn't Compute », nytimes.com, 2011.
10. Bowles N., « The Digital Gap Between Rich and Poor Kids Is Not What We Expected », nytimes.com, 2018.
11. Erner G., « Les geeks privent leurs enfants d'écran, eux [FR] », huffingtonpost.fr, 2014.
12. Tapscott D., « New York Times Cover Story on "Growing Up Digital" Misses the Mark », huffingtonpost.com, 2011.
13. Bauerlein M., *The Dumbest generation*, Tarcher/Penguin, 2009.
14. Oreskes N. *et al.*, *Merchants of doubt*, Bloombury, 2010.
15. Petersen A.M. *et al.*, « Discrepancy in scientific authority and media visibility of climate change scientists and contrarians », *Nat Commun*, 10, 2019.
16. Glantz S.A. *et al.*, *The Cigarette Papers*, University of California Press, 1998.
17. Proctor R., *Golden Holocaust*, UCP, 2012.
18. Angell M., *The Truth About the Drug Companies*, Random House, 2004.
19. Mullard A., « Mediator scandal rocks French medical community », *Lancet*, 377, 2011.
20. Healy D., *Pharmageddon*, UCP, 2012.
21. Goldacre B., *Bad Pharma*, Fourth Estate, 2014.
22. Gotzsche P., *Deadly psychiatry and organized denial*, People's Press, 2015.
23. Leslie I., « The sugar conspiracy », theguardian.com, 2016.
24. Holpuch A., « Sugar lobby paid scientists to blur sugar's role in heart disease – report », theguardian.com, 2016.

25. Kearns C.E. *et al.*, « Sugar Industry and Coronary Heart Disease Research: A Historical Analysis of Internal Industry Documents », *JAMA Intern Med*, 176, 2016.
26. Cunningham A. *et al.*, *Book Smart*, Oxford University Press, 2014.
27. Cunningham A. *et al.*, « What reading does for the mind », *Am. Educ.*, 22, 1998.

第一章
1. Esquiros A., *L'Esprit des Anglais*, Hachette, s.d.
2. Kirschner P. *et al.*, « Do Learners Really Know Best? Urban Legends in Education », *Educ Psychol*, 48, 2013.
3. Serres M., *Petite Poucette* [FR], Le Pommier, 2012.
4. Tapscott D., *Grown Up Digital*, Mc Graw Hill, 2009.
5. Veen W. *et al.*, *Homo Zappiens: Growing up in a digital age*, Network Continuum Education, 2006.
6. Brown J.S., « Growing Up Digital », *Change*, 32, 2000.
7. Prensky M., « Digital Natives, Digital Immigrants (part 1) », *On The Horizon*, 9, 2001.
8. Fourgous J., *Réussir à l'école avec le numérique* [FR], Odile Jacob, 2011.
9. Ségond V., « Les "digital natives" changent l'entreprise [FR] », lemonde.fr, 2016.
10. Prensky M., « Listen to the natives », *Educational Leadership*, 63, 2006.
11. « Le cerveau des natifs du numérique en 50 secondes [FR] », lemonde.fr, 2015.
12. Davidenkoff E., *Le Tsunami numérique* [FR], Stock, 2014.
13. Prensky M., *Teaching Digital Natives*, Corwin, 2010.
14. Khan S., *The One World Schoolhouse*, Twelve, 2012.
15. Fourgous J., « Oser la pédagogie numérique ! [FR] », lemonde.fr, 2011.
16. Reynié D., in « "Apprendre autrement" à l'ère numérique. Rapport de la mission parlementaire de Jean-Michel Fourgous [FR] », La Documentation française, 2012.
17. Tapscott D., « Educating the net generation », *Educational Leadership*, 56, 1999.
18. Kirschner P. *et al.*, « The myths of the digital native and the multitasker », *Teach Teach Educ*, 67, 2017.
19. De Bruyckere P. *et al.*, *Urban myth about learning and education*, Academic Press, 2015.
20. Gallardo-Echenique E. *et al.*, « Let's Talk about Digital Learners in the Digital Era », *Int Rev Res Open Distrib Lear*, 16, 2015.
21. Jones C., in *Reshaping learning* (eds. Huang R. *et al.*), « The new shape of the student », Springer, 2013.
22. Jones C. *et al.*, « The net generation and digital natives », *Higher Education Academy, York*, 2011.
23. Bullen M. *et al.*, « Digital Learners in Higher Education », *Can J Learn Tech*, 37, 2011.
24. Brown C. *et al.*, « Debunking the 'digital native' : beyond digital apartheid, towards digital democracyjcal », *J Comput Assist Lear*, 26, 2010.
25. Bennett S. *et al.*, « Beyond the 'digital natives' debate: Towards a more nuanced understanding of students' technology experiences », *J Comput Assist Lear*, 26, 2010.
26. Bennett S. *et al.*, « The 'digital natives' debate », *Br J Educ Tech*, 39, 2008.
27. Selwyn N., « The digital native – myth and reality », *Aslib Proc*, 61, 2009.
28. Calvani A. *et al.*, « Are young generations in secondary school digitally competent? », *Comput Educ*, 58, 2012.
29. Tricot A., in Miller M., « Etre un "digital native" ne rend pas meilleur pour prendre des notes [FR] », lemonde.fr, 2018.
30. Kennedy G. *et al.*, « Beyond natives and immigrants », *J Comput Assist Lear*, 26, 2010.

31. Bekebrede G. *et al.*, « Reviewing the need for gaming in education to accommodate the net generation », *Comput Educ*, 57, 2011.

32. Jones C. *et al.*, « Net generation or Digital Natives », *Comput Educ*, 54, 2010.

33. Zhang M., « Internet use that reproduces educational inequalities », *Comput Educ*, 86, 2015.

34. Lai K. *et al.*, « Technology use and learning characteristics of students in higher education: Do generational differences exist? », *Brit J Educ Tech*, 46, 2015.

35. Rideout V., « The common sense census : Media use by tweens and teens », Common sense media, 2015.

36. Fraillon J. *et al.*, « Preparing for Life in a Digital Age (International Computer and Information Literacy Study) », Springer Open, 2014.

37. Demirbilek M., « The 'Digital Natives' Debate », *Eurasia J Math Sci Tech*, 10, 2014.

38. Romero M. *et al.*, « Do UOC Students Fit in the Net Generation Profile? », *Int Rev Res Open Distrib Lear*, 14, 2013.

39. Hargittai E., « Digital Na(t)ives? Variation in Internet Skills and Uses among Members of the "Net Generation" », *Sociol Inq*, 80, 2010.

40. Nasah A. *et al.*, « The digital literacy debate », *Educ Tech Res Dev*, 58, 2010.

41. Rideout V. *et al.*, « The common sense census : Media use by tweens and teens », Common sense media, 2019.

42. Stoerger S., « The digital melting pot », *First Monday*, 14, 2009.

43. « Evaluating Information: The Cornerstone of Civic Online Reasoning», Report from the Stanford History Education Group, Stanford History Education Group, 2016.

44. « Computerkenntnisse der ÖsterreicherInnen (Austrian Computer Society) », Austrian Computer Society, 2014.

45. « Security of the digital natives», Tech and Law Center Project, 2014.

46. « Information behaviour of the researcher of the future », University College London, 2008.

47. Johnson L. *et al.*, « Horizon Report Europe: 2014 Schools Edition », Publications Office of the European Union & The New Media Consortium, 2014.

48. Rowlands I. *et al.*, « The Google generation », *Aslib Proc*, 60, 2008.

49. Thirion P. *et al.*, « Enquête sur les compétences documentaires et informationnelles des étudiants qui accèdent à l'enseignement supérieur en Communauté française de Belgique [FR] », enssib.fr, 2008.

50. Julien H. *et al.*, « How high-school students find and evaluate scientific information », *Libr Inform Sci Res*, 31, 2009.

51. Gross M. *et al.*, « What's skill got to do with it? », *J Am Soc Inf Sci Technol*, 63, 2012.

52. Perret C., « Pratiques de recherche documentaire et réussite universitaire des étudiants de première année [FR] », *Carrefours de l'éducation*, 35, 2013.

53. Dumouchel G. *et al.*, « Mon ami Google [FR] », *Can J Learn Tech*, 43, 2017.

54. TNS Sofres « Les Millennials passent un jour par semaine sur leur smartphone [FR] », tns-sofres.com, 2015.

55. Lhenart A., «Teens, Social Media & Technology Overview 2015 », Pew Research Center, 2015.

56. Rideout V. *et al.*, « Generation M2 : Media in the lives of 8-18 year-olds », Kaiser Family Foundation, 2010.

57. Dumais S., « Cohort and gender differences in extracurricular participation », *Sociol Spectr*, 29, 2009.

58. Lauricella A. et al., « The common sense census : Plugged in parents of tweens and teens »,

Common sense media, 2016.

59. Ofcom, « Adults' media use and attitudes (report 2016) », ofcom.org, 2016.

60. Greenwood S. et al.,« Social Media Update 2016 », Pew Research Center, 2016.

61. Anderson M.. et al.,« Tech Adoption Climbs Among Older Adults », Pew Research Center, 2017.

62. Richtel M., « A Silicon Valley School That Doesn't Compute », nytimes.com, 2011.

63. AAP, « Media and Young Minds. American Academy of Pediatrics. Council on Communications and Media », *Pediatrics*, 138, 2016.

64. Christodoulou D., *Seven Myths About Education*, Routledge, 2014.

65. *Paroles de poilus* [FR], J'ai Lu, 2013.

66. Fourgous J., « Réussir l'école numérique. Rapport de la mission parlementaire sur la modernisation de l'école par le numérique [FR] », La Documentation française, 2010.

67. Fourgous J., « "Apprendre autrement" à l'ère numérique. Rapport de la mission parlementaire de Jean-Michel Fourgous [FR] », 2012.

68. Small G. *et al.*, *iBrain*, HarperCollins, 2009.

69. Fourgous J., *Réussir à l'école avec le numérique*, Odile Jacob, 2011.

70. Des Deserts S., « Nos enfants, ces mut@nts [FR] », nouvelobs.com, 2012.

71. Serres M., *Petite Poucette*, Le Pommier, 2012.

72. Small G. *et al.*, in *Digital divide* (ed. Bauerlein M.), « Your brain is evolving riht now », Penguin, 2011.

73. Bisson J., « Le cerveau de nos enfants n'aura plus la même architecture [FR] », lefigaro.fr, 2012.

74. Prensky M., *Brain Gain*, St Martin's Press, 2012.

75. Kuhn S. *et al.*, « Amount of lifetime video gaming is positively associated with entorhinal, hippocampal and occipital volume », *Mol Psychiatry*, 19, 2014.

76. Kuhn S. *et al.*, « Playing Super Mario induces structural brain plasticity », *Mol Psychiatry*, 19, 2014.

77. Kuhn S. *et al.*, « Positive association of video game playing with left frontal cortical thickness in adolescents », *PLoS One*, 9, 2014.

78. Gong D. *et al.*, « Enhanced functional connectivity and increased gray matter volume of insula related to action video game playing », *Sci Rep*, 5, 2015.

79. Tanaka S. *et al.*, « Larger right posterior parietal volume in action video game experts », *PLoS One*, 8, 2013.

80. « Jouer à Super Mario augmente le volume de matière grise [FR] », lexpress.fr, 2013.

81. Gracci F., « Les adeptes des jeux vidéos ont plus de matière grise et une meilleure connectivité cérébrale [FR] », science-et-vie.com, 2015.

82. DiSalvo D., « The Surprising Connection Between Playing Video Games And A Thicker Brain », forbes.com, 2014.

83. Bergland C., « Video Gaming Can Increase Brain Size and Connectivity », psychologytoday.com, 2013.

84. Costandi M., *Neuroplasticity*, MIT Press, 2016.

85. Draganski B. *et al.*, « Neuroplasticity », *Nature*, 427, 2004.

86. Munte T.F. *et al.*, « The musician's brain as a model of neuroplasticity », *Nat Rev Neurosci*, 3, 2002.

87. Becker M.P. *et al.*, « Longitudinal changes in white matter microstructure after heavy cannabis use », *Dev Cogn Neurosci*, 16, 2015.

88. Preissler S. *et al.*, « Gray matter changes following limb amputation with high and low

intensities of phantom limb pain », *Cereb Cortex*, 23, 2013.
89. Maguire E.A. *et al.*, « Recalling routes around london », *J Neurosci*, 17, 1997.
90. Takeuchi H. *et al.*, « The impact of television viewing on brain structures », *Cereb Cortex*, 25, 2015.
91. Takeuchi H. *et al.*, « Impact of reading habit on white matter structure », *Neuroimage*, 133, 2016.
92. Killgore W.D. *et al.*, « Physical exercise habits correlate with gray matter volume of the hippocampus in healthy adult humans », *Sci Rep*, 3, 2013.
93. Fritel J., « Jeux vidéo : les nouveaux maîtres du monde [FR] », documentaire Arte, 15/11/2016.
94. Kanai R. *et al.*, « The structural basis of inter-individual differences in human behaviour and cognition », *Nat Rev Neurosci*, 12, 2011.
95. Shaw P. *et al.*, « Intellectual ability and cortical development in children and adolescents », *Nature*, 440, 2006.
96. Schnack H.G. *et al.*, « Changes in thickness and surface area of the human cortex and their relationship with intelligence », *Cereb Cortex*, 25, 2015.
97. Luders E. *et al.*, « The link between callosal thickness and intelligence in healthy children and adolescents », *Neuroimage*, 54, 2011.
98. Takeuchi H. *et al.*, « Impact of videogame play on the brain's microstructural properties », *Mol Psychiatry*, 21, 2016.
99. Li W. *et al.*, « Brain structures and functional connectivity associated with individual differences in Internet tendency in healthy young adults », *Neuropsychologia*, 70, 2015.
100. « Brain regions can be specifically trained with video games », sciencedaily.com, 2013.
101. Boehly A., « Super Mario joue sur notre cerveau [FR] », sciencesetavenir.fr, 2013.
102. Richardson A. *et al.*, « Video game experience predicts virtual, but not real navigation performance », *Comput Hum Behav*, 27, 2011.
103. West G.L. *et al.*, « Impact of video games on plasticity of the hippocampus », *Mol Psychiatry*, 2017.
104. Tanji J. *et al.*, « Role of the lateral prefrontal cortex in executive behavioral control », *Physiol Rev*, 88, 2008.
105. Matsumoto K. *et al.*, « The role of the medial prefrontal cortex in achieving goals », *Curr Opin Neurobiol*, 14, 2004.
106. Funahashi S., « Space representation in the prefrontal cortex », *Prog Neurobiol*, 103, 2013.
107. Ballard I.C. *et al.*, « Dorsolateral prefrontal cortex drives mesolimbic dopaminergic regions to initiate motivated behavior », *J Neurosci*, 31, 2011.
108. Weinstein A. *et al.*, « Internet addiction or excessive internet use », *Am J Drug Alcohol Abuse*, 36, 2010.
109. Weinstein A. *et al.*, « New developments in brain research of internet and gaming disorder », *Neurosci Biobehav Rev*, 75, 2017.
110. Meng Y. *et al.*, « The prefrontal dysfunction in individuals with Internet gaming disorder », *Addict Biol*, 20, 2015.
111. Kuss D.J. *et al.*, « Neurobiological Correlates in Internet Gaming Disorder: A Systematic Literature Review », *Front Psychiatry*, 9, 2018.
112. Yuan K. *et al.*, « Cortical thickness abnormalities in late adolescence with online gaming addiction », *PLoS One*, 8, 2013.

113. Juraska J.M. *et al.*, « Pubertal onset as a critical transition for neural development and cognition », *Brain Res*, 1654, 2017.

114. Konrad K. *et al.*, « Brain development during adolescence », *Dtsch Arztebl Int*, 110, 2013.

115. Selemon L.D., « A role for synaptic plasticity in the adolescent development of executive function », *Transl Psychiatry*, 3, 2013.

116. Sisk C.L., « Development: Pubertal Hormones Meet the Adolescent Brain », *Curr Biol*, 27, 2017.

117. Caballero A. *et al.*, « Mechanisms contributing to prefrontal cortex maturation during adolescence », *Neurosci Biobehav Rev*, 70, 2016.

118. Caballero A. *et al.*, « GABAergic Function as a Limiting Factor for Prefrontal Maturation during Adolescence », *Trends Neurosci*, 39, 2016.

119. Paus T. *et al.*, « Why do many psychiatric disorders emerge during adolescence? », *Nat Rev Neurosci*, 9, 2008.

120. Sawyer S.M. *et al.*, « Adolescence: a foundation for future health », *Lancet*, 379, 2012.

121. Oei A.C. *et al.*, « Are videogame training gains specific or general? », *Front Syst Neurosci*, 8, 2014.

122. Przybylski A.K. *et al.*, « A large scale test of the gaming-enhancement hypothesis », *PeerJ*, 4, 2016.

123. van Ravenzwaaij D. *et al.*, « Action video games do not improve the speed of information processing in simple perceptual tasks », *J Exp Psychol Gen*, 143, 2014.

124. Jäncke L. *et al.*, « Expertise in Video Gaming and Driving Skills », *Z Neuropsychol*, 22, 2011.

125. Gaspar J.G. *et al.*, « Are gamers better crossers? An examination of action video game experience and dual task effects in a simulated street crossing task », *Hum Factors*, 56, 2014.

126. Owen A.M. *et al.*, « Putting brain training to the test », *Nature*, 465, 2010.

127. Simons D.J. *et al.*, « Do "Brain-Training" Programs Work? », *Psychol Sci Public Interest*, 17, 2016.

128. Azizi E. *et al.*, « The influence of action video game playing on eye movement behaviour during visual search in abstract, in-game and natural scenes », *Atten Percept Psychophys*, 79, 2017.

129. Sala G. *et al.*, « Video game training does not enhance cognitive ability », *Psychol Bull*, 144, 2018.

130. Bavelier D. *et al.*, « Brain plasticity through the life span », *Annu Rev Neurosci*, 35, 2012.

131. Koziol L.F. *et al.*, « Consensus paper: the cerebellum's role in movement and cognition », *Cerebellum*, 13, 2014.

132. Manto M. *et al.*, « Consensus paper: roles of the cerebellum in motor control », *Cerebellum*, 11, 2012.

133. Kennedy A.M. *et al.*, « Video gaming enhances psychomotor skills but not visuospatial and perceptual abilities in surgical trainees », *J Surg Educ*, 68, 2011.

134. Desmurget M., *Imitation et apprentissages moteurs* [FR], Solal, 2007.

第二章

1. *Pensées de monsieur le comte d'Oxenstirn sur divers sujets (T2)* [FR], Aux dépens de la société, 1787.

2. Bach J. et al., L'Enfant et les écrans : Un avis de l'académie des sciences [FR], Le Pommier, 2013.

3. Vandewater E.A. *et al.*, « Measuring Children's Media Use in the Digital Age », *Am Behav Sci*, 52, 2009.

4. Anderson D.R. *et al.*, « Estimates of young children's time with television », *Child Dev*, 56, 1985.

5. Desmurget M., *TV Lobotomie* [FR], J'ai Lu, 2013.

6. Donaldson-Pressman S. *et al.*, *The Learning Habit*, Perigee Book, 2014.

7. American Optometric Association, « Survey Reveals Parents Drastically Underestimate the Time Kids Spend on Electronic Devices », aoa.org, 2014.

8. Lee H. *et al.*, « Comparing the Self-Report and Measured Smartphone Usage of College Students », *Psychiatry Investig*, 14, 2017.

9. Otten J.J. *et al.*, « Relationship between self-report and an objective measure of television-viewing time in adults », *Obesity (Silver Spring)*, 18, 2010.

10. Rideout V., « The common sense census : Media use by tweens and teens », Common sense media, 2015.

11. Rideout V., « The common sense census : Media use by kids age zero to eight », Common sense media, 2017.

12. Roberts D.F. *et al.*, « Generation M : Media in the lives of 8-18 year-olds », Kaiser Family Foundation, 2005.

13. « Esteban: Étude de santé sur l'environnement, la biosurveillance, l'activité physique et la nutrition, 2014-2016 [FR] », santepubliquefrance.fr, 2017.

14. « Santé des collégiens en France /2014 [FR] » (données française de l'enquête internationale HBSC, santepubliquefrance.fr, 2016.

15. Barr R. *et al.*, « Amount, content and context of infant media exposure », *Int J Early Years Educ*, 18, 2010.

16. Garrison M.M. *et al.*, « The impact of a healthy media use intervention on sleep in preschool children », *Pediatrics*, 130, 2012.

17. Sisson S.B. *et al.*, « Television, Reading, and Computer Time », *J Phys Act Health*, 8, 2011.

18. Felisoni D. *et al.*, « Cell phone usage and academic performance », *Comput Educ*, 117, 2018.

19. Rideout V. *et al.*, « Generation M2 : Media in the lives of 8-18 year-olds », Kaiser Family Foundation, 2010.

20. Rideout V., « Zero to eight: children media use in america 2013 », Common Sense, 2013.

21. Rideout V. *et al.*, « The media family: Electronic media in the lives of infants, toddlers, preschoolers and their parents », Kaiser family foundation, 2006.

22. Médiamat Annuel 2017 [FR], Médiamétrie.

23. Ofcom, « Children and Parents: Media Use and Attitudes Report », ofcom.org, 2017.

24. Hysing M. *et al.*, « Sleep and use of electronic devices in adolescence », *BMJ Open*, 5, 2015.

25. Australian Institute of Family Studies, « The Longitudinal Study of Australian Children Annual Statistical Report 2015 », GrowingUpInAustralia.gov.au, 2016.

26. Winn M., *The Plug-In-Drug (revised edition)*, Penguin Group, 2002.

27. Lee S.J. *et al.*, « Predicting children's media use in the USA », *Br J Dev Psychol*, 27, 2009.

28. Chiu Y.C. *et al.*, « The amount of television that infants and their parents watched influenced children's viewing habits when they got older », *Acta Paediatr*, 106, 2017.

29. Biddle S.J. *et al.*, « Tracking of sedentary behaviours of young people », *Prev Med*, 51, 2010.

30. Cadoret G. *et al.*, « Relationship between screen-time and motor proficiency in children », *Early Child Dev Care*, 188, 2018.

31. Trinh M.H. *et al.*, « Association of Trajectory and Covariates of Children's Screen Media Time », *JAMA Pediatr*, 2019.

32. Olsen A. *et al.*, « Early Origins of Overeating », *Curr Obes Rep*, 2, 2013.

33. Rossano M.J., « The essential role of ritual in the transmission and reinforcement of social norms », *Psychol Bull*, 138, 2012.

34. Dehaene-Lambertz G. *et al.*, in *L'Acquisition du langage: Le langage en émergence* (eds. Kail M. *et al.*), « Bases cérébrales de l'acquisition du langage [FR] », PUF, 2000.

35. Uylings H., « Development of the Human Cortex and the Concept of "Critical" or "Sensitive" Periods », *Lang Learn*, 56, 2006.

36. Nelson C.A., 3rd *et al.*, « Cognitive recovery in socially deprived young children », *Science*, 318, 2007.

37. Zeanah C.H. *et al.*, « Sensitive Periods », *Monogr Soc Res Child Dev*, 76, 2011.

38. Knudsen E.I., « Sensitive periods in the development of the brain and behavior », *J Cogn Neurosci*, 16, 2004.

39. Hensch T.K., « Critical period regulation », *Annu Rev Neurosci*, 27, 2004.

40. Friedmann N. *et al.*, « Critical period for first language », *Curr Opin Neurobiol*, 35, 2015.

41. McLaughlin K.A. *et al.*, « Neglect as a Violation of Species-Expectant Experience: Neurodevelopmental Consequences », *Biol Psychiatry*, 82, 2017.

42. Anderson V. *et al.*, « Do children really recover better? Neurobehavioural plasticity after early brain insult », *Brain*, 134, 2011.

43. Beuriat P.A. *et al.*, « Cerebellar lesions at a young age predict poorer long-term functional recovery », *Brain Commun*, 2, 2020.

44. Chaput J.P. *et al.*, « Sleeping hours: what is the ideal number and how does age impact this? », *Nat Sci Sleep*, 10, 2018.

45. Skinner J.D. *et al.*, « Meal and snack patterns of infants and toddlers », *J Am Diet Assoc*, 104, 2004.

46. Ziegler P. *et al.*, « Feeding Infants and Toddlers Study », *J Am Diet Assoc*, 106, 2006.

47. Jia R. *et al.*, « New Parents' Psychological Adjustment and Trajectories of Early Parental Involvement », *J Marriage Fam*, 78, 2016.

48. Kotila L.E. *et al.*, « Time in Parenting Activities in Dual-Earner Families at the Transition to Parenthood », *Fam Relat*, 62, 2013.

49. « American Time Use Survey 2016 », bls.gov, 2017.

50. « Horaires d'enseignement des écoles maternelles et élémentaires-France-[FR] », education. gouv.fr, 2015.

51. « Number of instructional days and hours in the school year, by state: 2018-USA-», nces. ed.gov, 2018.

52. Hart B. *et al.*, *Meaningful differences*, Paul H Brookes Publishing Co, 1995.

53. Wartella E. *et al.*, « Parenting in the Age of Digital Technology », Center on Media and Human Development School of Communication Northwestern University, 2014.

54. Mendelsohn A.L. *et al.*, « Do Verbal Interactions with Infants During Electronic Media Exposure Mitigate Adverse Impacts on their Language Development as Toddlers? », *Infant Child Dev*, 19, 2010.

55. Chonchaiya W. *et al.*, « Elevated background TV exposure over time increases behavioural scores of 18-month-old toddlers », *Acta Paediatr*, 104, 2015.

56. Duch H. *et al.*, « Association of screen time use and language development in Hispanic toddlers », *Clin Pediatr (Phila)*, 52, 2013.

57. Kabali H.K. *et al.*, « Exposure and Use of Mobile Media Devices by Young Children », *Pediatrics*, 136, 2015.

58. Ericsson A. *et al.*, « The role of deliberate practice in the acquisition of expert performance », *Psychol Rev*, 100, 1993.

59. Fetler M., « Television Viewing and School Achievement », *J Commun*, 34, 1984.
60. Beentjes J. *et al.*, « Television's Impact on Children's Reading Skills », *Read Res Q*, 23, 1988.
61. Comstock G., in *Thinking and Literacy: The Mind at Work* (eds. Hedley C.N. *et al.*), « Television and the american child », LEA, 1995.
62. Jackson L. *et al.*, « A longitudinal study of the effects of Internet use and videogame playing on academic performance and the roles of gender, race and income in these relationships », *Comput Hum Behav*, 27, 2011.
63. Rideout V. *et al.*, « The common sense census : Media use by tweens and teens », Common sense media, 2019.
64. « L'emploi du temps de votre enfant au collège [FR] », education.gouv.fr, 2017.
65. « Average annual hours actually worked (2019 or latest available) », data.oecd.org, 2020.
66. Orben A. *et al.*, « The association between adolescent well-being and digital technology use », *Nat Hum Behav*, 3, 2019.
67. Orben A. *et al.*, « Screens, Teens, and Psychological Well-Being: Evidence From Three Time-Use-Diary Studies », *Psychol Sci*, 30, 2019.
68. Kasser T., *The High Price of Materialism*, MIT Press, 2002.
69. Public Health England, « How healthy behaviour supports children's wellbeing », gov.uk, 2013.
70. Kross E. *et al.*, « Facebook use predicts declines in subjective well-being in young adults », *PLoS One*, 8, 2013.
71. Yang F. *et al.*, « Electronic screen use and mental well-being of 10-12-year-old children », *Eur J Public Health*, 23, 2013.
72. Verduyn P. *et al.*, « Passive Facebook usage undermines affective well-being: Experimental and longitudinal evidence », *J Exp Psychol Gen*, 144, 2015.
73. Tromholt M., « The Facebook Experiment », *Cyberpsychol Behav Soc Netw*, 19, 2016.
74. Lin L.Y. *et al.*, « Association between Social Media Use and Depression among U.S. Young Adults », *Depress Anxiety*, 33, 2016.
75. Primack B.A. *et al.*, « Social Media Use and Perceived Social Isolation Among Young Adults in the U.S », *Am J Prev Med*, 53, 2017.
76. Primack B.A. *et al.*, « Association between media use in adolescence and depression in young adulthood », *Arch Gen Psychiatry*, 66, 2009.
77. Costigan S.A. *et al.*, « The health indicators associated with screen-based sedentary behavior among adolescent girls », *J Adolesc Health*, 52, 2013.
78. Shakya H.B. *et al.*, « Association of Facebook Use With Compromised Well-Being », *Am J Epidemiol*, 185, 2017.
79. Babic M. *et al.*, « Longitudinal associations between changes in screen-time and mental health outcomes in adolescents », *Ment Health Phys Act*, 12, 2017.
80. Twenge J. *et al.*, « Increases in Depressive Symptoms, Suicide-Related Outcomes, and Suicide Rates Among U.S. Adolescents After 2010 and Links to Increased New Media Screen Time », *Clin Psychol Sci*, 6, 2018.
81. Twenge J.M. *et al.*, « Decreases in Psychological Well-Being Among American Adolescents After 2012 and Links to Screen Time During the Rise of Smartphone Technology », *Emotion*, 2018.
82. Kelly Y. *et al.*, « Social Media Use and Adolescent Mental Health », *EClinicalMedicine*, 2019.

83. Demirci K. *et al.*, « Relationship of smartphone use severity with sleep quality, depression, and anxiety in university students », *J Behav Addict*, 4, 2015.

84. Hinkley T. *et al.*, « Early childhood electronic media use as a predictor of poorer well-being », *JAMA Pediatr*, 168, 2014.

85. Hunt M. *et al.*, « No More FOMO », *J Soc Clin Psychol*, 37, 2018.

86. Seo J.H. *et al.*, « Late use of electronic media and its association with sleep, depression, and suicidality among Korean adolescents », *Sleep Med*, 29, 2017.

87. Tournier P., in Weynants E., « "Les collégiens ont trop d'heures de cours [FR]" », lexpress.fr, 2010.

88. Dupiot C., « "L'école ? On va finir par y dormir" [FR] », liberation.fr, 2012.

89. Gladwell M., *Outliers*, Black Bay Books, 2008.

90. Tough P., *How children succeed*, Random House, 2013.

91. Angrist J.D. *et al.*, « Who Benefits from KIPP? », *J Policy Anal Manag*, 31, 2012.

92. Dennison B.A. *et al.*, « Television viewing and television in bedroom associated with overweight risk among low-income preschool children », *Pediatrics*, 109, 2002.

93. Borzekowski D.L. *et al.*, « The remote, the mouse, and the no. 2 pencil », *Arch Pediatr Adolesc Med*, 159, 2005.

94. Barr-Anderson D.J. *et al.*, « Characteristics associated with older adolescents who have a television in their bedrooms », *Pediatrics*, 121, 2008.

95. Granich J. *et al.*, « Individual, Social, and Physical Environment Factors Associated With Electronic Media Use Among Children », *J Phys Act Health*, 8, 2011.

96. Sisson S.B. *et al.*, « TVs in the bedrooms of children », *Prev Med*, 52, 2011.

97. Ramirez E.R. *et al.*, « Adolescent screen time and rules to limit screen time in the home », *J Adolesc Health*, 48, 2011.

98. Garrison M.M. *et al.*, « Media use and child sleep », *Pediatrics*, 128, 2011.

99. Tandon P.S. *et al.*, « Home environment relationships with children's physical activity, sedentary time, and screen time by socioeconomic status », *Int J Behav Nutr Phys Act*, 9, 2012.

100. Wethington H. *et al.*, « The association of screen time, television in the bedroom, and obesity among school-aged youth », *J Sch Health*, 83, 2013.

101. Dumuid D. *et al.*, « Does home equipment contribute to socioeconomic gradients in Australian children's physical activity, sedentary time and screen time? », *BMC Public Health*, 16, 2016.

102. Li S. *et al.*, « The impact of media use on sleep patterns and sleep disorders among school-aged children in China », *Sleep*, 30, 2007.

103. Brockmann P.E. *et al.*, « Impact of television on the quality of sleep in preschool children », *Sleep Med*, 20, 2016.

104. Van den Bulck J., « Television viewing, computer game playing, and Internet use and self-reported time to bed and time out of bed in secondary-school children », *Sleep*, 27, 2004.

105. Gentile D.A. *et al.*, « Bedroom media », *Dev Psychol*, 53, 2017.

106. Shochat T. *et al.*, « Sleep patterns, electronic media exposure and daytime sleep-related behaviours among Israeli adolescents », *Acta Paediatr*, 99, 2010.

107. Owens J. *et al.*, « Television-viewing habits and sleep disturbance in school children », *Pediatrics*, 104, 1999.

108. Veldhuis L. *et al.*, « Parenting style, the home environment, and screen time of 5-year-old

children; the 'be active, eat right' study », *PLoS One*, 9, 2014.
109. Pempek T. *et al.*, « Young Children's Tablet Use and Associations with Maternal Well-Being », *J Child Fam Stud*, 25, 2016.
110. Lauricella A.R. *et al.*, « Young children's screen time », *J Appl Dev Psychol*, 36, 2015.
111. Jago R. *et al.*, « Cross-sectional associations between the screen-time of parents and young children », *Int J Behav Nutr Phys Act*, 11, 2014.
112. Jago R. *et al.*, « Parent and child screen-viewing time and home media environment », *Am J Prev Med*, 43, 2012.
113. De Decker E. *et al.*, « Influencing factors of screen time in preschool children », *Obes Rev*, 13 Suppl 1, 2012.
114. Bleakley A. *et al.*, « The relationship between parents' and children's television viewing », *Pediatrics*, 132, 2013.
115. Collier K.M. *et al.*, « Does parental mediation of media influence child outcomes? A meta-analysis on media time, aggression, substance use, and sexual behavior », *Dev Psychol*, 52, 2016.
116. Bandura A., *Social learning theory*, Prentice Hall, 1977.
117. Durlak A. *et al.*, *Handbook of social and emotional learning*, Guilford Press, 2015.
118. Jago R. *et al.*, « Parental sedentary restriction, maternal parenting style, and television viewing among 10-to 11-year-olds », *Pediatrics*, 128, 2011.
119. Buchanan L. *et al.*, « Reducing Recreational Sedentary Screen Time: A Community Guide Systematic Review », *Am J Prev Med*, 50, 2016.
120. Community Preventive Services Task Force, « Reducing Children's Recreational Sedentary Screen Time », *Am J Prev Med*, 50, 2016.
121. Desmurget M., *L'Antirégime au quotidien* [FR], Belin, 2017.
122. Wansink B., *Mindless eating*, Bantam Books, 2007.
123. Feeley J.,« Children's Content Interest – A Factor Analytic Study », Paper presented at the Annual Meeting of the National Council of Teachers of English, Minneapolis, Minnesota, November 23-25, 1972.
124. Killingsworth M.A. *et al.*, « A wandering mind is an unhappy mind », *Science*, 330, 2010.
125. Koerth-Baker M., « Why boredom is anything but boring », *Nature*, 529, 2016.
126. Milyavskaya M. *et al.*, « Reward sensitivity following boredom and cognitive effort: A high-powered neurophysiological investigation », *Neuropsychologia*, 2018.
127. Wilson T.D. *et al.*, « Just think », *Science*, 345, 2014.
128. Havermans R.C. *et al.*, « Eating and inflicting pain out of boredom », *Appetite*, 85, 2015.
129. Maushart S., *The Winter of our disconnect*, Tarcher/Penguin, 2011.
130. Dunkley V., « Gray Matters: Too Much Screen Time Damages the Brain », psychologytoday.com, 2014.
131. Walton A., « Investors Pressure Apple Over Psychological Risks Of Screen Time For Kids », forbes.com, 2018.
132. Huerre P., in Picut G., « Comment aider son enfant à ne pas devenir accro aux écrans ? [FR] », lexpress.fr, 2014.
133. Brand M. *et al.*, « Prefrontal control and internet addiction: a theoretical model and review of neuropsychological and neuroimaging findings », *Front Hum Neurosci*, 8, 2014.
134. De-Sola Gutierrez J. *et al.*, « Cell-Phone Addiction », *Front Psychiatry*, 7, 2016.
135. Cerniglia L. *et al.*, « Internet Addiction in adolescence », *Neurosci Biobehav Rev*, 76, 2017.

136. Kuss D.J. *et al.*, « Neurobiological Correlates in Internet Gaming Disorder: A Systematic Literature Review », *Front Psychiatry*, 9, 2018.
137. Meng Y. *et al.*, « The prefrontal dysfunction in individuals with Internet gaming disorder », *Addict Biol*, 20, 2015.
138. Park B. *et al.*, « Neurobiological findings related to Internet use disorders », *Psychiatry Clin Neurosci*, 71, 2017.
139. Weinstein A. *et al.*, « New developments in brain research of internet and gaming disorder », *Neurosci Biobehav Rev*, 75, 2017.
140. Gentile D.A. *et al.*, « Internet Gaming Disorder in Children and Adolescents », *Pediatrics*, 140, 2017.
141. Griffiths M. *et al.*, « A brief overview of internet gaming disorder and its treatment », *Austr Clin Psychol*, 2, 2016.
142. He Q. *et al.*, « Brain anatomy alterations associated with Social Networking Site (SNS) addiction », *Sci Rep*, 7, 2017.
143. OMS, « Trouble du jeu vidéo [FR] », who.int, 2018.
144. Anderson E.L. *et al.*, « Internet use and Problematic Internet Use », *Int J Adolesc Youth*, 2016.
145. Kuss D.J. *et al.*, « Internet addiction », *Curr Pharm Des*, 20, 2014.
146. Petry N.M. *et al.*, « Griffiths et al.'s comments on the international consensus statement of internet gaming disorder », *Addiction*, 111, 2016.
147. Griffiths M.D. *et al.*, « Working towards an international consensus on criteria for assessing internet gaming disorder: a critical commentary on Petry et al. (2014) », *Addiction*, 111, 2016.
148. Weinstein A. *et al.*, « Internet addiction or excessive internet use », *Am J Drug Alcohol Abuse*, 36, 2010.
149. Durkee T. *et al.*, « Prevalence of pathological internet use among adolescents in Europe: demographic and social factors », *Addiction*, 107, 2012.
150. Feng W. *et al.*, « Internet gaming disorder: Trends in prevalence 1998-2016 », *Addict Behav*, 75, 2017.
151. Mihara S. *et al.*, « Cross-sectional and longitudinal epidemiological studies of Internet gaming disorder: A systematic review of the literature », *Psychiatry Clin Neurosci*, 71, 2017.
152. INSEE, « Population par sexe et groupe d'âges en 2018 [FR] », insee.fr, 2018.
153. United States Census, « 2017 National Population Projections Tables », census.gov, 2017.
154. Ballet V., « Jeux vidéo : "Ma pratique était excessive, mais le mot "addiction" me semblait exagéré" [FR] », liberation.fr, 2018.
155. Young K.S., « Internet addiction », *CyberPsychol Behav*, 1, 1998.
156. Douglas A. *et al.*, « Internet addiction », *Comput Hum Behav*, 24, 2008.
157. Kuss D. *et al.*, « Excessive Internet use and psychopathology », *Clin Neuropsychiatry*, 14, 2017.
158. Hubel D.H. *et al.*, « The period of susceptibility to the physiological effects of unilateral eye closure in kittens », *J Physiol*, 206, 1970.
159. de Villers-Sidani E. *et al.*, « Critical period window for spectral tuning defined in the primary auditory cortex (A1) in the rat », *J Neurosci*, 27, 2007.
160. Kral A., « Auditory critical periods », *Neuroscience*, 247, 2013.
161. Kral A. *et al.*, « Developmental neuroplasticity after cochlear implantation », *Trends Neurosci*, 35, 2012.
162. Bailey J.A. *et al.*, « Early musical training is linked to gray matter structure in the

ventral premotor cortex and auditory-motor rhythm synchronization performance »,
J Cogn Neurosci, 26, 2014.

163. Steele C.J. *et al.*, « Early musical training and white-matter plasticity in the corpus callosum »,
J Neurosci, 33, 2013.

164. Johnson J.S. *et al.*, « Critical period effects in second language learning », *Cogn Psychol*, 21,
1989.

165. Kuhl P.K., « Brain mechanisms in early language acquisition », *Neuron*, 67, 2010.

166. Kuhl P. *et al.*, « Neural substrates of language acquisition », *Annu Rev Neurosci*, 31, 2008.

167. Gervain J. *et al.*, « Speech perception and language acquisition in the first year of life », *Annu
Rev Psychol*, 61, 2010.

168. Werker J.F. *et al.*, « Critical periods in speech perception: new directions », *Annu Rev
Psychol*, 66, 2015.

169. Flege J. *et al.*, « Amount of native-language (L1) use affects the pronunciation of an L2 », *J
Phon*, 25, 1997.

170. Weber-Fox C.M. *et al.*, « Maturational Constraints on Functional Specializations for
Language Processing », *J Cogn Neurosci*, 8, 1996.

171. Piaget J., *The Origins of Intelligence in Children*, International Universities Press, 1952.

172. *The New Jerusalem Bible-Standard Edition-*, Doubleday, 1999.

173. Duff D. *et al.*, « The Influence of Reading on Vocabulary Growth », *J Speech Lang Hear Res*,
58, 2015.

174. Perc M., « The Matthew effect in empirical data », *J R Soc Interface*, 11, 2014.

175. Cunningham A. *et al.*, *Book Smart*, Oxford University Press, 2014.

176. Hirsch E., *The Knowledge deficit*, Houghton Mifflin Hartcourt, 2006.

177. Mol S.E. *et al.*, « To read or not to read », *Psychol Bull*, 137, 2011.

178. Petersen A.M. *et al.*, « Quantitative and empirical demonstration of the Matthew effect in a
study of career longevity », *Proc Natl Acad Sci USA*, 108, 2011.

179. Rigney D., *The Matthew Effect*, Columbia University Press, 2010.

180. Heckman J.J., « Skill formation and the economics of investing in disadvantaged children »,
Science, 312, 2006.

181. van den Heuvel M. *et al.*, « Mobile Media Device Use is Associated with Expressive
Language Delay in 18-Month-Old Children », *J Dev Behav Pediatr*, 40, 2019.

182. Wen L.M. *et al.*, « Correlates of body mass index and overweight and obesity of children
aged 2 years », *Obesity (Silver Spring)*, 22, 2014.

183. Tomopoulos S. *et al.*, « Infant media exposure and toddler development », *Arch Pediatr
Adolesc Med*, 164, 2010.

184. Pagani L.S. *et al.*, « Prospective associations between early childhood television exposure
and academic, psychosocial, and physical well-being by middle childhood », *Arch Pediatr
Adolesc Med*, 164, 2010.

185. Christakis D.A. *et al.*, « How early media exposure may affect cognitive function », *Proc
Natl Acad Sci USA*, 115, 2018.

186. Nikkelen S.W. *et al.*, « Media use and ADHD-related behaviors in children and adolescents »,
Dev Psychol, 50, 2014.

187. Rueb E., « W.H.O. Says Limited or No Screen Time for Children Under 5 », nytimes.com, 2019.

188. WHO, « To grow up healthy, children need to sit less and play more », who.int, 2019.

189. AAP, « Media education. American Academy of Pediatrics. Committee on Public Education »,

Pediatrics, 104, 1999.

190. Australian Department of Health, « Is your family missing out on the benefits of being active every day? », health.gov.au, 2014.

191. AAP, « Media and Young Minds. American Academy of Pediatrics. Council on Communications and Media », *Pediatrics*, 138, 2016.

192. Canadian Paediatric Society D.H.T.F.O.O., « Screen time and young children: Promoting health and development in a digital world », *Paediatr Child Health*, 22, 2017.

193. French broadcasting authority « Utiliser les écrans, ça s'apprend [FR] », csa.fr, 09/2018.

194. Kostyrka-Allchorne K. *et al.*, « The relationship between television exposure and children's cognition and behaviour », *Dev Rev*, 44, 2017.

195. Madigan S. *et al.*, « Associations Between Screen Use and Child Language Skills: A Systematic Review and Meta-analysis », *JAMA Pediatr*, 2020.

196. Murray L. *et al.*, « Randomized controlled trial of a book-sharing intervention in a deprived South African community », *J Child Psychol Psychiatry*, 57, 2016.

197. Vally Z. *et al.*, « The impact of dialogic book-sharing training on infant language and attention », *J Child Psychol Psychiatry*, 56, 2015.

198. Hayes D., « Speaking and writing », *J Mem Lang*, 27, 1988.

199. Cunningham A. *et al.*, « What reading does for the mind », *Am. Educ.*, 22, 1998.

200. AAP, « Children and Adolescents and Digital Media. American Academy of Pediatrics. Council on Communications and Media », *Pediatrics*, 138, 2016.

201. Rymer R., *Genie. A Scientific Tragedy*, HarperPerennial, 1994.

202. Whitebread D. *et al.*, in *Creativity and the Wandering Mind* (eds. Preiss D. *et al.*), « Pretend play in young children and the emergence of creativity », Academic Press, 2020.

203. Nicolopoulou A. *et al.*, « What Do We Know about Pretend Play and Narrative Development? », *Am J Play*, 6, 2013.

204. Rao Z. *et al.*, in *The SAGE Handbook of Developmental Psychology and Early Childhood Education* (eds. Whitebread D. *et al.*), « The role of pretend play in supporting young children's emotional development », Sage, 2019.

205. Vandewater E.A. *et al.*, « Time well spent? Relating television use to children's free-time activities », *Pediatrics*, 117, 2006.

206. Hancox R.J. *et al.*, « Association of television viewing during childhood with poor educational achievement », *Arch. Pediatr. Adolesc. Med*, 159, 2005.

207. Zheng F. *et al.*, « Association between mobile phone use and inattention in 7102 Chinese adolescents », *BMC Public Health*, 14, 2014.

208. Stettler N. *et al.*, « Electronic games and environmental factors associated with childhood obesity in Switzerland », *Obes Res*, 12, 2004.

209. Exelmans L. *et al.*, « Sleep quality is negatively related to video gaming volume in adults », *J Sleep Res*, 24, 2015.

210. Gopinath B. *et al.*, « Influence of physical activity and screen time on the retinal microvasculature in young children », *Arterioscler Thromb Vasc Biol*, 31, 2011.

211. Dunstan D.W. *et al.*, « Television viewing time and mortality », *Circulation*, 121, 2010.

212. Strasburger V.C. *et al.*, « Children, adolescents, and the media », *Pediatr Clin North Am*, 59, 2012.

213. AAP, « Policy statement – Media violence », *Pediatrics*, 124, 2009.

214. MacDonald K., « How much screen time is too much for kids? It's complicated », theguardian.com, 2018.

215. « Keza MacDonald, video games editor », theguardian.com.
216. Desmurget M., *L'Antirégime* [FR], Belin, 2015.
217. USDA *et al.*, « Dietary Guidelines for Americans, 2010. 7th Edition », U.S. Department of Agriculture and U.S. Department of Health and Human Services,, 2010.
218. Morgenstern M. *et al.*, « Smoking in movies and adolescent smoking », *Thorax*, 66, 2011.
219. Morgenstern M. *et al.*, « Smoking in movies and adolescent smoking initiation », *Am J Prev Med*, 44, 2013.
220. Dalton M.A. *et al.*, « Early exposure to movie smoking predicts established smoking by older teens and young adults », *Pediatrics*, 123, 2009.
221. Dalton M.A. *et al.*, « Effect of viewing smoking in movies on adolescent smoking initiation: a cohort study », *Lancet*, 362, 2003.
222. Sargent J.D. *et al.*, « Exposure to movie smoking », *Pediatrics*, 116, 2005.
223. Wingood G.M. *et al.*, « A prospective study of exposure to rap music videos and African American female adolescents' health », *Am J Public Health*, 93, 2003.
224. Chandra A. *et al.*, « Does watching sex on television predict teen pregnancy? Findings from a national longitudinal survey of youth », *Pediatrics*, 122, 2008.
225. Collins R.L. *et al.*, « Relationships Between Adolescent Sexual Outcomes and Exposure to Sex in Media », *Dev Psychol*, 47, 2011.
226. O'Hara R.E. *et al.*, « Greater exposure to sexual content in popular movies predicts earlier sexual debut and increased sexual risk taking », *Psychol Sci*, 23, 2012.
227. Postman N., *Amusing Ourselves to Death*, Penguin Books, 2005/1985.

第三章
1. Bauerlein M., *The Dumbest generation*, Tarcher/Penguin, 2009.

第一节
1. Vriend J. *et al.*, « Emotional and Cognitive Impact of Sleep Restriction in Children », *Sleep Med Clin*, 10, 2015.
2. Kirszenblat L. *et al.*, « The Yin and Yang of Sleep and Attention », *Trends Neurosci*, 38, 2015.
3. Lowe C.J. *et al.*, « The neurocognitive consequences of sleep restriction », *Neurosci Biobehav Rev*, 80, 2017.
4. Tarokh L. *et al.*, « Sleep in adolescence », *Neurosci Biobehav Rev*, 70, 2016.
5. Curcio G. *et al.*, « Sleep loss, learning capacity and academic performance », *Sleep Med Rev*, 10, 2006.
6. Carskadon M.A., « Sleep's effects on cognition and learning in adolescence », *Prog Brain Res*, 190, 2011.
7. Shochat T. *et al.*, « Functional consequences of inadequate sleep in adolescents », *Sleep Med Rev*, 18, 2014.
8. Schmidt R.E. *et al.*, « The Relations Between Sleep, Personality, Behavioral Problems, and School Performance in Adolescents », *Sleep Med Clin*, 10, 2015.
9. Bryant P.A. *et al.*, « Sick and tired », *Nat Rev Immunol*, 4, 2004.
10. Kurien P.A. *et al.*, « Sick and tired », *Curr Opin Neurobiol*, 23, 2013.
11. Irwin M.R. *et al.*, « Sleep Health », *Neuropsychopharmacology*, 42, 2017.
12. Baxter S.D. *et al.*, « The relationship of school absenteeism with body mass index, academic achievement, and socioeconomic status among fourth-grade children », *J Sch Health*, 81,

2011.

13. Sigfusdottir I.D. *et al.*, « Health behaviour and academic achievement in Icelandic school children », *Health Educ Res*, 22, 2007.

14. Blaya C., « L'absentéisme des collégiens [FR] », *Les Sciences de l'éducation – Pour l'Ère nouvelle*, 42, 2009.

15. Frank M.G., « Sleep and developmental plasticity not just for kids », *Prog Brain Res*, 193, 2011.

16. Telzer E.H. *et al.*, « Sleep variability in adolescence is associated with altered brain development », *Dev Cogn Neurosci*, 14, 2015.

17. Dutil C. *et al.*, « Influence of sleep on developing brain functions and structures in children and adolescents », *Sleep Med Rev*, 2018.

18. Patel S.R. *et al.*, « Short sleep duration and weight gain », *Obesity (Silver Spring)*, 16, 2008.

19. Chen X. *et al.*, « Is sleep duration associated with childhood obesity? A systematic review and meta-analysis », *Obesity (Silver Spring)*, 16, 2008.

20. Fatima Y. *et al.*, « Longitudinal impact of sleep on overweight and obesity in children and adolescents », *Obes Rev*, 16, 2015.

21. Miller M.A. *et al.*, « Sleep duration and incidence of obesity in infants, children, and adolescents », *Sleep*, 41, 2018.

22. Taras H. *et al.*, « Obesity and student performance at school », *J Sch Health*, 75, 2005.

23. Karnehed N. *et al.*, « Obesity and attained education », *Obesity (Silver Spring)*, 14, 2006.

24. Pont S.J. *et al.*, « Stigma Experienced by Children and Adolescents With Obesity », *Pediatrics*, 140, 2017.

25. Puhl R.M. *et al.*, « The stigma of obesity », *Obesity (Silver Spring)*, 17, 2009.

26. Puhl R.M. *et al.*, « Stigma, obesity, and the health of the nation's children », *Psychol Bull*, 133, 2007.

27. Shore S.M. *et al.*, « Decreased scholastic achievement in overweight middle school students », *Obesity (Silver Spring)*, 16, 2008.

28. Geier A.B. *et al.*, « The relationship between relative weight and school attendance among elementary schoolchildren », *Obesity (Silver Spring)*, 15, 2007.

29. Desmurget M., *L'Antirégime* [FR], Belin, 2015.

30. Karsay K. *et al.*, « "Weak, Sad, and Lazy Fatties" : Adolescents' Explicit and Implicit Weight Bias Following Exposure to Weight Loss Reality TV Shows », *Media Psychol*, 22, 2019.

31. Institute of Medicine of the National Academies, *Sleep Disorders and Sleep Deprivation: An Unmet Public Health Problem*, The National Academies Press, 2006.

32. Goldstein A.N. *et al.*, « The role of sleep in emotional brain function », *Annu Rev Clin Psychol*, 10, 2014.

33. Uehli K. *et al.*, « Sleep problems and work injuries », *Sleep Med Rev*, 18, 2014.

34. St-Onge M.P. *et al.*, « Sleep Duration and Quality », *Circulation*, 134, 2016.

35. Bioulac S. *et al.*, « Risk of Motor Vehicle Accidents Related to Sleepiness at the Wheel », *Sleep*, 41, 2018.

36. Spira A.P. *et al.*, « Impact of sleep on the risk of cognitive decline and dementia », *Curr Opin Psychiatry*, 27, 2014.

37. Lindstrom H.A. *et al.*, « The relationships between television viewing in midlife and the development of Alzheimer's disease in a case-control study », *Brain Cogn*, 58, 2005.

38. Lo J.C. *et al.*, « Sleep duration and age-related changes in brain structure and cognitive performance », *Sleep*, 37, 2014.

39. Ju Y.E. *et al.*, « Sleep and Alzheimer disease pathology – a bidirectional relationship », *Nat Rev Neurol*, 10, 2014.

40. Zhang F. *et al.*, « The missing link between sleep disorders and age-related dementia », *J Neural Transm (Vienna)*, 124, 2017.

41. Macedo A.C. *et al.*, « Is Sleep Disruption a Risk Factor for Alzheimer's Disease? », *J Alzheimers Dis*, 58, 2017.

42. Wu L. *et al.*, « A systematic review and dose-response meta-analysis of sleep duration and the occurrence of cognitive disorders », *Sleep Breath*, 22, 2018.

43. Barnes D.E. *et al.*, « The projected effect of risk factor reduction on Alzheimer's disease prevalence », *Lancet Neurol*, 10, 2011.

44. Ostria V., « Par le petit bout de la lucarne [FR] », *Les Inrockuptibles*, 792, 2011.

第二节

1. Garcia S., *Le goût de l'effort* [FR], PUF, 2018.

2. Lahire B., *Enfances de classe* [FR], Seuil, 2019.

3. Bourdieu P. *et al.*, *The inheritors*, UCP, 1979/1964.

4. Sirin S., « Socioeconomic Status and Academic Achievement », *Rev Educ Res*, 75, 2005.

5. Bumgarner E. *et al.*, in *International guide to student achievement* (eds. Hattie J. *et al.*), « Socioeconomoc status and student achievement », Routledge, 2013.

6. Corder K. *et al.*, « Revising on the run or studying on the sofa », *Int J Behav Nutr Phys Act*, 12, 2015.

7. Dimitriou D. *et al.*, « The Role of Environmental Factors on Sleep Patterns and School Performance in Adolescents », *Front Psychol*, 6, 2015.

8. Garcia-Continente X. *et al.*, « Factors associated with media use among adolescents », *Eur J Public Health*, 24, 2014.

9. Garcia-Hermoso A. *et al.*, « Relationship of weight status, physical activity and screen time with academic achievement in adolescents », *Obes Res Clin Pract*, 11, 2017.

10. Pressman R. *et al.*, « Examining the Interface of Family and Personal Traits, Media, and Academic Imperatives Using the Learning Habit Study », *Am J Fam Ther*, 42, 2014.

11. Jacobsen W.C. *et al.*, « The wired generation », *Cyberpsychol Behav Soc Netw*, 14, 2011.

12. Lizandra J. *et al.*, « Does Sedentary Behavior Predict Academic Performance in Adolescents or the Other Way Round? A Longitudinal Path Analysis », *PLoS One*, 11, 2016.

13. Mossle T. *et al.*, « Media use and school achievement – boys at risk? », *Br J Dev Psychol*, 28, 2010.

14. Peiro-Velert C. *et al.*, « Screen media usage, sleep time and academic performance in adolescents », *PLoS One*, 9, 2014.

15. Poulain T. *et al.*, « Cross-sectional and longitudinal associations of screen time and physical activity with school performance at different types of secondary school », *BMC Public Health*, 18, 2018.

16. Syvaoja H.J. *et al.*, « Physical activity, sedentary behavior, and academic performance in Finnish children », *Med Sci Sports Exerc*, 45, 2013.

17. Syvaoja H.J. *et al.*, « The Relation of Physical Activity, Sedentary Behaviors, and Academic Achievement Is Mediated by Fitness and Bedtime », *J Phys Act Health*, 15, 2018.

18. Ishii K. *et al.*, « Joint Associations of Leisure Screen Time and Physical Activity with Academic Performance in a Sample of Japanese Children », *Int J Environ Res Public Health*, 17, 2020.

19. Desmurget M., *TV Lobotomie* [FR], J'ai Lu, 2013.
20. Keith T. *et al.*, « Parental involvement, homework, and TV time », *J Educ Psychol*, 78, 1986.
21. Comstock G., in *Thinking and Literacy: The Mind at Work* (eds. Hedley C.N. *et al.*), « Television and the american child », LEA, 1995.
22. Ozmert E. *et al.*, « Behavioral correlates of television viewing in primary school children evaluated by the child behavior checklist », *Arch Pediatr Adolesc Med*, 156, 2002.
23. Shin N., « Exploring pathways from television viewing to academic achievement in school age children », *J Genet Psychol*, 165, 2004.
24. Hunley S.A. *et al.*, « Adolescent computer use and academic achievement », *Adolescence*, 40, 2005.
25. Borzekowski D.L. *et al.*, « The remote, the mouse, and the no. 2 pencil », *Arch Pediatr Adolesc Med*, 159, 2005.
26. Hancox R.J. *et al.*, « Association of television viewing during childhood with poor educational achievement », *Arch. Pediatr. Adolesc. Med*, 159, 2005.
27. Johnson J.G. *et al.*, « Extensive television viewing and the development of attention and learning difficulties during adolescence », *Arch Pediatr Adolesc Med*, 161, 2007.
28. Espinoza F., « Using Project-Based Data in Physics to Examine Television Viewing in Relation to Student Performance in Science », *J Sci Educ Technol*, 18, 2009.
29. Sharif I. *et al.*, « Association between television, movie, and video game exposure and school performance », *Pediatrics*, 118, 2006.
30. Sharif I. *et al.*, « Effect of visual media use on school performance », *J Adolesc. Health*, 46, 2010.
31. Pagani L.S. *et al.*, « Prospective associations between early childhood television exposure and academic, psychosocial, and physical well-being by middle childhood », *Arch Pediatr Adolesc Med*, 164, 2010.
32. Walsh J.L. *et al.*, « Female College Students' Media Use and Academic Outcomes », *Emerg Adulthood*, 1, 2013.
33. Gentile D.A. *et al.*, « Bedroom media », *Dev Psychol*, 53, 2017.
34. Ribner A. *et al.*, « Family Socioeconomic Status Moderates Associations Between Television Viewing and School Readiness Skills », *J Dev Behav Pediatr*, 38, 2017.
35. Shejwal B.R. *et al.*, « Television Viewing of Higher Secondary Students: Does It Affect Their Academic Achievement and Mathematical Reasoning? », *Psychol Dev Soc*, 18, 2006.
36. Vassiloudis I. *et al.*, « Academic performance in relation to adherence to the Mediterranean diet and energy balance behaviors in Greek primary schoolchildren », *J Nutr Educ Behav*, 46, 2014.
37. Adelantado-Renau M. *et al.*, « Association Between Screen Media Use and Academic Performance Among Children and Adolescents: A Systematic Review and Meta-analysis », *JAMA Pediatr*, 2019.
38. Landhuis C.E. *et al.*, « Association between childhood and adolescent television viewing and unemployment in adulthood », *Prev Med*, 54, 2012.
39. Anderson C.A. *et al.*, « Video games and aggressive thoughts, feelings, and behavior in the laboratory and in life », *J Pers Soc Psychol*, 78, 2000.
40. Jaruratanasirikul S. *et al.*, « Electronic game play and school performance of adolescents in southern Thailand », *Cyberpsychol Behav*, 12, 2009.
41. Chan P.A. *et al.*, « A cross-sectional analysis of video games and attention deficit hyperactivity disorder symptoms in adolescents », *Ann Gen Psychiatry*, 5, 2006.
42. Hastings E.C. *et al.*, « Young children's video/computer game use », *Issues Ment Health*

Nurs, 30, 2009.

43. Li D. *et al.*, « Effects of Digital Game Play Among Young Singaporean Gamers », *J Virtual Worlds Res*, 5, 2012.

44. Gentile D., « Pathological video-game use among youth ages 8 to 18 », *Psychol Sci*, 20, 2009.

45. Gentile D.A. *et al.*, « The effects of violent video game habits on adolescent hostility, aggressive behaviors, and school performance », *J Adolesc*, 27, 2004.

46. Jackson L. *et al.*, « A longitudinal study of the effects of Internet use and videogame playing on academic performance and the roles of gender, race and income in these relationships », *Comput Hum Behav*, 27, 2011.

47. Jackson L. *et al.*, « Internet use, videogame playing and cell phone use as predictors of children's body mass index (BMI), body weight, academic performance, and social and overall self-esteem », *Comput Hum Behav*, 27, 2011.

48. Stinebrickner R. *et al.*, « The Causal Effect of Studying on Academic Performance », *BE J Econom Anal Policy*, 8, 2008.

49. Weis R. *et al.*, « Effects of video-game ownership on young boys' academic and behavioral functioning », *Psychol Sci*, 21, 2010.

50. Spitzer M., « Outsourcing the mental? From knowledge-on-demand to Morbus Google », *Trends Neurosci Educ*, 5, 2016.

51. Sanchez-Martinez M. *et al.*, « Factors associated with cell phone use in adolescents in the community of Madrid (Spain) », *Cyberpsychol Behav*, 12, 2009.

52. Junco R. *et al.*, « No A 4 U », *Comput Educ*, 59, 2012.

53. Lepp A. *et al.*, « The relationship between cell phone use, academic performance, anxiety, and Satisfaction with Life in college students », *Comput Hum Behav*, 31, 2014.

54. Lepp A. *et al.*, « The Relationship Between Cell Phone Use and Academic Performance in a Sample of U.S. College Students », *SAGE Open*, 5, 2015.

55. Li J. *et al.*, « Locus of control and cell phone use », *Comput Hum Behav*, 52, 2015.

56. Baert S. *et al.*, « Smartphone Use and Academic Performance, IZA Discussion Paper No. 11455 », iza.org, 2018.

57. Harman B. *et al.*, « Cell phone use and grade point average among undergraduate university students », *Coll Stud J*, 45, 2011.

58. Seo D. *et al.*, « Mobile phone dependency and its impacts on adolescents' social and academic behaviors », *Comput Hum Behav*, 63, 2016.

59. Hawi N. *et al.*, « To excel or not to excel », *Comput Educ*, 98, 2016.

60. Samaha M. *et al.*, « Relationships among smartphone addiction, stress, academic performance, and satisfaction with life », *Comput Hum Behav*, 57, 2016.

61. Dempsey S. *et al.*, « Later is better », *Econ Innovat New Tech*, 2018.

62. Felisoni D. *et al.*, « Cell phone usage and academic performance », *Comput Educ*, 117, 2018.

63. Abdoul-Maninroudine A., « Classement des PACES : où réussit-on le mieux le concours de médecine ? [FR] », letudiant.fr, 2017.

64. Kirschner P. *et al.*, « Facebook® and academic performance », *Comput Hum Behav*, 26, 2010.

65. Junco R., « Too much face and not enough books », *Comput Hum Behav*, 28, 2012.

66. Paul J. *et al.*, « Effect of online social networking on student academic performance », *Comput Hum Behav*, 28, 2012.

67. Rosen L. *et al.*, « Facebook and texting made me do it », *Comput Hum Behav*, 29, 2013.

68. Karpinski A. *et al.*, « An exploration of social networking site use, multitasking, and

academic performance among United States and European university students », *Comput Hum Behav*, 29, 2013.

69. Tsitsika A.K. *et al.*, « Online social networking in adolescence », *J Adolesc Health*, 55, 2014.

70. Giunchiglia F. *et al.*, « Mobile social media usage and academic performance », *Comput Hum Behav*, 82, 2018.

71. Lau W., « Effects of social media usage and social media multitasking on the academic performance of university students », *Comput Hum Behav*, 68, 2017.

72. Liu D. *et al.*, « A meta-analysis of the relationship of academic performance and Social Network Site use among adolescents and young adults », *Comput Hum Behav*, 77, 2017.

73. Gregory P. *et al.*, « The Instructional Network », *J Comput Math Sci Teach*, 33, 2014.

74. Hansen J.D. *et al.*, « Democratizing education? Examining access and usage patterns in massive open online courses », *Science*, 350, 2015.

75. Perna L. *et al.*, « The Life Cycle of a Million MOOC Users , paper presented at the MOOC Research Initiative Conference, 5–6 December 2013 », upenn.edu, 2013.

76. Kolowich S., « San Jose State U. Puts MOOC Project With Udacity on Hold », chronicle.com, 2013.

77. Fairlie R., « Do Boys and Girls Use Computers Differently, and Does It Contribute to Why Boys Do Worse in School than Girls? IZA Discussion Papers, No. 9302 », iza.org, 2015.

78. Fairlie R. *et al.*, « Experimental Evidence on the Effects of Home Computers on Academic Achievement among Schoolchildren. NBER Working Paper No. 19060 », nber.org, 2013.

79. Fuchs T. et al., « Computers and Student Learning», Ifo Working Paper, n° 8, 2005.

80. Malamud O. *et al.*, « Home Computer Use and the Development of Human Capital », *Q J Econ*, 126, 2011.

81. Vigdor J. *et al.*, « Scaling the Digital Divide », *Econ Inq*, 52, 2014.

82. Spitzer M., « Information technology in education », *Trends Neurosci Educ*, 3, 2014.

83. Même si cette citation est très fréquemment associée au *Meilleur des monde*, ouvrage d'Adlous Huxley dont elle reprend fidèlement le message, elle ne figure pas dans le livre (ni dans le *Retour au meilleur des mondes*). Elle semble provenir d'une fiche de lecture d'Annie Degré Lassalle [FR], ici.radio-canada.ca, accès 10/2018

84. Postman N., *Amusing Ourselves to Death*, Penguin Books, 2005/1985.

85. Keith T., « Time spent on homework and high school grades », *J Educ Psychol*, 74, 1982.

86. Keith T. *et al.*, « Longitudinal Effects of In-School and Out-of-School Homework on High School Grades », *School Psychol Q*, 19, 2004.

87. Cooper H. *et al.*, « Does Homework Improve Academic Achievement? A Synthesis of Research, 1987–2003 », *Rev Educ Res*, 76, 2006.

88. Fan H. *et al.*, « Homework and students' achievement in math and science », *Educ Res Rev*, 20, 2017.

89. Rawson K. *et al.*, « Homework and achievement », *J Educ Psychol*, 109, 2017.

90. Bempechat J., « The Motivational Benefits of Homework », *Theory Pract*, 43, 2004.

91. Ramdass D. *et al.*, « Developing Self-Regulation Skills », *J Adv Acad*, 22, 2011.

92. Hampshire P. *et al.*, « Homework Plans », *Teach Except Child*, 46, 2014.

93. Göllner R. *et al.*, « Is doing your homework associated with becoming more conscientious? », *J Res Pers*, 71, 2017.

94. Duckworth A.L. *et al.*, « Self-discipline outdoes IQ in predicting academic performance of adolescents », *Psychol Sci*, 16, 2005.

95. Duckworth A.L., *Grit*, Scribner, 2016.

96. Ericsson A. *et al.*, *Peak*, Houghton Mifflin Harcourt, 2016.

97. Dweck C., *Mindset*, Ballantine Books, 2008.

98. Colvin G., *Talent is overrated*, Portfolio, 2010.

99. Baumeister R. *et al.*, *Willpower*, Penguin Books, 2011.

100. Duckworth A. *et al.*, « Self - regulation strategies improve self - discipline in adolescents: benefits of mental contrasting and implementation intentions », *Educ Psychol*, 31, 2011.

101. Donaldson-Pressman S. *et al.*, *The Learning Habit*, Perigee Book, 2014.

102. Wiecha J.L. *et al.*, « Household television access », *Ambul Pediatr*, 1, 2001.

103. Vandewater E.A. *et al.*, « Time well spent? Relating television use to children's free-time activities », *Pediatrics*, 117, 2006.

104. Cummings H.M. *et al.*, « Relation of adolescent video game play to time spent in other activities », *Arch Pediatr Adolesc Med*, 161, 2007.

105. Barr-Anderson D.J. *et al.*, « Characteristics associated with older adolescents who have a television in their bedrooms », *Pediatrics*, 121, 2008.

106. Ruest S. *et al.*, « The Inverse Relationship between Digital Media Exposure and Childhood Flourishing », *J Pediatr*, 197, 2018.

107. Armstrong G. *et al.*, « Background Television as an Inhibitor of Cognitive Processing », *Human Comm Res*, 16, 1990.

108. Pool M. *et al.*, « Background Television as an Inhibitor of Performance on Easy and Difficult Homework Assignments », *Comm Res*, 27, 2000.

109. Pool M. *et al.*, « The Impact of Background Radio and Television on High School Students' Homework Performance », *J Commun*, 53, 2003.

110. Calderwood C. *et al.*, « What else do college students "do" while studying? An investigation of multitasking », *Comput Educ*, 75, 2014.

111. Jeong S.-H. *et al.*, « Does Multitasking Increase or Decrease Persuasion? Effects of Multitasking on Comprehension and Counterarguing », *J Commun*, 62, 2012.

112. Srivastava J., « Media multitasking performance », *Comput Hum Behav*, 29, 2013.

113. Foerde K. *et al.*, « Modulation of competing memory systems by distraction », *Proc Natl Acad Sci USA*, 103, 2006.

114. Kirschner P. *et al.*, « The myths of the digital native and the multitasker », *Teach Teach Educ*, 67, 2017.

115. Guglielminetti B., « One Laptop Per Child réussit son défi [FR] », LeDevoir.com, 2007.

116. « £50 laptop to teach Third World children », dailymail.co.uk, 2007.

117. « Ethiopian kids teach themselves with tablets », WashingtonPost.com, 2013.

118. Ehlers F., « The Miracle of Wenchi. Ethiopian Kids Using Tablets to Teach Themselves », Spiegel.de, 2012.

119. Guégan Y., « Apprendre à lire sans prof ? Les enfants éthiopiens s'y emploient [FR] », nouvelobs.com, 2012.

120. Beaumont P., « Rwanda's laptop revolution », theguardian.com, 2010.

121. « Ces enfants éthiopiens ont hacké leurs tablettes OLPC en 5 mois ! [FR] », 20minutes.fr, 2012.

122. Thomson L., « African kids learn to read, hack Android on OLPC fondleslab », theregister.co.uk, 2012.

123. Ozler B., « One Laptop Per Child is not improving reading or math. But, are we learning enough from these evaluations? », WorldBank.org, 2012.

124. deMelo G. et al., « The Impact of a One Laptop per Child Program on Learning: Evidence from Uruguay », IZA Discussion Paper No. 8489, 2014.
125. Beuermann D.W. *et al.*, « One Laptop per Child at Home », *AEJ: Applied Economics*, 7, 2015.
126. Meza-Cordero J.A., « Learn to Play and Play to Learn », *J Int Dev*, 29, 2017.
127. Sharma U., « Can Computers Increase Human Capital in Developing Countries? An Evaluation of Nepal's One Laptop per Child Program », Paper presented at the AAEA Annual Meeting, Minneapolis, 2014.
128. Cristia J. *et al.*, « Technology and Child Development », *Am Econ J Appl Econ*, 9, 2017.
129. Mora T. *et al.*, « Computers and students' achievement. An analysis of the One Laptop per Child program in Catalonia », *Int J Educ Res*, 92, 2018.
130. Warschauer M. *et al.*, « Can one laptop per child save the world's poor ? », *J. Int. Aff*, 64, 2010.
131. Champeau, « Des enfants illettrés s'éduquent seuls avec une tablette [FR] », Numerama.com, 2012.
132. Murray L. *et al.*, « Randomized controlled trial of a book-sharing intervention in a deprived South African community », *J Child Psychol Psychiatry*, 57, 2016.
133. Vally Z. *et al.*, « The impact of dialogic book-sharing training on infant language and attention », *J Child Psychol Psychiatry*, 56, 2015.
134. Bohannon J., « I Fooled Millions Into Thinking Chocolate Helps Weight Loss. Here's How. », io9.gizmodo.com, 2015.
135. Lieury A. *et al.*, « Loisirs numériques et performances cognitives et scolaires [FR] », *Bulletin de psychologie*, 530, 2014.
136. « Liste des revues AERES pour le domaine : psychologie – ethologie – ergonomie », Agence d'évaluation de la recherche et de l'enseignement, 2009. [FR]
137. Lieury A. *et al.*, « L'impact des loisirs des adolescents sur les performances scolaires [FR] », Cahiers Pédagogiques, 2014.
138. « Les ados accros à la téléréalité sont moins bons à l'école [FR] », 20minutes.fr, 2014.
139. « Téléréalité et réussite scolaire ne font pas bon ménage [FR] », atlantico.fr, 2014.
140. Mondoloni M., « Plus on regarde de la téléréalité, moins on est bon à l'école [FR] », francetvinfo.fr, 2014.
141. Mouloud L., « Alain Lieury "La télé-réalité, un loisir nocif pour les résultats scolaires" [FR] », humanite.fr, 2014.
142. « Si tu regardes la télé-réalité, tu auras des mauvaises notes à l'école [FR] », lexpress.fr, 2014.
143. Radier V., « "La télé-réalité fait chuter les notes des ados" [FR] », nouvelobs.com, 2014.
144. Simon P., « Éducation. Trop de téléréalité fait baisser les notes en classe [FR] », ouest-france. fr, 2014.
145. « La téléréalité nuit aux résultats scolaires [FR] », leparisien.fr, 2014.
146. Médias, Le Magazine, France 5, invité Lieury A., 9 Février 2014. [FR]
147. CSA, « Etude sur les stéréotypes féminins pouvant être véhiculés dans les émissions de divertissement [FR] », csa.fr, 2014.
148. Gibson B. *et al.*, « Narcissism on the Jersey Shore », *Psychol Pop Media Cult*, 7, 2018.
149. Gibson B. *et al.*, « Just "harmless entertainment" ? Effects of surveillance reality TV on physical aggression », *Psychol Pop Media Cult*, 5, 2016.
150. Martins N. *et al.*, « The Relationship Between "Teen Mom" Reality Programming and Teenagers' Beliefs About Teen Parenthood », *Mass Commun Soc*, 17, 2014.
151. Martins N. *et al.*, « The role of media exposure on relational aggression: A meta-analysis »,

Aggress Violent Behav, 47, 2019.

152. van Oosten J. *et al.*, « Adolescents' Sexual Media Use and Willingness to Engage in Casual Sex: Differential Relations and Underlying Processes », *Hum Commun Res*, 43, 2017.

153. Riddle K. *et al.*, « A Snooki effect? An exploration of the surveillance subgenre of reality TV and viewers' beliefs about the "real" real world », *Psychol Pop Media Cult*, 2, 2013.

154. Posso A., « Internet Usage and Educational Outcomes Among 15-Year-Old Australian Students », *Int J Commun*, 10, 2016.

155. Gevaudan C., « Les ados qui jouent en ligne ont de meilleures notes [FR] », liberation.fr, 2016.

156. Griffiths S., « Playing video games could boost children's intelligence (but Facebook will ruin their school grades) », dailymail.co.uk, 2016.

157. Scutti S., « Teen gamers do better at math than social media stars, study says », cnn.com, 2016.

158. Fisné A., « Selon une étude, les jeux vidéo permettraient d'avoir de meilleures notes [FR] », lefigaro.fr, 2016.

159. Gibbs S., « Positive link between video games and academic performance, study suggests », theguardian.com, 2016.

160. Dotinga R., « What video games, social media may mean for kids' grades », cbsnews.com, 2016.

161. Bodkin H., « Teenagers regularly using social media do less well at school, new survey finds », telegraph.co.uk, 2016.

162. Devauchelle B., in Fisné A., « Selon une étude, les jeux vidéo permettraient d'avoir de meilleures notes [FR] », lefigaro.fr, 2016.

163. « L'usage des jeux vidéo corrélé à de meilleures notes au lycée, selon une étude australienne [FR] », lemonde.fr, 2016.

164. Oei A.C. *et al.*, « Are videogame training gains specific or general? », *Front Syst Neurosci*, 8, 2014.

165. Przybylski A.K. *et al.*, « A large scale test of the gaming-enhancement hypothesis », *PeerJ*, 4, 2016.

166. van Ravenzwaaij D. *et al.*, « Action video games do not improve the speed of information processing in simple perceptual tasks », *J Exp Psychol Gen*, 143, 2014.

167. Jäncke L. *et al.*, « Expertise in Video Gaming and Driving Skills », *Z Neuropsychol*, 22, 2011.

168. Gaspar J.G. *et al.*, « Are gamers better crossers? An examination of action video game experience and dual task effects in a simulated street crossing task », *Hum Factors*, 56, 2014.

169. Owen A.M. *et al.*, « Putting brain training to the test », *Nature*, 465, 2010.

170. Simons D.J. *et al.*, « Do "Brain-Training" Programs Work? », *Psychol Sci Public Interest*, 17, 2016.

171. Azizi E. *et al.*, « The influence of action video game playing on eye movement behaviour during visual search in abstract, in-game and natural scenes », *Atten Percept Psychophys*, 79, 2017.

172. Sala G. *et al.*, « Video game training does not enhance cognitive ability », *Psychol Bull*, 144, 2018.

173. Drummond A. *et al.*, « Video-games do not negatively impact adolescent academic performance in science, mathematics or reading », *PLoS One*, 9, 2014.

174. Borgonovi F., « Video gaming and gender differences in digital and printed reading performance among 15-year-olds students in 26 countries », *J Adolesc*, 48, 2016.

175. OECD, « The ABC of Gender Equality in Education », OECD, 2015.

176. Humphreys J., « Playing video games can boost exam performance, OECD claims »,

IrishTimes.com, 2015.

177. Eleftheriou-Smith L., « Teenagers who play video games do better at school-but not if they're gaming every day », Independent.co.uk, 2015.

178. Nunès E., « Jouer (avec modération) aux jeux vidéo ne nuit pas à la scolarité », lemonde.fr, 2015.

179. Bingham J., « Video games are good for children (sort of) », telegraph.co.uk, 2015.

180. Hu X. *et al.*, « The relationship between ICT and student literacy in mathematics, reading, and science across 44 countries », *Comput Educ*, 125, 2018.

181. OECD, « PISA 2015 Assessment and Analytical Framework », 2017.

182. Vandewater E.A. *et al.*, « Measuring Children's Media Use in the Digital Age », *Am Behav Sci*, 52, 2009.

183. Edison T., in Saettler P., *The Evolution of American Educational Technology*, IAP, 1990.

184. Edison T., in Cuban L., *Teachers and the Machines,* Teachers College Press, 1986.

185. Darrow B., in Cuban L., *Teachers and the Machines*, Teachers College Press, 1986.

186. Wischner G. *et al.*, « Some thoughts on television as an educational tool », *Am Psychol*, 10, 1955.

187. Johnson L., in Cuban L., *Teachers and the Machines*, Teachers College Press, 1986.

188. Boileau N., *Oeuvres poétiques (Tome 1)* [FR], Imprimerie Générale, 1872.

189. Fourgous J., « Oser la pédagogie numérique ! [FR] », lemonde.fr, 2011.

190. Spitzer M., « M-Learning? When it comes to learning, smartphones are a liability, not an asset », *Trends Neurosci Educ*, 4, 2015.

191. Longcamp M. *et al.*, « Learning through hand-or typewriting influences visual recognition of new graphic shapes », *J Cogn Neurosci*, 20, 2008.

192. Longcamp M. *et al.*, « Remembering the orientation of newly learned characters depends on the associated writing knowledge », *Hum Mov Sci*, 25, 2006.

193. Longcamp M. *et al.*, « The influence of writing practice on letter recognition in preschool children », *Acta Psychol (Amst)*, 119, 2005.

194. Tan L.H. *et al.*, « China's language input system in the digital age affects children's reading development », *Proc Natl Acad Sci USA*, 110, 2013.

195. Fitzgerald J. *et al.*, « Reading and Writing Relations and Their Development », *Educ Psychol*, 35, 2000.

196. Tan L.H. *et al.*, « Reading depends on writing, in Chinese », *Proc Natl Acad Sci USA*, 102, 2005.

197. Longcamp M. *et al.*, « Contribution de la motricité graphique à la reconnaissance visuelle des lettres [FR] », *Psychol Fr*, 55, 2010.

198. Ahmed Y. *et al.*, « Developmental Relations between Reading and Writing at the Word, Sentence and Text Levels », *J Educ Psychol*, 106, 2014.

199. Li J.X. *et al.*, « Handwriting generates variable visual output to facilitate symbol learning », *J Exp Psychol Gen*, 145, 2016.

200. James K.H. *et al.*, « The effects of handwriting experience on functional brain development in pre-literate children », *Trends Neurosci Educ*, 1, 2012.

201. Mueller P.A. *et al.*, « The pen is mightier than the keyboard », *Psychol Sci*, 25, 2014.

202. Abadie A., « Twitter en maternelle, le cahier de vie scolaire 2.0 [FR] », lemonde.fr, 2012.

203. Davidenkoff E.,Davidenkoff E., « La pédagogie doit s'adapter à l'outil [FR] », in Femme Actuelle, n° 1544, Avril 2014.

204. Kirkpatrick H. *et al.*, « Computers make kids smarter-right? », *Technos Quarterly*, 7, 1998.

205. Smith H. *et al.*, « Interactive whiteboards: boon or bandwagon? A critical review of the literature », *J Comput Assist Lear*, 21, 2005.

206. Goolsbee A. *et al.*, « World Wide Wonder? », *Educ Next*, 6, 2006.
207. Clark R. *et al.*, in *The Cambridge Handbook of Multimedia Learning* (ed. Mayer R.E.), «0. Ten Common but Questionable Principles of Multimedia Learning », Cambridge University Press, 2014.
208. Bihouix P. *et al.*, *Le Désastre de l'école numérique* [FR], Seuil, 2016.
209. Angrist J. *et al.*, « New Evidence on Classroom Computers and Pupil Learning », *Econ J*, 112, 2002.
210. Spiel C. *et al.*,« Evaluierung des österreichischen Modellversuchs e-Learning und e-Teaching mit SchülerInnen-Notebooks ». Im *Auftragdes Bundesministeriums für Bildung, Wissenschaftund Kultur*, 2003.
211. Rouse C. *et al.*, « Putting computerized instruction to the test », *Econ Educ Rev*, 23, 2004.
212. Goolsbee A. *et al.*, « The Impact of Internet Subsidies in Public Schools », *Rev Econ Stat*, 88, 2006.
213. Schaumburg H. et al., « Lernen in Notebook-Klassen. Endbericht zur Evaluation des Projekts "1000mal1000: Notebooks im Schulranzen" », Schulen ans Netz e. V., 2007.
214. Wurst C. *et al.*, « Ubiquitous laptop usage in higher education », *Comput Educ*, 51, 2008.
215. Barrera-Osorio F. *et al.*,« The use and misuse of computers in education: evidence from a randomized experiment in Colombia ». Impact Evaluation series; no. IE 29 Policy Research working paper ; no. WPS 4836. Washington, DC: World Bank, 2009.
216. Gottwald A. *et al.*,Hamburger Notebook-Projekt. Behördefür Schule und Berufsbildung, 2010.
217. Leuven E. *et al.*, « The Effect of Extra Funding for Disadvantaged Pupils on Achievement », *Rev Econ Stat*, 89, 2007.
218. OECD, « Students, Computers and Learning: Making the Connection (PISA) », oecd.org, 2015.
219. OCDE, « Connectés pour apprendre ? Les élèves et les nouvelles technologies (principaux résultats) [FR] », oecd.org, 2015.
220. USDE, « Effectiveness of Reading and Mathematics Software Products: Findings from the First Student Cohort (report to congress) », ies.es.gov, 2007.
221. USDE, « Reviewing the evidence on how teacher professional development affects student achievement (rel 2007, n° 033) », ies.ed.gov, 2007.
222. Rockoff J., « The Impact of Individual Teachers on Student Achievement », *Am Econ Rev*, 94, 2004.
223. Ripley A., *The Smartest kids in the world*, Simon & Shuster, 2013.
224. Darling-Hammond L., « Teacher Quality and Student Achievement », *Educ Policy Analysis Arch*, 8, 2000.
225. Darling-Hammond L., *Empowered Educators*, Jossey-Bass, 2017.
226. Chetty R. *et al.*, « Measuring the Impacts of Teachers II », *Am Econ Rev*, 104, 2014.
227. OECD, « Effective Teacher Policies: Insights from PISA », oecd.org, 2018.
228. Joy B., in Bauerlein M., *The Dumbest Generation*, Tarcher/Penguin, 2009.
229. Johnson L. *et al.*, « Horizon Report Europe: 2014 Schools Edition », Publications Office of the European Union & The New Media Consortium, 2014.
230. « A l'université Lyon 3, les connexions sur Facebook et Netflix ralentissent le Wifi [FR] », lefigaro.fr, 2018.
231. Nunès E., « Quand les réseaux sociaux accaparent la bande passante de l'université Lyon-III [FR] », lemonde.fr, 2018.
232. Gazzaley A. *et al.*, *The Distracted Mind*, MIT Press, 2016.
233. Junco R., « In-class multitasking and academic performance », *Comput Hum Behav*, 28, 2012.

234. Burak L., « Multitasking in the University Classroom », *Int J Scholar Teach Learn*, 8, 2012.

235. Bellur S. *et al.*, « Make it our time », *Comput Hum Behav*, 53, 2015.

236. Bjornsen C. *et al.*, « Relations Between College Students' Cell Phone Use During Class and Grades », *Scholarsh Teach Learn Psychol*, 1, 2015.

237. Carter S. *et al.*, « The impact of computer usage on academic performance », *Econ Educ Rev*, 56, 2017.

238. Patterson R. *et al.*, « Computers and productivity », *Econ Educ Rev*, 57, 2017.

239. Lawson D. *et al.*, « The Costs of Texting in the Classroom », *Coll Teach*, 63, 2015.

240. Zhang W., « Learning variables, in-class laptop multitasking and academic performance », *Comput Educ*, 81, 2015.

241. Gaudreau P. *et al.*, « Canadian university students in wireless classrooms », *Comput Educ*, 70, 2014.

242. Ravizza S. *et al.*, « Non-academic internet use in the classroom is negatively related to classroom learning regardless of intellectual ability », *Comput Educ*, 78, 2014.

243. Clayson D. *et al.*, « An Introduction to Multitasking and Texting:Prevalence and Impact on Grades and GPA in Marketing Classes », *J Mark Educ*, 35, 2013.

244. Wood E. *et al.*, « Examining the impact of off-task multi-tasking with technology on real-time classroom learning », *Comput Educ*, 58, 2012.

245. Fried C., « In-class laptop use and its effects on student learning », *Comput Educ*, 50, 2008.

246. Beland L. *et al.*, « Ill Communication », *Labour Econ*, 41, 2016.

247. Jamet E. *et al.*, « Does multitasking in the classroom affect learning outcomes? A naturalistic study », *Comput Hum Behav*, 106, 2020.

248. Tindell D. *et al.*, « The Use and Abuse of Cell Phones and Text Messaging in the Classroom », *Coll Teach*, 60, 2012.

249. Aagaard J., « Drawn to distraction: A qualitative study of off-task use of educational technology », *Comput Educ*, 87, 2015.

250. Judd T., « Making sense of multitasking », *Comput Educ*, 70, 2014.

251. Rosenfeld B. *et al.*, « East Vs. West », *Coll Stud J*, 48, 2014.

252. Ugur N. *et al.*, « Time for Digital Detox », *Procedia Soc Behav Sci*, 195, 2015.

253. Ragan E. *et al.*, « Unregulated use of laptops over time in large lecture classes », *Comput Educ*, 78, 2014.

254. Kraushaar J. *et al.*, « Examining the Affects of Student Multitasking With Laptops During the Lecture », *J Inf Syst Educ*, 21, 2010.

255. Hembrooke H. *et al.*, « The laptop and the lecture », *J Comput High Educ*, 15, 2003.

256. Bowman L. *et al.*, « Can students really multitask? An experimental study of instant messaging while reading », *Comput Educ*, 54, 2010.

257. Ellis Y. *et al.*, « The Effect of Multitasking on the Grade Performance of Business Students », *Res High Educ J*, 8, 2010.

258. End C. *et al.*, « Costly Cell Phones », *Teach Psychol*, 37, 2010.

259. Barks A. *et al.*, « Effects of Text Messaging on Academic Performance », *Signum Temporis*, 4, 2011.

260. Froese A. *et al.*, « Effects of classroom cell phone use on expected and actual learning », *Coll Stud J*, 46, 2012.

261. Kuznekoff J. *et al.*, « The Impact of Mobile Phone Usage on Student Learning », *Commun Educ*, 62, 2013.

262. Sana F. *et al.*, « Laptop multitasking hinders classroom learning for both users and nearby peers », *Comput Educ*, 62, 2013.

263. Gingerich A. *et al.*, « OMG! Texting in Class = U Fail », *Teach Psychol*, 41, 2014.

264. Thornton B. *et al.*, « The mere presence of a cell phone may be distracting », *Soc Psychol*, 45, 2014.

265. Rideout V. *et al.*, « The common sense census : Media use by tweens and teens », Common sense media, 2019.

266. Rideout V., « The common sense census : Media use by tweens and teens », Common sense media, 2015.

267. Morrisson C., « La Faisabilité politique de l'ajustement », *Cahier de politique économique*, 13, 1996.

268. Bourhan S., « Alerte, on manque de profs ! [FR] », franceinter.fr, 2018.

269. Mediavilla L., « L'Education nationale peine toujours à recruter ses enseignants [FR] », lesechos.fr, 2018.

270. Adams R., « Secondary teacher recruitment in England falls short of targets », theguardian.com, 2019.

271. Yan H. *et al.*, « Desperate to fill teacher shortages, US schools are hiring teachers from overseas », cnn.com, 2019.

272. Richtel M., « Teachers Resist High-Tech Push in Idaho Schools », nytimes.com, 2012.

273. Herrera L., « In Florida, Virtual Classrooms With No Teachers », nytimes.com, 2011.

274. Frohlich T., « Teacher pay: States where educators are paid the most and least », usatoday.com, 2018.

275. Davidenkoff E., *Le Tsunami numérique* [FR], Stock, 2014.

276. Davidenkoff E., « La révolution Mooc [FR] », huffingtonpost.fr, 2013.

277. Khan Academy, « Pythagorean theorem proof using similarity », khanacademy.org, accès 09/2020.

278. Allione G. *et al.*, « Mass attrition », *J Econ Educ*, 47, 2016.

279. Onah D. et al., « Dropout rates of massive open online courses: behavioral patterns», Proceedings of EDULEARN14, Barcelona, Spain, 2014.

280. Breslow L., in *From books to MOOCs?* (eds. De Corte E. *et al.*), « MOOC research », Portland Press, 2016.

281. Evans B. *et al.*, « Persistence Patterns in Massive Open Online Courses (MOOCs) », *J High Educ*, 87, 2016.

282. Selingo J., « Demystifying the MOOC », nytimes.com, 2014.

283. Dubson M. *et al.*,« Apples vs. Oranges: Comparison of Student Performance in a MOOC vs. a Brick-and-Mortar Course », PERC Proceedings 2014.

284. Miller M.A., « Les MOOCs font pshitt [FR] », lemonde.fr, 2017.

285. Barth I., « Faut-il avoir peur des grands méchants MOOCs ? [FR] », educpros.fr, 2013.

286. Azer S.A., « Is Wikipedia a reliable learning resource for medical students? Evaluating respiratory topics », *Adv Physiol Educ*, 39, 2015.

287. Azer S.A. *et al.*, « Accuracy and readability of cardiovascular entries on Wikipedia », *BMJ Open*, 5, 2015.

288. Vilensky J.A. *et al.*, « Anatomy and Wikipedia », *Clin Anat*, 28, 2015.

289. Hasty R.T. *et al.*, « Wikipedia vs peer-reviewed medical literature for information about the 10 most costly medical conditions », *J Am Osteopath Assoc*, 114, 2014.

290. Lee S. *et al.*, « Evaluating the quality of Internet information for femoroacetabular impingement », *Arthroscopy*, 30, 2014.

291. Lavsa S. *et al.*, « Reliability of Wikipedia as a medication information source for pharmacy students », *Curr Pharm Teach Learn*, 3, 2011.

292. Berlatsky N., « Google search algorithms are not impartial. », nbcnews.com, 2018.

293. Murray D., *The Madness of Crowds*, Bloomsburry Continuum, 2019.

294. Solon A. *et al.*, « How Google's search algorithm spreads false information with a rightwing bias », theguardian.com, 2016.

295. Grind K. *et al.*, « How Google Interferes With Its Search Algorithms and Changes Your Results », wsj.com, 2019.

296. Lynch P.M., *The Internet of us*, Liveright, 2016.

297. http://pensees.bibliques.over-blog.org/article-2590229.html, accès 11/2018.

298. https://christiananswers.net/french/q-aig/aig-c030f.html, accès 11/2018.

299. https://datanews.levif.be/ict/actualite/qu-est-il-arrive-aux-dinosaures/article-normal-299437.html, accès 11/2018.

300. http://fr.pursuegod.org/whats-the-biblical-view-on-dinosaurs , accès 11/2018.

301. Hirsch E., *The Knowledge deficit*, Houghton Mifflin Hartcourt, 2006.

302. Willingham D., *Why don't students like school*, Jossey-Bass, 2009.

303. Christodoulou D., *Seven Myths About Education*, Routledge, 2014.

304. Tricot A. *et al.*, « Domain-Specific Knowledge and Why Teaching Generic Skills Does Not Work », *Educ Psychol Rev*, 26, 2014.

305. Metzger M. *et al.*, « Believing the Unbelievable », *J Child Med*, 9, 2015.

306. Saunders L. *et al.*, « Don't they teach that in high school? Examining the high school to college information literacy gap », *Libr Inform Sci Res*, 39, 2017.

307. Recht D. *et al.*, « Effect of prior knowledge on good and poor readers' memory of text », *J Educ Psychol*, 80, 1988.

308. Rowlands I. *et al.*, « The Google generation », *Aslib Proc*, 60, 2008.

309. Thirion P. *et al.*, « Enquête sur les compétences documentaires et informationnelles des étudiants qui accèdent à l'enseignement supérieur en Communauté française de Belgique [FR] », enssib.fr, 2008.

310. Julien H. *et al.*, « How high-school students find and evaluate scientific information », *Libr Inform Sci Res*, 31, 2009.

311. Gross M. *et al.*, « What's skill got to do with it? », *J Am Soc Inf Sci Technol*, 63, 2012.

312. Perret C., « Pratiques de recherche documentaire et réussite universitaire des étudiants de première année [FR] », *Carrefours de l'éducation*, 35, 2013.

313. Dumouchel G. *et al.*, « Mon ami Google [FR] », *Can J Learn Tech*, 43, 2017.

314. « Evaluating Information: The Cornerstone of Civic Online Reasoning», Report from the Stanford History Education Group, Stanford History Education Group, 2016.

315. McNamara D. *et al.*, « Are Good Texts Always Better? Interactions of Text Coherence, Background Knowledge, and Levels of Understanding in Learning From Text », *Cognition Instruct*, 14, 1996.

316. Amadieu F. *et al.*, « Exploratory Study of Relations Between Prior Knowledge, Comprehension, Disorientation and On-Line Processes in Hypertext », *Ergon Open J*, 2, 2009.

317. Amadieu F. *et al.*, « Prior knowledge in learning from a non-linear electronic document: Disorientation and coherence of the reading sequences », *Comput Hum Behav*, 25, 2009.

318. Amadieu F. *et al.*, « Effects of prior knowledge and concept-map structure on disorientation, cognitive load, and learning », *Learn Instr*, 19, 2009.
319. Khosrowjerdi M. *et al.*, « Prior knowledge and information-seeking behavior of PhD and MA students », *Libr Inform Sci Res*, 33, 2011.
320. Kalyuga S., « Effects of Learner Prior Knowledge and Working Memory Limitations on Multimedia Learning », *Procedia Soc Behav Sci*, 83, 2013.
321. Guillou M., « Profs débutants : 10 bonnes raisons d'échapper au numérique [FR] », educavox.fr, 2013.
322. Guéno J., *Mémoires de maîtres, paroles d'élèves* [FR], J'ai lu, 2012.
323. Camus A., in Bersihand N., « Lettre de Camus à Louis Germain, son premier instituteur [FR] », huffingtonpost.fr, 2014.

第三节

1. Dehaene-Lambertz G. *et al.*, « The Infancy of the Human Brain », *Neuron*, 88, 2015.
2. Otsuka Y., « Face recognition in infants », *Jpn Psychol res*, 56, 2014.
3. Bonini L. *et al.*, « Evolution of mirror systems », *Ann N Y Acad Sci*, 1225, 2011.
4. Grossmann T., « The development of social brain functions in infancy », *Psychol Bull*, 141, 2015.
5. Piaget J., *The Origins of Intelligence in Children*, International Universities Press, 1952.
6. Cassidy J. *et al.*, *Handbook of Attachment: Theory, Research, and Clinical Applications (3e édition)*, Guilford Press, 2016.
7. Tottenham N., « The importance of early experiences for neuro-affective development », *Curr Top Behav Neurosci*, 16, 2014.
8. Grusec J.E., « Socialization processes in the family », *Annu Rev Psychol*, 62, 2011.
9. Kuhl P.K., « Brain mechanisms in early language acquisition », *Neuron*, 67, 2010.
10. Eshel N. *et al.*, « Responsive parenting », *Bull World Health Organ*, 84, 2006.
11. Champagne F.A. *et al.*, « How social experiences influence the brain », *Curr Opin Neurobiol*, 15, 2005.
12. Hart B. *et al.*, *Meaningful differences*, Paul H Brookes Publishing Co, 1995.
13. Farley J.P. *et al.*, « The development of adolescent self-regulation », *J Adolesc*, 37, 2014.
14. Hair E. *et al.*, « The Continued Importance of Quality Parent-Adolescent Relationships During Late Adolescence », *J Res Adolesc*, 18, 2008.
15. Morris A.S. *et al.*, « The Role of the Family Context in the Development of Emotion Regulation », *Soc Dev*, 16, 2007.
16. Smetana J.G. *et al.*, « Adolescent development in interpersonal and societal contexts », *Annu Rev Psychol*, 57, 2006.
17. Forehand R. *et al.*, « Home predictors of young adolescents' school behavior and academic performance », *Child Dev*, 57, 1986.
18. Dettmer A.M. *et al.*, « Neonatal face-to-face interactions promote later social behaviour in infant rhesus monkeys », *Nat Commun*, 7, 2016.
19. Cunningham A. *et al.*, *Book Smart*, Oxford University Press, 2014.
20. Neuman S. *et al.*, *Handbook of early literacy research (vol 1 to 3)*, Guilford Press, 2001–2011.
21. Black S. *et al.*, « Older and Wiser? Birth Order and IQ of Young Men, NBER Working Paper No. 13237 », 2007.
22. Black S. *et al.*, « The More the Merrier? The Effect of Family Size and Birth Order on

Children's Education* », *Q J Econ*, 120, 2005.

23. Kantarevic J. *et al.*, « Birth Order, Educational Attainment, and Earnings », *J Hum Resour*, XLI, 2006.

24. Lehmann J. *et al.*, « The Early Origins of Birth Order Differences in Children's Outcomes and Parental Behavior », *J Hum Resour*, 53, 2018.

25. Coude G. *et al.*, « Grasping Neurons in the Ventral Premotor Cortex of Macaques Are Modulated by Social Goals », *J Cogn Neurosci*, 2018.

26. Ferrari P.F., « The neuroscience of social relations. A comparative-based approach to empathy and to the capacity of evaluating others' action value », *Behaviour*, 151, 2014.

27. Salo V.C. *et al.*, « The role of the motor system in action understanding and communication », *Dev Psychobiol*, 2018.

28. Ferrari P.F. *et al.*, « Mirror neurons responding to the observation of ingestive and communicative mouth actions in the monkey ventral premotor cortex », *Eur J Neurosci*, 17, 2003.

29. Jarvelainen J. *et al.*, « Stronger reactivity of the human primary motor cortex during observation of live rather than video motor acts », *Neuroreport*, 12, 2001.

30. Perani D. *et al.*, « Different brain correlates for watching real and virtual hand actions », *Neuroimage*, 14, 2001.

31. Shimada S. *et al.*, « Infant's brain responses to live and televised action », *Neuroimage*, 32, 2006.

32. Jola C. *et al.*, « In the here and now », *Cogn Neurosci*, 4, 2013.

33. Ruysschaert L. *et al.*, « Neural mirroring during the observation of live and video actions in infants », *Clin Neurophysiol*, 124, 2013.

34. Troseth G.L. *et al.*, « The medium can obscure the message », *Child Dev*, 69, 1998.

35. Troseth G.L. *et al.*, « Young children's use of video as a source of socially relevant information », *Child Dev*, 77, 2006.

36. Kuhl P.K. *et al.*, « Foreign-language experience in infancy », *Proc Natl Acad Sci USA*, 100, 2003.

37. Schmidt K.L. *et al.*, « Television and reality », *Media Psychol*, 4, 2002.

38. Schmidt K.L. *et al.*, « Two-Year-Olds' Object Retrieval Based on Television: Testing a Perceptual Account », *Media Psychol*, 9, 2007.

39. Kirkorian H. *et al.*, « Video Deficit in Toddlers' Object Retrieval: », *Infancy*, 21, 2016.

40. Kim D.H. *et al.*, « Effects of live and video form action observation training on upper limb function in children with hemiparetic cerebral palsy », *Technol Health Care*, 26, 2018.

41. Reiß M. *et al.*, « Theory of Mind and the Video Deficit Effect », *Media Psychol*, 22, 2019.

42. Barr R. *et al.*, « Developmental changes in imitation from television during infancy », *Child Dev*, 70, 1999.

43. Hayne H. *et al.*, « Imitation from television by 24-and 30-month-olds », *Dev Sci*, 6, 2003.

44. Thierry K. *et al.*, « A real-life event enhances the accuracy of preschoolers' recall », *Appl Cogn Psychol*, 18, 2004.

45. Yadav S. *et al.*, « Children aged 6-24 months like to watch YouTube videos but could not learn anything from them », *Acta Paediatr*, 107, 2018.

46. Madigan S. *et al.*, « Association Between Screen Time and Children's Performance on a Developmental Screening Test », *JAMA Pediatr*, 2019.

47. Kildare C. *et al.*, « Impact of parents mobile device use on parent-child interaction », *Comput Hum Behav*, 75, 2017.

48. Napier C., « How use of screen media affects the emotional development of infants », *Prim*

Health Care, 24, 2014.
49. Radesky J. *et al.*, « Maternal mobile device use during a structured parent-child interaction task », *Acad Pediatr*, 15, 2015.
50. Radesky J.S. *et al.*, « Patterns of mobile device use by caregivers and children during meals in fast food restaurants », *Pediatrics*, 133, 2014.
51. Stockdale L. *et al.*, « Parent and Child Technoference and socioemotional behavioral outcomes », *Comput Hum Behav*, 88, 2018.
52. Kushlev K. *et al.*, « Smartphones distract parents from cultivating feelings of connection when spending time with their children », *J Soc Pers Relatsh*, 0, 2018.
53. Rotondi V. *et al.*, « Connecting alone », *J Econ Psychol*, 63, 2017.
54. Dwyer R. *et al.*, « Smartphone use undermines enjoyment of face-to-face social interactions », *J Exp Soc Psychol*, 78, 2018.
55. Christakis D.A. *et al.*, « Audible television and decreased adult words, infant vocalizations, and conversational turns », *Arch Pediatr Adolesc Med*, 163, 2009.
56. Kirkorian H.L. *et al.*, « The impact of background television on parent-child interaction », *Child Dev*, 80, 2009.
57. Tomopoulos S. *et al.*, « Is exposure to media intended for preschool children associated with less parent-child shared reading aloud and teaching activities? », *Ambul Pediatr*, 7, 2007.
58. Tanimura M. *et al.*, « Television viewing, reduced parental utterance, and delayed speech development in infants and young children », *Arch Pediatr Adolesc Med*, 161, 2007.
59. Vandewater E.A. *et al.*, « Time well spent? Relating television use to children's free-time activities », *Pediatrics*, 117, 2006.
60. Chaput J.P. *et al.*, « Sleeping hours: what is the ideal number and how does age impact this? », *Nat Sci Sleep*, 10, 2018.
61. Rideout V., « The common sense census : Media use by tweens and teens », Common sense media, 2015.
62. Rideout V., « The common sense census : Media use by kids age zero to eight », Common sense media, 2017.
63. Wartella E. *et al.*, « Parenting in the Age of Digital Technology », Center on Media and Human Development School of Communication Northwestern University, 2014.
64. Donnat O., *Les Pratiques culturelles des Français à l'ère numérique : Enquête 2008* [FR], La Découverte, 2009.
65. Desmurget M., *TV Lobotomie* [FR], J'ai Lu, 2013.
66. Schmidt M.E. *et al.*, « The effects of background television on the toy play behavior of very young children », *Child Dev*, 79, 2008.
67. Kubey R. *et al.*, « Television addiction is no mere metaphor », *Sci. Am*, 286, 2002.
68. Huston A.C. *et al.*, « Communicating More than Content », *J Commun*, 31, 1981.
69. Bermejo Berros J., *Génération Télévision* [FR], De Boeck, 2007.
70. Lachaux J., *Le Cerveau attentif* [FR], Odile Jacob, 2011.
71. Przybylski A. *et al.*, « Can you connect with me now? How the presence of mobile communication technology influences face-to-face conversation quality », *J Soc Pers Relatsh*, 30, 2013.
72. McDaniel B. *et al.*, « "Technoference" », *Psychol Pop Media Cult*, 5, 2016.
73. McDaniel B. *et al.*, « "Technoference" and implications for mothers' and fathers' couple and coparenting relationship quality », *Comput Hum Behav*, 80, 2018.

74. Roberts J. *et al.*, « My life has become a major distraction from my cell phone », *Comput Hum Behav*, 54, 2016.
75. Halpern D. *et al.*, « Texting's consequences for romantic relationships », *Comput Hum Behav*, 71, 2017.
76. Winn M., *The Plug-In-Drug (revised edition)*, Penguin Group, 2002.
77. Coyne S. *et al.*, « Gaming in the Game of Love », *Fam Relat*, 61, 2012.
78. Ahlstrom M. *et al.*, « Me, My Spouse, and My Avatar », *J Leis Res*, 44, 2012.
79. Parke R.D., « Development in the family », *Annu Rev Psychol*, 55, 2004.
80. El-Sheikh M. *et al.*, « Family conflict, autonomic nervous system functioning, and child adaptation », *Dev Psychopathol*, 23, 2011.
81. Lucas-Thompson R.G. *et al.*, « Family relationships and children's stress responses », *Adv Child Dev Behav*, 40, 2011.
82. Sternberg R., in *The nature of vocabulary acquisition* (eds. McKeown M. *et al.*), « Most vocabulary is learned from context », Lawrence Erlbaum Associates, 1987.
83. Duch H. *et al.*, « Association of screen time use and language development in Hispanic toddlers », *Clin Pediatr (Phila)*, 52, 2013.
84. Lin L.Y. *et al.*, « Effects of television exposure on developmental skills among young children », *Infant Behav Dev*, 38, 2015.
85. Pagani L.S. *et al.*, « Early childhood television viewing and kindergarten entry readiness », *Pediatr Res*, 74, 2013.
86. Tomopoulos S. *et al.*, « Infant media exposure and toddler development », *Arch Pediatr Adolesc Med*, 164, 2010.
87. Zimmerman F.J. *et al.*, « Associations between media viewing and language development in children under age 2 years », *J Pediatr*, 151, 2007.
88. Byeon H. *et al.*, « Relationship between television viewing and language delay in toddlers », *PLoS One*, 10, 2015.
89. Chonchaiya W. *et al.*, « Television viewing associates with delayed language development », *Acta Paediatr*, 97, 2008.
90. van den Heuvel M. *et al.*, « Mobile Media Device Use is Associated with Expressive Language Delay in 18-Month-Old Children », *J Dev Behav Pediatr*, 40, 2019.
91. Collet M. *et al.*, « Case-control study found that primary language disorders were associated with screen exposure », *Acta Paediatr*, 2018.
92. Madigan S. *et al.*, « Associations Between Screen Use and Child Language Skills: A Systematic Review and Meta-analysis », *JAMA Pediatr*, 2020.
93. Tremblay M.S. *et al.*, « Canadian 24-Hour Movement Guidelines for Children and Youth: An Integration of Physical Activity, Sedentary Behaviour, and Sleep », *Appl Physiol Nutr Metab*, 41, 2016.
94. Walsh J.J. *et al.*, « Associations between 24 hour movement behaviours and global cognition in US children », *Lancet Child Adolesc Health*, 2, 2018.
95. Takeuchi H. *et al.*, « The impact of television viewing on brain structures », *Cereb Cortex*, 25, 2015.
96. Takeuchi H. *et al.*, « Impact of videogame play on the brain's microstructural properties », *Mol Psychiatry*, 21, 2016.
97. Mitra P. *et al.*, « Clinical and molecular aspects of lead toxicity », *Crit Rev Clin Lab Sci*, 54, 2017.
98. Chiodo L.M. *et al.*, « Blood lead levels and specific attention effects in young children »,

Neurotoxicol Teratol, 29, 2007.

99. Horowitz-Kraus T. *et al.*, « Brain connectivity in children is increased by the time they spend reading books and decreased by the length of exposure to screen-based media », *Acta Paediatr*, 107, 2018.

100. Takeuchi H. *et al.*, « Impact of frequency of internet use on development of brain structures and verbal intelligence: Longitudinal analyses », *Hum Brain Mapp*, 39, 2018.

101. Hutton J.S. *et al.*, « Potential Association of Screen Use With Brain Development in Preschool-Aged Children-Reply », *JAMA Pediatr*, 2020.

102. Farah M.J., « The Neuroscience of Socioeconomic Status: Correlates, Causes, and Consequences », *Neuron*, 96, 2017.

103. Mohammed A.H. *et al.*, « Environmental enrichment and the brain », *Prog Brain Res*, 138, 2002.

104. van Praag H. *et al.*, « Neural consequences of environmental enrichment », *Nat Rev Neurosci*, 1, 2000.

105. Huttenlocher J. *et al.*, « Early vocabulary growth », *Dev Psychol*, 27, 1991.

106. Walker D. *et al.*, « Prediction of school outcomes based on early language production and socioeconomic factors », *Child Dev*, 65, 1994.

107. Hoff E., « The specificity of environmental influence », *Child Dev*, 74, 2003.

108. Zimmerman F.J. *et al.*, « Teaching by listening », *Pediatrics*, 124, 2009.

109. Cartmill E.A. *et al.*, « Quality of early parent input predicts child vocabulary 3 years later », *Proc Natl Acad Sci USA*, 110, 2013.

110. Bloom P., *How Children Learn the Meaning of Words*, MIT Press, 2000.

111. Takeuchi H. *et al.*, « Impact of reading habit on white matter structure », *Neuroimage*, 133, 2016.

112. Gilkerson J. *et al.*, « Language Experience in the Second Year of Life and Language Outcomes in Late Childhood », *Pediatrics*, 142, 2018.

113. Hart B. *et al.*, « American parenting of language-learning children », *Dev Psychol*, 28, 1992.

114. Romeo R.R. *et al.*, « Language Exposure Relates to Structural Neural Connectivity in Childhood », *J Neurosci*, 38, 2018.

115. Damgé M., « Ecrans et capacités cognitives, une relation complexe [FR] », lemonde.fr, 2019.

116. Davis N., « Study links high levels of screen time to slower child development », theguardian. com, 2019.

117. Kostyrka-Allchorne K. *et al.*, « The relationship between television exposure and children's cognition and behaviour », *Dev Rev*, 44, 2017.

118. Krcmar M., « Word Learning in Very Young Children From Infant-Directed Dvds », *J Commun*, 61, 2011.

119. Richert R.A. *et al.*, « Word learning from baby videos », *Arch Pediatr Adolesc Med*, 164, 2010.

120. Robb M.B. *et al.*, « Just a talking book? Word learning from watching baby videos », *Br J Dev Psychol*, 27, 2009.

121. DeLoache J.S. *et al.*, « Do babies learn from baby media? », *Psychol Sci*, 21, 2010.

122. Kaminski J. *et al.*, « Word learning in a domestic dog », *Science*, 304, 2004.

123. Carey S., in *Linguistic Theory and Psychological Reality* (eds. Halle M. *et al.*), « The child as word learner », MIT press, 1978.

124. Krcmar M., « Can Infants and Toddlers Learn Words from Repeat Exposure to an Infant Directed DVD? », *J Broadcast Electron Media*, 58, 2014.

125. Gola A.A.H. *et al.*, in *Handbook of Children and the Media (2nd edition)* (eds. Singer D.G. *et al.*), « Television as incidental language teacher », Sage Publications, 2012.

126. Van Lommel S. *et al.*, « Foreign-grammar acquisition while watching subtitled television programmes », *Br J Educ Psychol*, 76, 2006.

127. Roseberry S. *et al.*, « Live action: can young children learn verbs from video? », *Child Dev*, 80, 2009.

128. Baudelaire C., *Oeuvres complètes (IV) : petits poèmes en prose*, Michel Lévy Frères, 1869.

129. Brown P. *et al.*, *Make it stick*, Harvard University Press, 2014.

130. Veneziano E., in *L'Acquisition du langage: Le langage en émergence. De la naissance à trois ans* (eds. Kail M. *et al.*), « Interaction, conversation et acquisition du langage dans les trois premières années de la vie [FR] », PUF, 2000.

131. Hickok G. *et al.*, « The cortical organization of speech processing », *Nat Rev Neurosci*, 8, 2007.

132. Lopez-Barroso D. *et al.*, « Word learning is mediated by the left arcuate fasciculus », *Proc Natl Acad Sci USA*, 110, 2013.

133. Collectif, « Children and Adolescents and Digital Media », *Pediatrics*, 138, 2016.

134. Stanovich K., in *Advances of child development and behavior (Vol 24)* (ed. Reese H.), « Does reading make you smarter? Literacy and the development of verbal intelligence », Academic Press, 1993.

135. Hayes D., « Speaking and writing », *J Mem Lang*, 27, 1988.

136. Cunningham A. *et al.*, « What reading does for the mind », *Am. Educ.*, 22, 1998.

137. Collectif, « Rentrée 2008 : évaluation du niveau d'orthographe et de grammaire des élèves qui entrent en classe de seconde [FR] », sauv.net, 2009.

138. Mathieu-Colas M., « Maîtrise du français [FR] », lefigaro.fr, 2010.

139. Anderson R. *et al.*, « Growth in reading and how children spend their time outside of school », *Read Res Q*, 23, 1988.

140. Esteban-Cornejo I. *et al.*, « Objectively measured and self-reported leisure-time sedentary behavior and academic performance in youth », *Prev Med*, 77, 2015.

141. Sullivan A. *et al.*, « Social inequalities in cognitive scores at age 16: the role of reading, CLS Working Paper 2013/10 », Centre for Longitudinal Studies, Institute of Education, University of London, 2013.

142. Mol S.E. *et al.*, « To read or not to read », *Psychol Bull*, 137, 2011.

143. NEA, « To Read or Not To Read, Reasearch Report #47 », National Endowment for the Arts, 2007.

144. Shin N., « Exploring pathways from television viewing to academic achievement in school age children », *J Genet Psychol*, 165, 2004.

145. Head Zauche L. *et al.*, « The Power of Language Nutrition for Children's Brain Development, Health, and Future Academic Achievement », *J Pediatr Health Care*, 31, 2017.

146. Barr-Anderson D.J. *et al.*, « Characteristics associated with older adolescents who have a television in their bedrooms », *Pediatrics*, 121, 2008.

147. Merga M. *et al.*, « The influence of access to eReaders, computers and mobile phones on children's book reading frequency », *Comput Educ*, 109, 2017.

148. Gentile D.A. *et al.*, « Bedroom media », *Dev Psychol*, 53, 2017.

149. Rideout V. *et al.*, « Generation M2 : Media in the lives of 8-18 year-olds », Kaiser Family Foundation, 2010.

150. Garcia-Continente X. *et al.*, « Factors associated with media use among adolescents », *Eur J Public Health*, 24, 2014.

151. Wiecha J.L. *et al.*, « Household television access », *Ambul Pediatr*, 1, 2001.

152. Gadberry S., « Effects of restricting first graders' TV-viewing on leisure time use, IQ change, and cognitive style », *J Appl Dev Psychol*, 1, 1980.

153. Cummings H.M. *et al.*, « Relation of adolescent video game play to time spent in other activities », *Arch Pediatr Adolesc Med*, 161, 2007.

154. Corteen R.S. *et al.*, in *The Impact of Television: a Natural Experiment in Three Communities* (ed. MacBeth Williams T.), « Television and reading skills », Academic Press, 1986.

155. Vandewater E.A. *et al.*, « When the Television Is Always On », *Am Behav Sci*, 48, 2005.

156. Koolstra C.M. *et al.*, « Television's Impact on Children's Reading Comprehension and Decoding Skills », *Read Res Q*, 32, 1997.

157. « Children's Reading for Pleasure: trends and challenges (Egmont Books Report) », egmont. co.uk, 2020.

158. Clark C. *et al.*, « Children and young people's reading in 2019 (National Literacy Trust research report) », literacytrust.org.uk, 2020.

159. Lombardo P. *et al.*, « Cinquante ans de pratiques culturelles en France [FR] », culture.gouv.fr, 2020.

160. Rideout V. *et al.*, « The common sense census : Media use by tweens and teens », Common sense media, 2019.

161. Mauléon F., « cité in Rollot, O. Nouvelles pédagogies : « L'étudiant doit être la personne la plus importante dans une école [FR] » », lemonde.fr, 2013.

162. Manilève V., « Dire que les "jeunes lisent moins qu'avant" n'a plus aucun sens à l'heure d'internet [FR] », slate.fr, 2015.

163. Octobre S., *Deux pouces et des neurones* [FR], Ministère de la culture et de la communication, 2014.

164. Octobre S. in Buratti L., « Les jeunes lisent toujours, mais pas des livres [FR] », lemonde.fr, 2014.

165. Duncan L.G. *et al.*, « Adolescent reading skill and engagement with digital and traditional literacies as predictors of reading comprehension », *Br J Psychol*, 107, 2016.

166. Pfost M. *et al.*, « Students' extracurricular reading behavior and the development of vocabulary and reading comprehension », *Learn Individ Differ*, 26, 2013.

167. Mangen A. *et al.*, « Reading linear texts on paper versus computer screen », *Int J Educ Res*, 58, 2013.

168. Kong Y. *et al.*, « Comparison of reading performance on screen and on paper », *Comput Educ*, 123, 2018.

169. Delgado P. *et al.*, « Don't throw away your printed books », *Educ Res Rev*, 25, 2018.

170. Singer L. *et al.*, « Reading Across Mediums », *J Exp Educ*, 85, 2017.

171. Toulon A., « Des jeux-vidéo pour lutter contre la dyslexie [FR] », Europe1.fr, 2014.

172. « Video games 'help reading in children with dyslexia' », bbc.com, 2013.

173. Serna J., « Study: A day of video games tops a year of therapy for dyslexic readers », LaTimes.com, 2013.

174. Solis M., « Video Games May Treat Dyslexia », scientificamerican.com, 2013.

175. Harrar V. *et al.*, « Multisensory integration and attention in developmental dyslexia », *Curr Biol*, 24, 2014.

176. « Les jeux vidéo d'action recommandés aux dyslexiques [FR] », cNewsMatin.fr, 2014.

177. de la Bigne Y., « Les juex viédos conrte la dislexye [FR] », Europe1.fr, 2014.

178. Kipling R., *Histoires comme ça*, Livre de Poche, 2007.

179. Franceschini S. *et al.*, « Action video games make dyslexic children read better », *Curr Biol*,

23, 2013.
180. Tressoldi P.E. *et al.*, « The development of reading speed in Italians with dyslexia », *J Learn Disabil*, 34, 2001.
181. Tressoldi P.E. *et al.*, « Efficacy of an intervention to improve fluency in children with developmental dyslexia in a regular orthography », *J Learn Disabil*, 40, 2007.
182. Collins N., « Video games 'teach dyslexic children to read' », Telegraph.co.uk, 2013.
183. Guarini D., « 9 Ways Video Games Can Actually Be Good For You », huffingtonpost.com, 2013.
184. Green C.S. *et al.*, « Action video game modifies visual selective attention », *Nature*, 423, 2003.
185. Blakeslee S., « Video-Game Killing Builds Visual Skills, Researchers Report », nytimes.com, 2003.
186. Debroise A., « Les effets positifs des jeux vidéo [FR] », LePoint.fr, 2012.
187. « Les jeux de tirs sont bons pour le cerveau [FR] », lefigaro.fr, 2012.
188. Fleming N., « Why video games may be good for you », bbc.com, 2013.
189. Bach J. et al., L'Enfant et les écrans : Un avis de l'académie des sciences [FR], Le Pommier, 2013.
190. Bavelier D. *et al.*, « Brain plasticity through the life span », *Annu Rev Neurosci*, 35, 2012.
191. Weisburg R.W., in *Handbook of creativity* (ed. Sternberg R.), « Creativity and knowledge », Cambridge University Press, 1999.
192. Colvin G., *Talent is overrated*, Portfolio, 2010.
193. Gladwell M., *Outliers*, Black Bay Books, 2008.
194. Ericsson A. *et al.*, *Peak*, Houghton Mifflin Harcourt, 2016.
195. Cain S., *Quiet*, Broadway Paperbacks, 2013.
196. Dunnette M. *et al.*, « The effect of group participation on brainstorming effectiveness for 2 industrial samples », *J Appl Psychol*, 47, 1963.
197. Mongeau P. *et al.*, « Reconsidering brainstorming », *Group Facilitation*, 1, 1999.
198. Furnham, « The Brainstorming Myth », *Bus Strategy Rev*, 11, 2000.
199. Dye M.W. *et al.*, « Increasing Speed of Processing With Action Video Games », *Curr Dir Psychol Sci*, 18, 2009.
200. Castel A.D. *et al.*, « The effects of action video game experience on the time course of inhibition of return and the efficiency of visual search », *Acta Psychol (Amst)*, 119, 2005.
201. Green C.S. *et al.*, « Improved probabilistic inference as a general learning mechanism with action video games », *Curr Biol*, 20, 2010.
202. Murphy K. *et al.*, « Playing video games does not make for better visual attention skills », *JASNH*, 6, 2009.
203. Boot W.R. *et al.*, « The effects of video game playing on attention, memory, and executive control », *Acta Psychol (Amst)*, 129, 2008.
204. Boot W.R. *et al.*, « Do action video games improve perception and cognition? », *Front Psychol*, 2, 2011.
205. Irons J. *et al.*, « Not so fast », *Aust J Psychol*, 63, 2011.
206. Donohue S.E. *et al.*, « Cognitive pitfall! Videogame players are not immune to dual-task costs », *Atten Percept Psychophys*, 74, 2012.
207. Boot W.R. *et al.*, « The Pervasive Problem With Placebos in Psychology: Why Active Control Groups Are Not Sufficient to Rule Out Placebo Effects », *Perspect Psychol Sci*, 8, 2013.
208. Collins E. *et al.*, « Video game use and cognitive performance », *Cyberpsychol Behav Soc Netw*, 17, 2014.

209. Gobet F. *et al.*, « "No level up!" », *Front Psychol*, 5, 2014.
210. Unsworth N. *et al.*, « Is playing video games related to cognitive abilities? », *Psychol Sci*, 26, 2015.
211. Redick T.S. *et al.*, « Don't Shoot the Messenger – A Reply to Green et al. (2017) », *Psychol Sci*, 28, 2017.
212. Memmert D. *et al.*, « The relationship between visual attention and expertise in sports », *Psychol Sport Exerc*, 10, 2009.
213. Kida N. *et al.*, « Intensive baseball practice improves the Go/Nogo reaction time, but not the simple reaction time », *Brain Res Cogn Brain Res*, 22, 2005.
214. Azemar G. *et al.*, *Neurobiologie des comportements moteurs* [FR], INSEP, 1982.
215. Ripoll H. *et al.*, *Neurosciences du sport* [FR], INSEP, 1987.
216. Underwood G. *et al.*, « Visual search while driving », *Transp Res Part F*, 5, 2002.
217. Savelsbergh G.J. *et al.*, « Visual search, anticipation and expertise in soccer goalkeepers », *J Sports Sci*, 20, 2002.
218. Muller S. *et al.*, « Expert anticipatory skill in striking sports », *Res Q Exerc Sport*, 83, 2012.
219. Helsen W. *et al.*, « The Relationship between Expertise and Visual Information Processing in Sport », *Adv Psychol*, 102, 1993.
220. Steffens M., « Video games are good for you », abc.net.au, 2009.
221. Jäncke L. *et al.*, « Expertise in Video Gaming and Driving Skills », *Z Neuropsychol*, 22, 2011.
222. Ciceri M. *et al.*, « Does driving experience in video games count? Hazard anticipation and visual exploration of male gamers as function of driving experience », *Transp Res Part F*, 22, 2014.
223. Fischer P. *et al.*, « The effects of risk-glorifying media exposure on risk-positive cognitions, emotions, and behaviors », *Psychol Bull*, 137, 2011.
224. Fischer P. *et al.*, « The racing-game effect », *Pers Soc Psychol Bull*, 35, 2009.
225. Beullens K. *et al.*, « Excellent gamer, excellent driver? The impact of adolescents' video game playing on driving behavior », *Accid Anal Prev*, 43, 2011.
226. Beullens K. *et al.*, « Predicting Young Drivers' Car Crashes », *Media Psychol*, 16, 2013.
227. Beullens K. *et al.*, « Driving Game Playing as a Predictor of Adolescents' Unlicensed Driving in Flanders », *J Child Med*, 7, 2013.
228. Hull J.G. *et al.*, « A longitudinal study of risk-glorifying video games and behavioral deviance », *J Pers Soc Psychol*, 107, 2014.
229. Rozières G., « Jouer à Mario Kart fait de vous un meilleur conducteur, c'est scientifiquement prouvé [FR] », huffingtonpost.fr, 2016.
230. « Jouer à Mario Kart fait de vous un meilleur conducteur, c'est scientifiquement prouvé ! [FR] », Elle.fr, 2017.
231. Priam E., « Jouer à Mario Kart fait de vous un meilleur conducteur [FR] », femmeactuelle.fr, 2017.
232. Aratani L., « Study Confirms 'Mario Kart' Really Does Make You A Better Driver », huffingtonpost.com, 2016.
233. « Playing Mario Kart CAN make you a better driver », dailymail.co.uk, 2016.
234. Li L. *et al.*, « Playing Action Video Games Improves Visuomotor Control », *Psychol Sci*, 27, 2016.
235. « Les fans de Mario Kart seraient de meilleurs conducteurs, selon la science [FR] », public.fr, 2017.

236. Bediou B. *et al.*, « Meta-analysis of action video game impact on perceptual, attentional, and cognitive skills », *Psychol Bull*, 144, 2018.

237. Powers K.L. *et al.*, « Effects of video-game play on information processing », *Psychon Bull Rev*, 20, 2013.

238. Schlickum M.K. *et al.*, « Systematic video game training in surgical novices improves performance in virtual reality endoscopic surgical simulators », *World J Surg*, 33, 2009.

239. Rosser J.C., Jr. *et al.*, « The impact of video games on training surgeons in the 21st century », *Arch Surg*, 142, 2007.

240. McKinley R.A. *et al.*, « Operator selection for unmanned aerial systems », *Aviat Space Environ Med*, 82, 2011.

241. Oei A.C. *et al.*, « Are videogame training gains specific or general? », *Front Syst Neurosci*, 8, 2014.

242. Przybylski A.K. *et al.*, « A large scale test of the gaming-enhancement hypothesis », *PeerJ*, 4, 2016.

243. van Ravenzwaaij D. *et al.*, « Action video games do not improve the speed of information processing in simple perceptual tasks », *J Exp Psychol Gen*, 143, 2014.

244. Gaspar J.G. *et al.*, « Are gamers better crossers? An examination of action video game experience and dual task effects in a simulated street crossing task », *Hum Factors*, 56, 2014.

245. Owen A.M. *et al.*, « Putting brain training to the test », *Nature*, 465, 2010.

246. Simons D.J. *et al.*, « Do "Brain-Training" Programs Work? », *Psychol Sci Public Interest*, 17, 2016.

247. Azizi E. *et al.*, « The influence of action video game playing on eye movement behaviour during visual search in abstract, in-game and natural scenes », *Atten Percept Psychophys*, 79, 2017.

248. Sala G. *et al.*, « Video game training does not enhance cognitive ability », *Psychol Bull*, 144, 2018.

249. Conti J., « Ces jeux vidéo qui vous font du bien [FR] », LeTemps.ch, 2013.

250. Fritel J., « Jeux vidéo : les nouveaux maîtres du monde [FR] », documentaire Arte, 15/11/2016.

251. Dehaene S., « Matinale de France Inter, Le grand entretien », franceinter.fr, 2018.

252. Gazzaley A. *et al.*, *The Distracted Mind*, MIT Press, 2016.

253. Katsuki F. *et al.*, « Bottom-up and top-down attention », *Neuroscientist*, 20, 2014.

254. Chun M.M. *et al.*, « A taxonomy of external and internal attention », *Annu Rev Psychol*, 62, 2011.

255. Johansen-Berg H. *et al.*, « Attention to touch modulates activity in both primary and secondary somatosensory areas », *Neuroreport*, 11, 2000.

256. Duncan G.J. *et al.*, « School readiness and later achievement », *Dev Psychol*, 43, 2007.

257. Pagani L.S. *et al.*, « School readiness and later achievement », *Dev Psychol*, 46, 2010.

258. Horn W. *et al.*, « Early Identification of Learning Problems », *J Educ Psychol*, 77, 1985.

259. Polderman T.J. *et al.*, « A systematic review of prospective studies on attention problems and academic achievement », *Acta Psychiatr Scand*, 122, 2010.

260. Rhoades B. *et al.*, « Examining the link between preschool social-emotional competence and first grade academic achievement », *Early Child Res Q*, 26, 2011.

261. Johnson J.G. *et al.*, « Extensive television viewing and the development of attention and learning difficulties during adolescence », *Arch Pediatr Adolesc Med*, 161, 2007.

262. Frazier T.W. *et al.*, « ADHD and achievement », *J Learn Disabil*, 40, 2007.

263. Loe I.M. *et al.*, « Academic and educational outcomes of children with ADHD », *J Pediatr Psychol*, 32, 2007.

264. Hinshaw S.P., « Externalizing behavior problems and academic underachievement in

childhood and adolescence », *Psychol Bull*, 111, 1992.

265. Inoue S. *et al.*, « Working memory of numerals in chimpanzees », *Curr Biol*, 17, 2007.

266. Wilson D.E. *et al.*, « Practice in visual search produces decreased capacity demands but increased distraction », *Percept Psychophys*, 70, 2008.

267. Bailey K. *et al.*, « A negative association between video game experience and proactive cognitive control », *Psychophysiology*, 47, 2010.

268. Chan P.A. *et al.*, « A cross-sectional analysis of video games and attention deficit hyperactivity disorder symptoms in adolescents », *Ann Gen Psychiatry*, 5, 2006.

269. Gentile D., « Pathological video-game use among youth ages 8 to 18 », *Psychol Sci*, 20, 2009.

270. Gentile D. *et al.*, « Video game playing, attention problems, and impulsiveness », *Psychol Pop Media Cult*, 1, 2012.

271. Swing E.L. *et al.*, « Television and video game exposure and the development of attention problems », *Pediatrics*, 126, 2010.

272. Swing E.L., « Plugged in: The effects of electronic media use on attention problems, cognitive control, visual attention, and aggression. PhD Dissertation», Iowa State University, 2012.

273. Hastings E.C. *et al.*, « Young children's video/computer game use », *Issues Ment Health Nurs*, 30, 2009.

274. Rosen L.D. *et al.*, « Media and technology use predicts ill-being among children, preteens and teenagers independent of the negative health impacts of exercise and eating habits », *Comput Hum Behav*, 35, 2014.

275. Trisolini D.C. *et al.*, « Is action video gaming related to sustained attention of adolescents? », *Q J Exp Psychol (Hove)*, 71, 2017.

276. Bavelier D. *et al.*, « Brains on video games », *Nat Rev Neurosci*, 12, 2011.

277. Thivent V., « Quand l'Académie des sciences penche en faveur des jeux vidéo [FR] », lemonde.fr, 2014.

278. Suchert V. *et al.*, « Sedentary behavior and indicators of mental health in school-aged children and adolescents », *Prev Med*, 76, 2015.

279. Nikkelen S.W. *et al.*, « Media use and ADHD-related behaviors in children and adolescents », *Dev Psychol*, 50, 2014.

280. Mundy L.K. *et al.*, « The Association Between Electronic Media and Emotional and Behavioral Problems in Late Childhood », *Acad Pediatr*, 17, 2017.

281. Christakis D.A. *et al.*, « Early television exposure and subsequent attentional problems in children », *Pediatrics*, 113, 2004.

282. Landhuis C.E. *et al.*, « Does childhood television viewing lead to attention problems in adolescence? Results from a prospective longitudinal study », *Pediatrics*, 120, 2007.

283. Miller C.J. *et al.*, « Television viewing and risk for attention problems in preschool children », *J Pediatr Psychol*, 32, 2007.

284. Ozmert E. *et al.*, « Behavioral correlates of television viewing in primary school children evaluated by the child behavior checklist », *Arch Pediatr Adolesc Med*, 156, 2002.

285. Zimmerman F.J. *et al.*, « Associations between content types of early media exposure and subsequent attentional problems », *Pediatrics*, 120, 2007.

286. Kushlev K. *et al.*, « "Silence Your Phones" : Smartphone Notifications Increase Inattention and Hyperactivity Symptoms ». Proceedings of the 2016 CHI Conference on Human Factors in Computing Systems, 2016.

287. Levine L. *et al.*, « Mobile media use, multitasking and distractibility », *Int J Cyber Behav*

Psychol, 2, 2012.

288. Seo D. *et al.*, « Mobile phone dependency and its impacts on adolescents' social and academic behaviors », *Comput Hum Behav*, 63, 2016.

289. Zheng F. *et al.*, « Association between mobile phone use and inattention in 7102 Chinese adolescents », *BMC Public Health*, 14, 2014.

290. Borghans L. *et al.*, « What grades and achievement tests measure », *Proc Natl Acad Sci USA*, 113, 2016.

291. Duckworth A.L. *et al.*, « Self-discipline outdoes IQ in predicting academic performance of adolescents », *Psychol Sci*, 16, 2005.

292. Bushman B.J. *et al.*, « Media violence and the American public. Scientific facts versus media misinformation », *Am. Psychol*, 56, 2001.

293. Tamana S.K. *et al.*, « Screen-time is associated with inattention problems in preschoolers », *PLoS One*, 14, 2019.

294. Microsoft Canada,Attention spans: Consumer Insights, 2015.

295. Dahl R.E., « The impact of inadequate sleep on children's daytime cognitive function », *Semin Pediatr Neurol*, 3, 1996.

296. Lim J. *et al.*, « Sleep deprivation and vigilant attention », *Ann N Y Acad Sci*, 1129, 2008.

297. Lim J. *et al.*, « A meta-analysis of the impact of short-term sleep deprivation on cognitive variables », *Psychol Bull*, 136, 2010.

298. Beebe D.W., « Cognitive, behavioral, and functional consequences of inadequate sleep in children and adolescents », *Pediatr Clin North Am*, 58, 2011.

299. Maass A. *et al.*, « Does Media Use Have a Short-Term Impact on Cognitive Performance? », *J Media Psychol*, 23, 2011.

300. Kuschpel M.S. *et al.*, « Differential effects of wakeful rest, music and video game playing on working memory performance in the n-back task », *Front Psychol*, 6, 2015.

301. Lillard A.S. *et al.*, « Further examination of the immediate impact of television on children's executive function », *Dev Psychol*, 51, 2015.

302. Lillard A.S. *et al.*, « Television and children's executive function », *Adv Child Dev Behav*, 48, 2015.

303. Lillard A.S. *et al.*, « The immediate impact of different types of television on young children's executive function », *Pediatrics*, 128, 2011.

304. Markowetz A., *Digitaler Burnout*, Droemer, 2015.

305. « Usages Mobiles [FR] », deloitte.com, 2017.

306. Pielot M. *et al.*,« An in-situ study of mobile phone notifications », Proceedings of the 16th international conference on Human-computer interaction with mobile devices. Toronto (CA), 2014.

307. Shirazi A. *et al.*,« Large-scale assessment of mobile notifications », Proceedings of the 32nd annual ACM conference on Human factors in computing systems. Toronto (CA), 2014.

308. Greenfield S., *Mind Change*, Rider, 2014.

309. Gottlieb J. *et al.*, « Information-seeking, curiosity, and attention », *Trends Cogn Sci*, 17, 2013.

310. Kidd C. *et al.*, « The Psychology and Neuroscience of Curiosity », *Neuron*, 88, 2015.

311. Wolniewicz C.A. *et al.*, « Problematic smartphone use and relations with negative affect, fear of missing out, and fear of negative and positive evaluation », *Psychiatry Res*, 262, 2018.

312. Beyens I. *et al.*, « "I don't want to miss a thing" », *Comput Hum Behav*, 64, 2016.

313. Elhai J. *et al.*, « Fear of missing out, need for touch, anxiety and depression are related to

problematic smartphone use », *Comput Hum Behav*, 63, 2016.

314. Rosen L. *et al.*, « Facebook and texting made me do it », *Comput Hum Behav*, 29, 2013.

315. Thornton B. *et al.*, « The mere presence of a cell phone may be distracting », *Soc Psychol*, 45, 2014.

316. Stothart C. *et al.*, « The attentional cost of receiving a cell phone notification », *J Exp Psychol Hum Percept Perform*, 41, 2015.

317. Altmann E.M. *et al.*, « Momentary interruptions can derail the train of thought », *J Exp Psychol Gen*, 143, 2014.

318. Lee B. *et al.*, « The Effects of Task Interruption on Human Performance », *Hum Factors Man*, 25, 2015.

319. Borst J. et al., «What Makes Interruptions Disruptive?», Proceedings of the 33rd Annual ACM Conference on Human Factors in Computing Systems. Seoul (Korea), 2015.

320. Mark G. *et al.*,« No task left behind? », Proceedings of the SIGCHI Conference on Human Factors in Computing Systems. Portland (OR), 2005.

321. APA, « Multitasking: Switching costs », American Psychological Association, 2006.

322. Klauer S.G. *et al.*, « Distracted driving and risk of road crashes among novice and experienced drivers », *N Engl J Med*, 370, 2014.

323. Caird J.K. *et al.*, « A meta-analysis of the effects of texting on driving », *Accid Anal Prev*, 71, 2014.

324. Olson R. et al., « Driver Distraction in Commercial Vehicle Operations », Report No. FMCSA-RRR-09-042 », fmcsa.dot.gov, 2009.

325. Roney L. *et al.*, « Distracted driving behaviors of adults while children are in the car », *J Trauma Acute Care Surg*, 75, 2013.

326. Kirschner P. *et al.*, « The myths of the digital native and the multitasker », *Teach Teach Educ*, 67, 2017.

327. Greenfield P.M., « Technology and informal education », *Science*, 323, 2009.

328. Pashler H., « Dual-task interference in simple tasks », *Psychol Bull*, 116, 1994.

329. Koechlin E. *et al.*, « The role of the anterior prefrontal cortex in human cognition », *Nature*, 399, 1999.

330. Braver T.S. *et al.*, « The role of frontopolar cortex in subgoal processing during working memory », *Neuroimage*, 15, 2002.

331. Dux P.E. *et al.*, « Isolation of a central bottleneck of information processing with time-resolved FMRI », *Neuron*, 52, 2006.

332. Roca M. *et al.*, « The role of Area 10 (BA10) in human multitasking and in social cognition: a lesion study », *Neuropsychologia*, 49, 2011.

333. Foerde K. *et al.*, « Modulation of competing memory systems by distraction », *Proc Natl Acad Sci USA*, 103, 2006.

334. Dindar M. *et al.*, « Effects of multitasking on retention and topic interest », *Learn Instr*, 41, 2016.

335. Uncapher M.R. *et al.*, « Media multitasking and memory », *Psychon Bull Rev*, 23, 2016.

336. Mueller P. *et al.*, « Technology and note-taking in the classroom, boardroom, hospital room, and courtroom », *Trends Neurosci Educ*, 5, 2016.

337. Mueller P.A. *et al.*, « The pen is mightier than the keyboard », *Psychol Sci*, 25, 2014.

338. Diemand-Yauman C. *et al.*, « Fortune favors the bold (and the Italicized) », *Cognition*, 118, 2011.

339. Hirshman E. *et al.*, « The generation effect », *J Exp Psychol Learn Mem Cogn*, 14, 1988.

340. « The social dilemma », Documentary, Netflix, 2020

341. Lanier J., *Ten Arguments for Deleting Your Social Media Accounts Right Now*, Vintage, 2019.

342. Solon O., « Ex-Facebook president Sean Parker: site made to exploit human 'vulnerability' », theguardian.com, 2017.

343. Guyonnet P., « Facebook a été conçu pour exploiter les faiblesses des gens, prévient son ancien président Sean Parker [FR] », huffingtonpost.fr, 2017.

344. Wong J., « Former Facebook executive: social media is ripping society apart », guardian. com, 2017.

345. « D'anciens cadres de Facebook expriment leurs remords d'avoir contribué à son succès [FR] », lemonde.fr, 2017.

346. Bowles N., « A Dark Consensus About Screens and Kids Begins to Emerge in Silicon Valley », nytimes.com, 2018.

347. Ophir E. *et al.*, « Cognitive control in media multitaskers », *Proc Natl Acad Sci USA*, 106, 2009.

348. Cain M.S. *et al.*, « Media multitasking in adolescence », *Psychon Bull Rev*, 23, 2016.

349. Cain M.S. *et al.*, « Distractor filtering in media multitaskers », *Perception*, 40, 2011.

350. Sanbonmatsu D.M. *et al.*, « Who multitasks and why? Multitasking ability, perceived multitasking ability, impulsivity, and sensation seeking », *PLoS One*, 8, 2013.

351. Gorman T.E. *et al.*, « Short-term mindfulness intervention reduces the negative attentional effects associated with heavy media multitasking », *Sci Rep*, 6, 2016.

352. Lopez R.B. *et al.*, « Media multitasking is associated with altered processing of incidental, irrelevant cues during person perception », *BMC Psychol*, 6, 2018.

353. Yang X. *et al.*, « Predictors of media multitasking in Chinese adolescents », *Int J Psychol*, 51, 2016.

354. Moisala M. *et al.*, « Media multitasking is associated with distractibility and increased prefrontal activity in adolescents and young adults », *Neuroimage*, 134, 2016.

355. Uncapher M.R. *et al.*, « Minds and brains of media multitaskers », *Proc Natl Acad Sci USA*, 115, 2018.

356. Hadar A. *et al.*, « Answering the missed call: Initial exploration of cognitive and electrophysiological changes associated with smartphone use and abuse », *PLoS One*, 12, 2017.

357. Le *Trésor de la langue française informatisé* [FR], http://atilf.atilf.fr/, accès 03/2019.

358. Greenough W.T. *et al.*, « Experience and brain development », *Child Dev*, 58, 1987.

359. Christakis D.A. *et al.*, « How early media exposure may affect cognitive function », *Proc Natl Acad Sci USA*, 115, 2018.

360. Christakis D.A. *et al.*, « Overstimulation of newborn mice leads to behavioral differences and deficits in cognitive performance », *Sci Rep*, 2, 2012.

361. Ravinder S. *et al.*, « Excessive Sensory Stimulation during Development Alters Neural Plasticity and Vulnerability to Cocaine in Mice », *eNeuro*, 3, 2016.

362. Capusan A.J. *et al.*, « Comorbidity of Adult ADHD and Its Subtypes With Substance Use Disorder in a Large Population-Based Epidemiological Study », *J Atten Disord*, 2016.

363. Karaca S. *et al.*, « Comorbidity between Behavioral Addictions and Attention Deficit/ Hyperactivity Disorder », *Int J Ment Health Addiction*, 15, 2017.

364. Wilens T. *et al.*, in *Oxford Textbook of Attention Deficit Hyperactivity Disorder* (eds. Banaschewski T. *et al.*), « ADHD and substance misuse », Oxford University Press, 2018.

365. Hadas I. *et al.*, « Exposure to salient, dynamic sensory stimuli during development increases distractibility in adulthood », *Sci Rep*, 6, 2016.

366. Wachs T., « Noise in the nursery », *Child Environ Q*, 3, 1986.

367. Wachs T. *et al.*, « Cognitive development in infants of different age levels and from different environmental backgrounds », *Merrill Palmer Q*, 17, 1971.

368. Klaus R.A. *et al.*, « The early training project for disadvantaged children », *Monogr Soc Res Child Dev*, 33, 1968.

369. Heft H., « Background and Focal Environmental Conditions of the Home and Attention in Young Children », *J Appl Soc Psychol*, 9, 1979.

370. Raman S.R. *et al.*, « Trends in attention-deficit hyperactivity disorder medication use », *Lancet Psychiatry*, 5, 2018.

371. Visser S.N. *et al.*, « Trends in the parent-report of health care provider-diagnosed and medicated attention-deficit/hyperactivity disorder: United States, 2003–2011 », *J Am Acad Child Adolesc Psychiatry*, 53, 2014.

372. Xu G. *et al.*, « Twenty-Year Trends in Diagnosed Attention-Deficit/Hyperactivity Disorder Among US Children and Adolescents, 1997–2016 », *JAMA Netw Open*, 1, 2018.

373. Ra C.K. *et al.*, « Association of Digital Media Use With Subsequent Symptoms of Attention-Deficit/Hyperactivity Disorder Among Adolescents », *JAMA*, 320, 2018.

374. Weiss M.D. *et al.*, « The screens culture », *Atten Defic Hyperact Disord*, 3, 2011.

375. Rymer R., *Genie. A Scientific Tragedy*, HarperPerennial, 1994.

第四节

1. Christakis D.A. *et al.*, « Media as a public health issue », *Arch Pediatr Adolesc Med*, 160, 2006.

2. Strasburger V.C. *et al.*, « Health effects of media on children and adolescents », *Pediatrics*, 125, 2010.

3. Strasburger V.C. *et al.*, « Children, adolescents, and the media », *Pediatr Clin North Am*, 59, 2012.

4. Desmurget M., *TV Lobotomie* [FR], J'ai Lu, 2013.

5. Bach J. et al., *L'Enfant et les écrans : Un avis de l'académie des sciences* [FR], Le Pommier, 2013.

6. Duflo S., *Quand les écrans deviennent neurotoxiques* [FR], Marabout, 2018.

7. Freed R., *Wired Child*, CreateSpace, 2015.

8. Winn M., *The Plug-In-Drug (revised edition)*, Penguin Group, 2002.

9. Siniscalco M. *et al.*, *Parents, enfants écrans* [FR], Nouvelle Cité, 2014.

10. Institute of Medicine of the National Academies, *Sleep Disorders and Sleep Deprivation: An Unmet Public Health Problem*, The National Academies Press, 2006.

11. Owens J. *et al.*, « Insufficient sleep in adolescents and young adults », *Pediatrics*, 134, 2014.

12. Buysse D.J., « Sleep health », *Sleep*, 37, 2014.

13. Gangwisch J.E. *et al.*, « Earlier parental set bedtimes as a protective factor against depression and suicidal ideation », *Sleep*, 33, 2010.

14. Goldstein A.N. *et al.*, « The role of sleep in emotional brain function », *Annu Rev Clin Psychol*, 10, 2014.

15. Gujar N. *et al.*, « Sleep deprivation amplifies reactivity of brain reward networks, biasing the appraisal of positive emotional experiences », *J Neurosci*, 31, 2011.

16. Yoo S.S. *et al.*, « The human emotional brain without sleep – a prefrontal amygdala disconnect », *Curr Biol*, 17, 2007.

17. Desmurget M., *L'Antirégime au quotidien* [FR], Belin, 2017.

18. Desmurget M., *L'Antirégime* [FR], Belin, 2015.

19. Chaput J.P. *et al.*, « Risk factors for adult overweight and obesity », *Obes Facts*, 3, 2010.

20. Brondel L. *et al.*, « Acute partial sleep deprivation increases food intake in healthy men », *Am J Clin Nutr*, 91, 2010.

21. Greer S.M. *et al.*, « The impact of sleep deprivation on food desire in the human brain », *Nat Commun*, 4, 2013.
22. Benedict C. *et al.*, « Acute sleep deprivation reduces energy expenditure in healthy men », *Am J Clin Nutr*, 93, 2011.
23. Seegers V. *et al.*, « Short persistent sleep duration is associated with poor receptive vocabulary performance in middle childhood », *J Sleep Res*, 25, 2016.
24. Jones J.J. *et al.*, « Association between late-night tweeting and next-day game performance among professional basketball players », *Sleep Health*, 5, 2019.
25. Harrison Y. *et al.*, « The impact of sleep deprivation on decision making », *J Exp Psychol Appl*, 6, 2000.
26. Venkatraman V. *et al.*, « Sleep deprivation elevates expectation of gains and attenuates response to losses following risky decisions », *Sleep*, 30, 2007.
27. Venkatraman V. *et al.*, « Sleep deprivation biases the neural mechanisms underlying economic preferences », *J Neurosci*, 31, 2011.
28. Kirszenblat L. *et al.*, « The Yin and Yang of Sleep and Attention », *Trends Neurosci*, 38, 2015.
29. Lim J. *et al.*, « Sleep deprivation and vigilant attention », *Ann N Y Acad Sci*, 1129, 2008.
30. Lim J. *et al.*, « A meta-analysis of the impact of short-term sleep deprivation on cognitive variables », *Psychol Bull*, 136, 2010.
31. Lowe C.J. *et al.*, « The neurocognitive consequences of sleep restriction », *Neurosci Biobehav Rev*, 80, 2017.
32. Sadeh A. *et al.*, « Infant Sleep Predicts Attention Regulation and Behavior Problems at 3–4 Years of Age », *Dev Neuropsychol*, 40, 2015.
33. Beebe D.W., « Cognitive, behavioral, and functional consequences of inadequate sleep in children and adolescents », *Pediatr Clin North Am*, 58, 2011.
34. Dahl R.E., « The impact of inadequate sleep on children's daytime cognitive function », *Semin Pediatr Neurol*, 3, 1996.
35. Chen Z. *et al.*, « Deciphering Neural Codes of Memory during Sleep », *Trends Neurosci*, 40, 2017.
36. Diekelmann S., « Sleep for cognitive enhancement », *Front Syst Neurosci*, 8, 2014.
37. Diekelmann S. *et al.*, « The memory function of sleep », *Nat Rev Neurosci*, 11, 2010.
38. Frank M.G., « Sleep and developmental plasticity not just for kids », *Prog Brain Res*, 193, 2011.
39. Dutil C. *et al.*, « Influence of sleep on developing brain functions and structures in children and adolescents », *Sleep Med Rev*, 2018.
40. Tarokh L. *et al.*, « Sleep in adolescence », *Neurosci Biobehav Rev*, 70, 2016.
41. Telzer E.H. *et al.*, « Sleep variability in adolescence is associated with altered brain development », *Dev Cogn Neurosci*, 14, 2015.
42. Gruber R. *et al.*, « Short sleep duration is associated with poor performance on IQ measures in healthy school-age children », *Sleep Med*, 11, 2010.
43. Touchette E. *et al.*, « Associations between sleep duration patterns and behavioral/cognitive functioning at school entry », *Sleep*, 30, 2007.
44. Lewis P.A. *et al.*, « How Memory Replay in Sleep Boosts Creative Problem-Solving », *Trends Cogn Sci*, 22, 2018.
45. Curcio G. *et al.*, « Sleep loss, learning capacity and academic performance », *Sleep Med Rev*, 10, 2006.
46. Dewald J.F. *et al.*, « The influence of sleep quality, sleep duration and sleepiness on school performance in children and adolescents », *Sleep Med Rev*, 14, 2010.

47. Hysing M. *et al.*, « Sleep and academic performance in later adolescence », *J Sleep Res*, 25, 2016.
48. Schmidt R.E. *et al.*, « The Relations Between Sleep, Personality, Behavioral Problems, and School Performance in Adolescents », *Sleep Med Clin*, 10, 2015.
49. Shochat T. *et al.*, « Functional consequences of inadequate sleep in adolescents », *Sleep Med Rev*, 18, 2014.
50. Astill R.G. *et al.*, « Sleep, cognition, and behavioral problems in school-age children », *Psychol Bull*, 138, 2012.
51. Litwiller B. *et al.*, « The relationship between sleep and work », *J Appl Psychol*, 102, 2017.
52. Rosekind M.R. *et al.*, « The cost of poor sleep », *J Occup Environ Med*, 52, 2010.
53. Roberts R.E. *et al.*, « The prospective association between sleep deprivation and depression among adolescents », *Sleep*, 37, 2014.
54. Short M.A. *et al.*, « Sleep deprivation leads to mood deficits in healthy adolescents », *Sleep Med*, 16, 2015.
55. Baum K.T. *et al.*, « Sleep restriction worsens mood and emotion regulation in adolescents », *J Child Psychol Psychiatry*, 55, 2014.
56. Pilcher J.J. *et al.*, « Effects of sleep deprivation on performance », *Sleep*, 19, 1996.
57. Liu X., « Sleep and adolescent suicidal behavior », *Sleep*, 27, 2004.
58. Gregory A.M. *et al.*, « The direction of longitudinal associations between sleep problems and depression symptoms », *Sleep*, 32, 2009.
59. Pires G.N. *et al.*, « Effects of experimental sleep deprivation on anxiety-like behavior in animal research », *Neurosci Biobehav Rev*, 68, 2016.
60. Touchette E. *et al.*, « Short nighttime sleep-duration and hyperactivity trajectories in early childhood », *Pediatrics*, 124, 2009.
61. Paavonen E.J. *et al.*, « Short sleep duration and behavioral symptoms of attention-deficit/ hyperactivity disorder in healthy 7- to 8-year-old children », *Pediatrics*, 123, 2009.
62. Kelly Y. *et al.*, « Changes in bedtime schedules and behavioral difficulties in 7 year old children », *Pediatrics*, 132, 2013.
63. Telzer E.H. *et al.*, « The effects of poor quality sleep on brain function and risk taking in adolescence », *Neuroimage*, 71, 2013.
64. Kamphuis J. *et al.*, « Poor sleep as a potential causal factor in aggression and violence », *Sleep Med*, 13, 2012.
65. Cappuccio F.P. *et al.*, « Meta-analysis of short sleep duration and obesity in children and adults », *Sleep*, 31, 2008.
66. Chaput J.P. *et al.*, « Lack of sleep as a contributor to obesity in adolescents », *Int J Behav Nutr Phys Act*, 13, 2016.
67. Chen X. *et al.*, « Is sleep duration associated with childhood obesity? A systematic review and meta-analysis », *Obesity (Silver Spring)*, 16, 2008.
68. Fatima Y. *et al.*, « Longitudinal impact of sleep on overweight and obesity in children and adolescents », *Obes Rev*, 16, 2015.
69. Miller M.A. *et al.*, « Sleep duration and incidence of obesity in infants, children, and adolescents », *Sleep*, 41, 2018.
70. Wu Y. *et al.*, « Short sleep duration and obesity among children », *Obes Res Clin Pract*, 11, 2017.
71. Shan Z. *et al.*, « Sleep duration and risk of type 2 diabetes », *Diabetes Care*, 38, 2015.
72. Dutil C. *et al.*, « Inadequate sleep as a contributor to type 2 diabetes in children and adolescents », *Nutr Diabetes*, 7, 2017.

73. Cappuccio F.P. *et al.*, « Sleep and Cardio-Metabolic Disease », *Curr Cardiol Rep*, 19, 2017.
74. Cappuccio F.P. *et al.*, « Sleep duration predicts cardiovascular outcomes », *Eur Heart J*, 32, 2011.
75. Gangwisch J.E., « A review of evidence for the link between sleep duration and hypertension », *Am J Hypertens*, 27, 2014.
76. Miller M.A. *et al.*, « Biomarkers of cardiovascular risk in sleep-deprived people », *J Hum Hypertens*, 27, 2013.
77. St-Onge M.P. *et al.*, « Sleep Duration and Quality », *Circulation*, 134, 2016.
78. Irwin M.R., « Why sleep is important for health », *Annu Rev Psychol*, 66, 2015.
79. Irwin M.R. *et al.*, « Sleep Health », *Neuropsychopharmacology*, 42, 2017.
80. Bryant P.A. *et al.*, « Sick and tired », *Nat Rev Immunol*, 4, 2004.
81. Zada D. *et al.*, « Sleep increases chromosome dynamics to enable reduction of accumulating DNA damage in single neurons », *Nat Commun*, 10, 2019.
82. Grandner M.A. *et al.*, « Mortality associated with short sleep duration », *Sleep Med Rev*, 14, 2010.
83. Cappuccio F.P. *et al.*, « Sleep duration and all-cause mortality », *Sleep*, 33, 2010.
84. Bioulac S. *et al.*, « Risk of Motor Vehicle Accidents Related to Sleepiness at the Wheel », *Sleep*, 40, 2017.
85. Horne J. *et al.*, « Vehicle accidents related to sleep », *Occup Environ Med*, 56, 1999.
86. Uehli K. *et al.*, « Sleep problems and work injuries », *Sleep Med Rev*, 18, 2014.
87. Spira A.P. *et al.*, « Impact of sleep on the risk of cognitive decline and dementia », *Curr Opin Psychiatry*, 27, 2014.
88. Ju Y.E. *et al.*, « Sleep and Alzheimer disease pathology–a bidirectional relationship », *Nat Rev Neurol*, 10, 2014.
89. Zhang F. *et al.*, « The missing link between sleep disorders and age-related dementia », *J Neural Transm (Vienna)*, 124, 2017.
90. Macedo A.C. *et al.*, « Is Sleep Disruption a Risk Factor for Alzheimer's Disease? », *J Alzheimers Dis*, 58, 2017.
91. Wu L. *et al.*, « A systematic review and dose-response meta-analysis of sleep duration and the occurrence of cognitive disorders », *Sleep Breath*, 22, 2018.
92. Lo J.C. *et al.*, « Sleep duration and age-related changes in brain structure and cognitive performance », *Sleep*, 37, 2014.
93. Vriend J. *et al.*, « Emotional and Cognitive Impact of Sleep Restriction in Children », *Sleep Med Clin*, 10, 2015.
94. Vriend J.L. *et al.*, « Manipulating sleep duration alters emotional functioning and cognitive performance in children », *J Pediatr Psychol*, 38, 2013.
95. Dewald-Kaufmann J.F. *et al.*, « The effects of sleep extension on sleep and cognitive performance in adolescents with chronic sleep reduction », *Sleep Med*, 14, 2013.
96. Dewald-Kaufmann J.F. *et al.*, « The effects of sleep extension and sleep hygiene advice on sleep and depressive symptoms in adolescents », *J Child Psychol Psychiatry*, 55, 2014.
97. Sadeh A. *et al.*, « The effects of sleep restriction and extension on school-age children », *Child Dev*, 74, 2003.
98. Gruber R. *et al.*, « Impact of sleep extension and restriction on children's emotional lability and impulsivity », *Pediatrics*, 130, 2012.
99. Chaput J.P. *et al.*, « Sleep duration estimates of Canadian children and adolescents », *J Sleep Res*, 25, 2016.
100. Hawkins S.S. *et al.*, « Social determinants of inadequate sleep in US children and adolescents »,

Public Health, 138, 2016.
101. Patte K.A. *et al.*, « Sleep duration trends and trajectories among youth in the COMPASS study », *Sleep Health*, 3, 2017.
102. Rognvaldsdottir V. *et al.*, « Sleep deficiency on school days in Icelandic youth, as assessed by wrist accelerometry », *Sleep Med*, 33, 2017.
103. Twenge J.M. *et al.*, « Decreases in self-reported sleep duration among U.S. adolescents 2009–2015 and association with new media screen time », *Sleep Med*, 39, 2017.
104. LeBourgeois M.K. *et al.*, « Digital Media and Sleep in Childhood and Adolescence », *Pediatrics*, 140, 2017.
105. Keyes K.M. *et al.*, « The great sleep recession », *Pediatrics*, 135, 2015.
106. Cain N. *et al.*, « Electronic media use and sleep in school-aged children and adolescents », *Sleep Med*, 11, 2010.
107. Carter B. *et al.*, « Association Between Portable Screen-Based Media Device Access or Use and Sleep Outcomes », *JAMA Pediatr*, 170, 2016.
108. AAP, « Children and Adolescents and Digital Media. American Academy of Pediatrics. Council on Communications and Media », *Pediatrics*, 138, 2016.
109. Arora T. *et al.*, « Associations between specific technologies and adolescent sleep quantity, sleep quality, and parasomnias », *Sleep Med*, 15, 2014.
110. Chahal H. *et al.*, « Availability and night-time use of electronic entertainment and communication devices are associated with short sleep duration and obesity among Canadian children », *Pediatr Obes*, 8, 2013.
111. Cheung C.H. *et al.*, « Daily touchscreen use in infants and toddlers is associated with reduced sleep and delayed sleep onset », *Sci Rep*, 7, 2017.
112. Falbe J. *et al.*, « Sleep duration, restfulness, and screens in the sleep environment », *Pediatrics*, 135, 2015.
113. Hysing M. *et al.*, « Sleep and use of electronic devices in adolescence », *BMJ Open*, 5, 2015.
114. Scott H. *et al.*, « Fear of missing out and sleep », *J Adolesc*, 68, 2018.
115. Twenge J.M. *et al.*, « Associations between screen time and sleep duration are primarily driven by portable electronic devices », *Sleep Med*, 2018.
116. Owens J. *et al.*, « Television-viewing habits and sleep disturbance in school children », *Pediatrics*, 104, 1999.
117. Brockmann P.E. *et al.*, « Impact of television on the quality of sleep in preschool children », *Sleep Med*, 20, 2016.
118. Gentile D.A. *et al.*, « Bedroom media », *Dev Psychol*, 53, 2017.
119. Li S. *et al.*, « The impact of media use on sleep patterns and sleep disorders among school-aged children in China », *Sleep*, 30, 2007.
120. Shochat T. *et al.*, « Sleep patterns, electronic media exposure and daytime sleep-related behaviours among Israeli adolescents », *Acta Paediatr*, 99, 2010.
121. Sisson S.B. *et al.*, « TVs in the bedrooms of children », *Prev Med*, 52, 2011.
122. Van den Bulck J., « Television viewing, computer game playing, and Internet use and self-reported time to bed and time out of bed in secondary-school children », *Sleep*, 27, 2004.
123. Garrison M.M. *et al.*, « Media use and child sleep », *Pediatrics*, 128, 2011.
124. AAP, « School start times for adolescents », *Pediatrics*, 134, 2014.
125. Minges K.E. *et al.*, « Delayed school start times and adolescent sleep », *Sleep Med Rev*, 28, 2016.

126. Chang A.M. *et al.*, « Evening use of light-emitting eReaders negatively affects sleep, circadian timing, and next-morning alertness », *Proc Natl Acad Sci USA*, 112, 2015.
127. Tosini G. *et al.*, « Effects of blue light on the circadian system and eye physiology », *Mol Vis*, 22, 2016.
128. Touitou Y. *et al.*, « Disruption of adolescents' circadian clock », *J Physiol Paris*, 110, 2016.
129. Rosen L. *et al.*, « Sleeping with technology », *Sleep Health*, 2, 2016.
130. Gradisar M. *et al.*, « The sleep and technology use of Americans: findings from the National Sleep Foundation's 2011 Sleep in America poll », *J Clin Sleep Med*, 9, 2013.
131. Van den Bulck J., « Adolescent use of mobile phones for calling and for sending text messages after lights out », *Sleep*, 30, 2007.
132. Munezawa T. *et al.*, « The association between use of mobile phones after lights out and sleep disturbances among Japanese adolescents », *Sleep*, 34, 2011.
133. Thomee S. *et al.*, « Mobile phone use and stress, sleep disturbances, and symptoms of depression among young adults – a prospective cohort study », *BMC Public Health*, 11, 2011.
134. Schoeni A. *et al.*, « Symptoms and Cognitive Functions in Adolescents in Relation to Mobile Phone Use during Night », *PLoS One*, 10, 2015.
135. Adams S. *et al.*, « Sleep Quality as a Mediator Between Technology-Related Sleep Quality, Depression, and Anxiety », *Cyberpsychol Behav Soc Netw*, 16, 2013.
136. Paavonen E.J. *et al.*, « TV exposure associated with sleep disturbances in 5- to 6-year-old children », *J Sleep Res*, 15, 2006.
137. Dworak M. *et al.*, « Impact of singular excessive computer game and television exposure on sleep patterns and memory performance of school-aged children », *Pediatrics*, 120, 2007.
138. Walker M.P., « The role of slow wave sleep in memory processing », *J Clin Sleep Med*, 5, 2009.
139. Wilckens K.A. *et al.*, « Slow-Wave Activity Enhancement to Improve Cognition », *Trends Neurosci*, 41, 2018.
140. King D.L. *et al.*, « The impact of prolonged violent video-gaming on adolescent sleep: an experimental study », *J Sleep Res*, 22, 2013.
141. OCDE, « L'égalité des sexes dans l'éducation [FR] », OCDE, 2015.
142. Tisseron S., in Buthigieg R. et al.,« La télévision est-elle un danger pour les enfants ? [FR] », TeleStar, n° 1830, 29 octobre-4 novembre 2011.
143. Vandewater E.A. *et al.*, « Digital childhood: electronic media and technology use among infants, toddlers, and preschoolers », *Pediatrics*, 119, 2007.
144. Eggermont S. *et al.*, « Nodding off or switching off? The use of popular media as a sleep aid in secondary-school children », *J Paediatr Child Health*, 42, 2006.
145. Wise R.A., « Brain reward circuitry », *Neuron*, 36, 2002.
146. Hinkley T. *et al.*, « Early childhood electronic media use as a predictor of poorer well-being », *JAMA Pediatr*, 168, 2014.
147. Kasser T., *The High Price of Materialism*, MIT Press, 2002.
148. Public Health England, « How healthy behaviour supports children's wellbeing », gov.uk, 2013.
149. Kross E. *et al.*, « Facebook use predicts declines in subjective well-being in young adults », *PLoS One*, 8, 2013.
150. Verduyn P. *et al.*, « Passive Facebook usage undermines affective well-being: Experimental and longitudinal evidence », *J Exp Psychol Gen*, 144, 2015.
151. Tromholt M., « The Facebook Experiment », *Cyberpsychol Behav Soc Netw*, 19, 2016.
152. Lin L.Y. *et al.*, « Association between Social Media Use and Depression among U.S. Young

Adults », *Depress Anxiety*, 33, 2016.

153. Primack B.A. *et al.*, « Social Media Use and Perceived Social Isolation Among Young Adults in the U.S », *Am J Prev Med*, 53, 2017.

154. Primack B.A. *et al.*, « Association between media use in adolescence and depression in young adulthood », *Arch Gen Psychiatry*, 66, 2009.

155. Costigan S.A. *et al.*, « The health indicators associated with screen-based sedentary behavior among adolescent girls », *J Adolesc Health*, 52, 2013.

156. Shakya H.B. *et al.*, « Association of Facebook Use With Compromised Well-Being », *Am J Epidemiol*, 185, 2017.

157. Babic M. *et al.*, « Longitudinal associations between changes in screen-time and mental health outcomes in adolescents », *Ment Health Phys Act*, 12, 2017.

158. Twenge J. *et al.*, « Increases in Depressive Symptoms, Suicide-Related Outcomes, and Suicide Rates Among U.S. Adolescents After 2010 and Links to Increased New Media Screen Time », *Clin Psychol Sci*, 6, 2018.

159. Twenge J.M. *et al.*, « Decreases in Psychological Well-Being Among American Adolescents After 2012 and Links to Screen Time During the Rise of Smartphone Technology », *Emotion*, 2018.

160. Kelly Y. *et al.*, « Social Media Use and Adolescent Mental Health », *EClinicalMedicine*, 2019.

161. Demirci K. *et al.*, « Relationship of smartphone use severity with sleep quality, depression, and anxiety in university students », *J Behav Addict*, 4, 2015.

162. Hunt M. *et al.*, « No More FOMO », *J Soc Clin Psychol*, 37, 2018.

163. Seo J.H. *et al.*, « Late use of electronic media and its association with sleep, depression, and suicidality among Korean adolescents », *Sleep Med*, 29, 2017.

164. Hoare E. *et al.*, « The associations between sedentary behaviour and mental health among adolescents », *Int J Behav Nutr Phys Act*, 13, 2016.

165. Hoge E. *et al.*, « Digital Media, Anxiety, and Depression in Children », *Pediatrics*, 140, 2017.

166. Tisseron S., in Buthigieg R., «La télévision nuit-elle au sommeil?», *Télé Star*, n° 1800, 2–8 avril 2011.

167. « Enquête de santé – Abus d'écrans : notre cerveau en danger ? [FR] », France 5, 23 juin 2020.

168. Royant-Parola S. *et al.*, « The use of social media modifies teenagers' sleep-related behavior [in French] », *Encephale*, 44, 2018.

169. « 18ème Journée du sommeil : le sommeil des jeunes (15–24 ans) [FR] », Enquête INSV/MGEN, institut-sommeil-vigilance.org, 03/2018.

170. Galland B.C. *et al.*, « Establishing normal values for pediatric nighttime sleep measured by actigraphy: a systematic review and meta-analysis », *Sleep*, 41, 2018.

171. Chaput J.P. *et al.*, « Sleeping hours: what is the ideal number and how does age impact this? », *Nat Sci Sleep*, 10, 2018.

172. Przybylski A.K., « Digital Screen Time and Pediatric Sleep: Evidence from a Preregistered Cohort Study », *J Pediatr*, 205, 2019.

173. Maccoby E.E., « Television: Its Impact on School Children », *Public Opin Q*, 15, 1951.

174. Asaoka S. *et al.*, « Does television viewing cause delayed and/or irregular sleep-wake patterns? », *Sleep Biol Rhythms*, 5, 2007.

175. Owen N. *et al.*, « Too much sitting », *Exerc Sport Sci Rev*, 38, 2010.

176. Booth F.W. *et al.*, « Role of Inactivity in Chronic Diseases: Evolutionary Insight and Pathophysiological Mechanisms », *Physiol Rev*, 97, 2017.

177. Dunstan D.W. *et al.*, « Television viewing time and mortality », *Circulation*, 121, 2010.

178. Basterra-Gortari F.J. *et al.*, « Television viewing, computer use, time driving and all-cause mortality », *J Am Heart Assoc*, 3, 2014.
179. Stamatakis E. *et al.*, « Screen-based entertainment time, all-cause mortality, and cardiovascular events: population-based study with ongoing mortality and hospital events follow-up », *J Am Coll Cardiol*, 57, 2011.
180. Katzmarzyk P.T. *et al.*, « Sedentary behaviour and life expectancy in the USA », *BMJ Open*, 2, 2012.
181. Veerman J.L. *et al.*, « Television viewing time and reduced life expectancy », *Br J Sports Med*, 46, 2012.
182. Grontved A. *et al.*, « Television viewing and risk of type 2 diabetes, cardiovascular disease, and all-cause mortality », *JAMA*, 305, 2011.
183. Keadle S.K. *et al.*, « Causes of Death Associated With Prolonged TV Viewing », *Am J Prev Med*, 49, 2015.
184. Allen M.S. *et al.*, « Sedentary behaviour and risk of anxiety », *J Affect Disord*, 242, 2019.
185. van Uffelen J.G. *et al.*, « Sitting-time, physical activity, and depressive symptoms in mid-aged women », *Am J Prev Med*, 45, 2013.
186. Ellingson L.D. *et al.*, « Changes in sedentary time are associated with changes in mental wellbeing over 1 year in young adults », *Prev Med Rep*, 11, 2018.
187. Falck R.S. *et al.*, « What is the association between sedentary behaviour and cognitive function? A systematic review », *Br J Sports Med*, 51, 2017.
188. Hamilton M.T. *et al.*, « Role of low energy expenditure and sitting in obesity, metabolic syndrome, type 2 diabetes, and cardiovascular disease », *Diabetes*, 56, 2007.
189. Zderic T.W. *et al.*, « Identification of hemostatic genes expressed in human and rat leg muscles and a novel gene (LPP1/PAP2A) suppressed during prolonged physical inactivity (sitting) », *Lipids Health Dis*, 11, 2012.
190. Hamburg N.M. *et al.*, « Physical inactivity rapidly induces insulin resistance and microvascular dysfunction in healthy volunteers », *Arterioscler Thromb Vasc Biol*, 27, 2007.
191. Pagani L.S. *et al.*, « Prospective associations between early childhood television exposure and academic, psychosocial, and physical well-being by middle childhood », *Arch Pediatr Adolesc Med*, 164, 2010.
192. Babey S.H. *et al.*, « Adolescent sedentary behaviors », *J Adolesc Health*, 52, 2013.
193. Barr-Anderson D.J. *et al.*, « Characteristics associated with older adolescents who have a television in their bedrooms », *Pediatrics*, 121, 2008.
194. Bennett G.G. *et al.*, « Television viewing and pedometer-determined physical activity among multiethnic residents of low-income housing », *Am J Public Health*, 96, 2006.
195. Carlson S.A. *et al.*, « Influence of limit-setting and participation in physical activity on youth screen time », *Pediatrics*, 126, 2010.
196. Jago R. *et al.*, « BMI from 3–6 y of age is predicted by TV viewing and physical activity, not diet », *Int J Obes (Lond)*, 29, 2005.
197. Salmon J. *et al.*, « Television viewing habits associated with obesity risk factors », *Med J Aust*, 184, 2006.
198. LeBlanc A.G. *et al.*, « Correlates of Total Sedentary Time and Screen Time in 9–11 Year-Old Children around the World », *PLoS One*, 10, 2015.
199. MacBeth Williams T. *et al.*, in *The Impact of Television: a Natural Experiment in Three Communities* (ed. MacBeth Williams T.), « Television and other leisure activities », Academic

Press, 1986.

200. Tomkinson G. *et al.*, in *Pediatric Fitness. Secular Trends and Geographic Variability* (eds. Tomkinson G. *et al.*), « Secular Changes in Pediatric Aerobic Fitness Test Performance », Karger, 2007.

201. Tomkinson G.R. *et al.*, « Temporal trends in the cardiorespiratory fitness of children and adolescents representing 19 high-income and upper middle-income countries between 1981 and 2014 », *Br J Sports Med*, 53, 2019.

202. Morales-Demori R. *et al.*, « Trend of Endurance Level Among Healthy Inner-City Children and Adolescents Over Three Decades », *Pediatr Cardiol*, 38, 2017.

203. Fédération française de cardiologie, « Depuis 40 ans, les enfants ont perdu près de 25% de leur capacité cardio-vasculaire ! [FR] » Communiqué de presse, fedecardio.org, 02/2016.

204. Ferreira I. *et al.*, « Environmental correlates of physical activity in youth-a review and update », *Obes Rev*, 8, 2007.

205. Ding D. *et al.*, « Neighborhood environment and physical activity among youth a review », *Am J Prev Med*, 41, 2011.

206. Tremblay M.S. *et al.*, « Systematic review of sedentary behaviour and health indicators in school-aged children and youth », *Int J Behav Nutr Phys Act*, 8, 2011.

207. de Rezende L.F. *et al.*, « Sedentary behavior and health outcomes », *PLoS One*, 9, 2014.

208. Chinapaw M.J. *et al.*, « Relationship between young peoples' sedentary behaviour and biomedical health indicators », *Obes Rev*, 12, 2011.

209. Landhuis E. *et al.*, « Programming obesity and poor fitness », *Obesity (Silver Spring)*, 16, 2008.

210. Lepp A. *et al.*, « The relationship between cell phone use, physical and sedentary activity, and cardiorespiratory fitness in a sample of U.S. college students », *Int J Behav Nutr Phys Act*, 10, 2013.

211. Gopinath B. *et al.*, « Influence of physical activity and screen time on the retinal microvasculature in young children », *Arterioscler Thromb Vasc Biol*, 31, 2011.

212. Newman A.R. *et al.*, « Review of paediatric retinal microvascular changes as a predictor of cardiovascular disease », *Clin Exp Ophthalmol*, 45, 2017.

213. Li L.J. *et al.*, « Can the retinal microvasculature offer clues to cardiovascular risk factors in early life? », *Acta Paediatr*, 102, 2013.

214. Li L.J. *et al.*, « Retinal vascular imaging in early life », *J Physiol*, 594, 2016.

215. Sasongko M.B. *et al.*, « Retinal arteriolar changes », *Microcirculation*, 17, 2010.

216. George M.G. *et al.*, « Prevalence of Cardiovascular Risk Factors and Strokes in Younger Adults », *JAMA Neurol*, 74, 2017.

217. Bejot Y. *et al.*, « Trends in the incidence of ischaemic stroke in young adults between 1985 and 2011 », *J Neurol Neurosurg Psychiatry*, 85, 2014.

218. Santana C.C.A. *et al.*, « Physical fitness and academic performance in youth », *Scand J Med Sci Sports*, 27, 2017.

219. de Greeff J.W. *et al.*, « Effects of physical activity on executive functions, attention and academic performance in preadolescent children », *J Sci Med Sport*, 21, 2018.

220. Donnelly J.E. *et al.*, « Physical Activity, Fitness, Cognitive Function, and Academic Achievement in Children », *Med Sci Sports Exerc*, 48, 2016.

221. Poitras V.J. *et al.*, « Systematic review of the relationships between objectively measured physical activity and health indicators in school-aged children and youth », *Appl Physiol Nutr Metab*, 41, 2016.

222. Janssen I. *et al.*, « Systematic review of the health benefits of physical activity and fitness in school-aged children and youth », *Int J Behav Nutr Phys Act*, 7, 2010.
223. 2018 Physical Activity Guidelines Advisory Committee Scientific Report. U.S. Department of Health and Human Services, health.gov, 02/2018.
224. OMS, « Global recommendations on physical activity for health », who.int, 2010.
225. Piercy K.L. *et al.*, « The Physical Activity Guidelines for Americans », *JAMA*, 320, 2018.
226. Kahlmeier S. *et al.*, « National physical activity recommendations », *BMC Public Health*, 15, 2015.
227. Kalman M. *et al.*, « Secular trends in moderate-to-vigorous physical activity in 32 countries from 2002 to 2010 », *Eur J Public Health*, 25 Suppl 2, 2015.
228. ONAP, *Etat des lieux de l'activité physique et de la sédentarité en france* [FR], onaps.fr, 2018.
229. Katzmarzyk P.T. *et al.*, « Results from the United States 2018 Report Card on Physical Activity for Children and Youth », *J Phys Act Health*, 15, 2018.
230. Varma V.R. *et al.*, « Re-evaluating the effect of age on physical activity over the lifespan », *Prev Med*, 101, 2017.
231. AAP, « Active healthy living », *Pediatrics*, 117, 2006.
232. de Saint-Exupéry A., *Le petit prince* [FR], Gallimard, 1945/1999.
233. Wikenheiser A.M. *et al.*, « Over the river, through the woods », *Nat Rev Neurosci*, 17, 2016.
234. Morton N.W. *et al.*, « Memory integration constructs maps of space, time, and concepts », *Curr Opin Behav Sci*, 17, 2017.
235. Eichenbaum H., « Memory », *Annu Rev Psychol*, 68, 2017.
236. Meyer D.E. *et al.*, « Facilitation in recognizing pairs of words », *J Exp Psychol*, 90, 1971.
237. Anderson J., « A spreading activation theory of memory », *J Verbal Learning Verbal Behav*, 22, 1983.
238. Roediger H. *et al.*, « Creating false memories », *J Exp Psychol Learn Mem Cogn*, 21, 1995.
239. Seamon J. *et al.*, « Creating false memories of words with or without recognition of list items », *Psychol Sci*, 9, 1998.
240. Eichenbaum H., « On the Integration of Space, Time, and Memory », *Neuron*, 95, 2017.
241. Uitvlugt M.G. *et al.*, « Temporal Proximity Links Unrelated News Events in Memory », *Psychol Sci*, 30, 2019.
242. Plassmann H. *et al.*, « Marketing actions can modulate neural representations of experienced pleasantness », *Proc Natl Acad Sci USA*, 105, 2008.
243. Koenigs M. *et al.*, « Prefrontal cortex damage abolishes brand-cued changes in cola preference », *Soc Cogn Affect Neurosci*, 3, 2008.
244. Kuhn S. *et al.*, « Does taste matter? How anticipation of cola brands influences gustatory processing in the brain », *PLoS One*, 8, 2013.
245. McClure S.M. *et al.*, « Neural correlates of behavioral preference for culturally familiar drinks », *Neuron*, 44, 2004.
246. Robinson T.N. *et al.*, « Effects of fast food branding on young children's taste preferences », *Arch Pediatr Adolesc Med*, 161, 2007.
247. Hinton P., « Implicit stereotypes and the predictive brain », *Palgrave Commun*, 3, 2017.
248. Mlodinow L., *Subliminal*, Vintage, 2012.
249. Greenwald A. *et al.*, « Implicit Bias », *Cal L Rev*, 94, 2006.
250. Greenwald A.G. *et al.*, « Statistically small effects of the Implicit Association Test can have societally large effects », *J Pers Soc Psychol*, 108, 2015.
251. Custers R. *et al.*, « The unconscious will », *Science*, 329, 2010.

252. Dijksterhuis A. *et al.*, « The perception-behavior expressway », *Adv Exp Soc Psychol*, 33, 2001.
253. Dijksterhuis A. *et al.*, « Goals, attention, and (un)consciousness », *Annu Rev Psychol*, 61, 2010.
254. Reuben E. *et al.*, « How stereotypes impair women's careers in science », *Proc Natl Acad Sci USA*, 111, 2014.
255. Shih M. *et al.*, « Stereotype Susceptibility », *Psychol Sci*, 10, 1999.
256. Bargh J.A. *et al.*, « Automaticity of social behavior », *J Pers Soc Psychol*, 71, 1996.
257. Brunner T.A. *et al.*, « Reduced food intake after exposure to subtle weight-related cues », *Appetite*, 58, 2012.
258. Aarts H. *et al.*, « Preparing and motivating behavior outside of awareness », *Science*, 319, 2008.
259. Ostria V., « Par le petit bout de la lucarne [FR] », *Les inrockuptibles*, 792, 2011.
260. Anizon E. *et al.*, « "On me transforme en marchand de cerveaux" : quand Patrick Le Lay tentait de se défendre [FR] », telerama.fr, 2020.
261. OMS, « Tabagisme », who.int, 2018.
262. CDC, « Tobacco-Related Mortality », cdc.gov, 2018.
263. Ribassin-Majed L. *et al.*, « Trends in tobacco-attributable mortality in France », *Eur J Public Health*, 25, 2015.
264. Banque mondiale, Données de population 2017 [FR], banquemondiale.org, accès 11/2020.
265. US Census Bureau, 2019 Population estimates, data.census.gov, accès 11/2020.
266. Goodchild M. *et al.*, « Global economic cost of smoking-attributable diseases », *Tob Control*, 27, 2018.
267. OFDT, « Le coût social des drogues en France [FR]», note de synthèse 2015–04, ofdt.fr, 2015.
268. WHO, « WHO report on the global tobacco epidemic », who.int, 2008.
269. WHO, « Tobacco industry interference », who.int, 2012.
270. OMS, « WHO report on the global tobacco epidemic 2017: Monitoring tobacco use and prevention policies », who.int, 2017.
271. WHO, « Tobacco », who.int, 2020.
272. CDC, « Youth and Tobacco Use », cdc.gov, 2019.
273. Gaillard B., « Un cow-boy Marlboro meurt du cancer du poumon [FR] », europe1.fr, 2014.
274. Pearce M., « At least four Marlboro Men have died of smoking-related diseases », latimes.com, 2014.
275. OMS, « Smoke-free movies : from evidence to action », who.int, 2015.
276. Millett C. *et al.*, « European governments should stop subsidizing films with tobacco imagery », *Eur J Public Health*, 22, 2012.
277. Glantz S.A. *et al.*, *The Cigarette Papers*, University of California Press, 1998.
278. Oreskes N. *et al.*, *Merchants of doubt*, Bloombury, 2010.
279. Desmurget M., « La cigarette dans les films, un débat plus narquois qu'étayé [FR] », lemonde.fr, 2017.
280. Commentaires en réactions à l'article de Desmurget M., « La cigarette dans les films, un débat plus narquois qu'étayé [FR] », lemonde.fr, 2017.
281. Felder A., « How comments shape perception of sites' quality-and affect traffic », theatlantic.com, 2014.
282. Polansky J. *et al.*, « Smoking in top - grossing US movies 2018 », escholarship.org, 2019.
283. Gabrielli J. *et al.*, « Industry Television Ratings for Violence, Sex, and Substance Use », *Pediatrics*, 138, 2016.
284. FCC, « The V-Chip: Options to Restrict What Your Children Watch on TV », fcc.gov.
285. Barrientos-Gutierrez I. *et al.*, « Comparison of tobacco and alcohol use in films produced in

Europe, Latin America, and the United States », *BMC Public Health*, 15, 2015.

286. « Tabac et Cinéma (étude conjoints IPSOS, Ligue contre le cancer) [FR] », ligue-cancer.net, 2012.

287. « While you were streaming », truthinitiative.org, 2018.

288. « Preventing Tobacco Use Among Youth and Young Adults. A report of the Surgeon General », U.S. Department of Health and Human Services, 2012.

289. OMS, « WHO report on the global tobacco epidemic 2013: Enforcing bans on tobacco advertising, promotion and sponsorship », who.int, 2013.

290. Freeman B., « New media and tobacco control », *Tob Control*, 21, 2012.

291. Ribisl K.M. *et al.*, « Tobacco control is losing ground in the Web 2.0 era », *Tob Control*, 21, 2012.

292. Elkin L. *et al.*, « Connecting world youth with tobacco brands », *Tob Control*, 19, 2010.

293. Richardson A. *et al.*, « The cigar ambassador », *Tob Control*, 23, 2014.

294. Liang Y. *et al.*, « Exploring how the tobacco industry presents and promotes itself in social media », *J Med Internet Res*, 17, 2015.

295. Liang Y. *et al.*, « Characterizing Social Interaction in Tobacco-Oriented Social Networks », *Sci Rep*, 5, 2015.

296. Kostygina G. *et al.*, « "Sweeter Than a Swisher" », *Tob Control*, 25, 2016.

297. Cortese D. *et al.*, « Smoking Selfies », *SM+S*, 4, 2018.

298. Barrientos-Gutierrez T. *et al.*, « Video games and the next tobacco frontier: smoking in the Starcraft universe », *Tob Control*, 21, 2012.

299. Forsyth S.R. *et al.*, « Tobacco Content in Video Games », *Nicotine Tob Res*, 21, 2019.

300. Forsyth S.R. *et al.*, « "Playing the Movie Directly" », *Annu Rev Nurs Res*, 36, 2018.

301. « Played: Smoking and Video Game », truthinitiative.org, 2016.

302. « Some video games glamorize smoking so much that cigarettes can help players win », truthinitiative.org, 2018.

303. « Are video games glamorizing tobacco use? », truthinitiative.org, 2017.

304. Ferguson S. *et al.*, « An Analysis of Tobacco Placement in Youtube Cartoon Series The Big Lez Show », *Nicotine Tob Res*, 2019.

305. Richardson A. *et al.*, « YouTube: a promotional vehicle for little cigars and cigarillos? », *Tob Control*, 23, 2014.

306. Tsai F.J. *et al.*, « Portrayal of tobacco in Mongolian language YouTube videos: policy gaps », *Tob Control*, 25, 2016.

307. Forsyth S.R. *et al.*, « "I'll be your cigarette – light me up and get on with it" », *Nicotine Tob Res*, 12, 2010.

308. Cranwell J. *et al.*, « Adolescents' exposure to tobacco and alcohol content in YouTube music videos », *Addiction*, 110, 2015.

309. Cranwell J. *et al.*, « Adult and adolescent exposure to tobacco and alcohol content in contemporary YouTube music videos in Great Britain », *J Epidemiol Community Health*, 70, 2016.

310. Knutzen K.E. *et al.*, « Combustible and Electronic Tobacco and Marijuana Products in Hip-Hop Music Videos, 2013–2017 », *JAMA Intern Med*, 178, 2018.

311. Forsyth S.R. *et al.*, « Tobacco imagery in video games », *Tob Control*, 25, 2016.

312. Gentile D., « Pathological video-game use among youth ages 8 to 18 », *Psychol Sci*, 20, 2009.

313. Feldman C., « Grand Theft Auto IV steals sales records », cnn.com, 2008.
314. « Grand Theft Auto V 'has made more money than any film in history' », telegraph.co.uk, 2018.
315. Rideout V. *et al.*, « Generation M2 : Media in the lives of 8–18 year-olds », Kaiser Family Foundation, 2010.
316. Worth K. *et al.*, « Character Smoking in Top Box Office Movies », truthinitiative.org, 2007.
317. Charlesworth A. *et al.*, « Smoking in the movies increases adolescent smoking », *Pediatrics*, 116, 2005.
318. Polansky J. *et al.*, « First-Run Smoking Presentations in U.S. Movies 1999–2006 », Center for Tobacco Control Research And Education (UCSF), 2007.
319. National Cancer Institute, « Davis R.M., « The Role of the Media in Promoting and Reducing Tobacco Use», Tobacco Control Monograph No. 19, National Cancer Institute, 2008. », cancer.gov, 2008.
320. « The Health Consequences of Smoking – 50 Years of Progress. A report of the Surgeon General », U.S. Department of Health and Human Services, 2014.
321. CDC, « Smoking in the Movies », cdc.gov, 2017.
322. Cancer Council Australia, « Position statement. Smoking in movies », cancer.org.au, 2007.
323. NCI, « Tobacco Control Monograph No. 19 : The Role of the Media in Promoting and Reducing Tobacco Use », National Cancer Institute, 2008.
324. Arora M. *et al.*, « Tobacco use in Bollywood movies, tobacco promotional activities and their association with tobacco use among Indian adolescents », *Tob Control*, 21, 2012.
325. Hanewinkel R. *et al.*, « Exposure to smoking in popular contemporary movies and youth smoking in Germany », *Am J Prev Med*, 32, 2007.
326. Hull J.G. *et al.*, « A longitudinal study of risk-glorifying video games and behavioral deviance », *J Pers Soc Psychol*, 107, 2014.
327. Morgenstern M. *et al.*, « Smoking in movies and adolescent smoking », *Thorax*, 66, 2011.
328. Sargent J.D. *et al.*, « Exposure to movie smoking », *Pediatrics*, 116, 2005.
329. Sargent J.D. *et al.*, « Effect of seeing tobacco use in films on trying smoking among adolescents », *BMJ*, 323, 2001.
330. Thrasher J.F. *et al.*, « Exposure to smoking imagery in popular films and adolescent smoking in Mexico », *Am J Prev Med*, 35, 2008.
331. Depue J.B. *et al.*, « Encoded exposure to tobacco use in social media predicts subsequent smoking behavior », *Am J Health Promot*, 29, 2015.
332. Cranwell J. *et al.*, « Alcohol and Tobacco Content in UK Video Games and Their Association with Alcohol and Tobacco Use Among Young People », *Cyberpsychol Behav Soc Netw*, 19, 2016.
333. Dalton M.A. *et al.*, « Early exposure to movie smoking predicts established smoking by older teens and young adults », *Pediatrics*, 123, 2009.
334. Sargent J.D. *et al.*, « Influence of motion picture rating on adolescent response to movie smoking », *Pediatrics*, 130, 2012.
335. Hancox R.J. *et al.*, « Association between child and adolescent television viewing and adult health », *Lancet*, 364, 2004.
336. Watkins S.S. *et al.*, « Neural mechanisms underlying nicotine addiction », *Nicotine Tob Res*, 2, 2000.
337. Gutschoven K. *et al.*, « Television viewing and smoking volume in adolescent smokers »,

Prev Med, 39, 2004.
338. Lochbuehler K. *et al.*, « Attentional bias in smokers », *J Psychopharmacol*, 25, 2011.
339. Baumann S.B. *et al.*, « Smoking cues in a virtual world provoke craving in cigarette smokers », *Psychol Addict Behav*, 20, 2006.
340. Sargent J.D. *et al.*, « Movie smoking and urge to smoke among adult smokers », *Nicotine Tob Res*, 11, 2009.
341. Tong C. *et al.*, « Smoking-related videos for use in cue-induced craving paradigms », *Addict Behav*, 32, 2007.
342. Shmueli D. *et al.*, « Effect of smoking scenes in films on immediate smoking », *Am J Prev Med*, 38, 2010.
343. Wagner D.D. *et al.*, « Spontaneous action representation in smokers when watching movie characters smoke », *J Neurosci*, 31, 2011.
344. OMS, « Global status report on alcohol and health 2018 », who.int, 2018.
345. « Australian guidelines to reduce health risks from drinking alcohol », nhmrc.gov.au, 2009.
346. « The surgeon general's call to action to prevent and reduce underage drinking », nih.gov, 2007.
347. IARD, « Minimum Legal Age Limits », 2019.
348. Squeglia L.M. *et al.*, « Alcohol and Drug Use and the Developing Brain », *Curr Psychiatry Rep*, 18, 2016.
349. Squeglia L.M. *et al.*, « The effect of alcohol use on human adolescent brain structures and systems », *Handb Clin Neurol*, 125, 2014.
350. Grant B.F. *et al.*, « Age at onset of alcohol use and its association with DSM-IV alcohol abuse and dependence », *J Subst Abuse*, 9, 1997.
351. INVS, « L'alcool, toujours un facteur de risque majeur pour la santé en France [FR] », *BEH*, 16–18, 2013.
352. Bonnie R.J. et al., «Reducing Underage Drinking: A Collective Responsibility» Report from the National Research Council, National Academies Press, 2004.
353. « The Impact of Alcohol Advertising», Report of the National Foundation for Alcohol Prevention, europa.eu, 2007.
354. CDC, « Youth exposure to alcohol advertising on television », *MMWR Morb Mortal Wkly Rep*, 62, 2013.
355. Dal Cin S. *et al.*, « Youth exposure to alcohol use and brand appearances in popular contemporary movies », *Addiction*, 103, 2008.
356. Jernigan D.H. *et al.*, « Self-Reported Youth and Adult Exposure to Alcohol Marketing in Traditional and Digital Media », *Alcohol Clin Exp Res*, 41, 2017.
357. Barry A.E. *et al.*, « Alcohol Marketing on Twitter and Instagram », *Alcohol Alcohol*, 51, 2016.
358. Simons A. *et al.*, « Alcohol Marketing on Social Media », eucam.info, 2017.
359. Eisenberg M.E. *et al.*, « What Are We Drinking? Beverages Shown in Adolescents' Favorite Television Shows », *J Acad Nutr Diet*, 117, 2017.
360. Hendriks H. *et al.*, « Social Drinking on Social Media », *J Med Internet Res*, 20, 2018.
361. Keller-Hamilton B. *et al.*, « Tobacco and Alcohol on Television », *Prev Chronic Dis*, 15, 2018.
362. Lobstein T. *et al.*, « The commercial use of digital media to market alcohol products », *Addiction*, 112 Suppl 1, 2017.

363. Primack B.A. *et al.*, « Portrayal of alcohol intoxication on YouTube », *Alcohol Clin Exp Res*, 39, 2015.
364. Primack B.A. *et al.*, « Portrayal of Alcohol Brands Popular Among Underage Youth on YouTube », *J Stud Alcohol Drugs*, 78, 2017.
365. Anderson P. *et al.*, « Impact of alcohol advertising and media exposure on adolescent alcohol use », *Alcohol Alcohol*, 44, 2009.
366. Hanewinkel R. *et al.*, « Portrayal of alcohol consumption in movies and drinking initiation in low-risk adolescents », *Pediatrics*, 133, 2014.
367. Hanewinkel R. *et al.*, « Exposure to alcohol use in motion pictures and teen drinking in Germany », *Int J Epidemiol*, 36, 2007.
368. Jernigan D. *et al.*, « Alcohol marketing and youth alcohol consumption », *Addiction*, 112 Suppl 1, 2017.
369. Mejia R. *et al.*, « Exposure to Alcohol Use in Movies and Problematic Use of Alcohol », *J Stud Alcohol Drugs*, 80, 2019.
370. Waylen A. *et al.*, « Alcohol use in films and adolescent alcohol use », *Pediatrics*, 135, 2015.
371. Hanewinkel R. *et al.*, « Longitudinal study of parental movie restriction on teen smoking and drinking in Germany », *Addiction*, 103, 2008.
372. Hanewinkel R. *et al.*, « Longitudinal study of exposure to entertainment media and alcohol use among german adolescents », *Pediatrics*, 123, 2009.
373. Tanski S.E. *et al.*, « Parental R-rated movie restriction and early-onset alcohol use », *J Stud Alcohol Drugs*, 71, 2010.
374. Engels R.C. *et al.*, « Alcohol portrayal on television affects actual drinking behaviour », *Alcohol Alcohol*, 44, 2009.
375. Koordeman R. *et al.*, « Effects of alcohol portrayals in movies on actual alcohol consumption », *Addiction*, 106, 2011.
376. Koordeman R. *et al.*, « Do we act upon what we see? Direct effects of alcohol cues in movies on young adults' alcohol drinking », *Alcohol Alcohol*, 46, 2011.
377. Koordeman R. *et al.*, « Exposure to soda commercials affects sugar-sweetened soda consumption in young women. An observational experimental study », *Appetite*, 54, 2010.
378. OMS, « Obésité et surpoids [FR] », who.int, 2018.
379. GBD *et al.*, « Health Effects of Overweight and Obesity in 195 Countries over 25 Years », *N Engl J Med*, 377, 2017.
380. AAP, « Children, adolescents, obesity, and the media », *Pediatrics*, 128, 2011.
381. Robinson T.N. *et al.*, « Screen Media Exposure and Obesity in Children and Adolescents », *Pediatrics*, 140, 2017.
382. World Cancer Research Fund, « Diet, nutrition and physical activity », wcrf.org, 2018.
383. Wu L. *et al.*, « The effect of interventions targeting screen time reduction », *Medicine (Baltimore)*, 95, 2016.
384. Kelly C., « Lutte contre l'obésité infantile : Les paradoxes de la télévision, partenaire d'une régulation à la française [FR] », lemonde.fr, 2010.
385. « Association of Canadian Advertisers Comment for the Consultation Regarding Health Canada's June 10, 2017 "Marketing to Children" Proposal », acaweb.ca, 2017.
386. Wilcock D. *et al.*, « Boris's junk food ad ban would be a 'slap in the face' for food industry after it 'worked so hard during coronavirus', insiders say-as advertisers blast 'significant impact at a time when the economy is already under strain' », dailymail.co.uk, 2020.

387. Zimmerman F.J., « Using marketing muscle to sell fat », *Annu Rev Public Health*, 32, 2011.
388. Cairns G. *et al.*, « Systematic reviews of the evidence on the nature, extent and effects of food marketing to children. A retrospective summary », *Appetite*, 62, 2013.
389. Boyland E.J. *et al.*, « Television advertising and branding. Effects on eating behaviour and food preferences in children », *Appetite*, 62, 2013.
390. Boyland E.J. *et al.*, « Advertising as a cue to consume: a systematic review and meta-analysis of the effects of acute exposure to unhealthy food and nonalcoholic beverage advertising on intake in children and adults », *Am J Clin Nutr*, 103, 2016.
391. Boyland E. *et al.*, « Digital Food Marketing to Young People: A Substantial Public Health Challenge », *Ann Nutr Metab*, 76, 2020.
392. Castello-Martinez A. *et al.*, « Obesity and food-related content aimed at children on YouTube », *Clin Obes*, 10, 2020.
393. Qutteina Y. *et al.*, « Media food marketing and eating outcomes among pre-adolescents and adolescents: A systematic review and meta-analysis », *Obes Rev*, 20, 2019.
394. Qutteina Y. *et al.*, « What Do Adolescents See on Social Media? A Diary Study of Food Marketing Images on Social Media », *Front Psychol*, 10, 2019.
395. Smith R. *et al.*, « Food Marketing Influences Children's Attitudes, Preferences and Consumption: A Systematic Critical Review », *Nutrients*, 11, 2019.
396. Russell S.J. *et al.*, « The effect of screen advertising on children's dietary intake: A systematic review and meta-analysis », *Obes Rev*, 20, 2019.
397. Harris J.L. *et al.*, « A crisis in the marketplace », *Annu. Rev. Public Health*, 30, 2009.
398. Zimmerman F.J. *et al.*, « Associations of television content type and obesity in children », *Am. J. Public Health*, 100, 2010.
399. Veerman J.L. *et al.*, « By how much would limiting TV food advertising reduce childhood obesity? », *Eur J Public Health*, 19, 2009.
400. Chou S. *et al.*, « Food Restaurant Advertising on Television and Its Influence on Childhood Obesity », *J Law Econ*, 51, 2008.
401. Lobstein T. *et al.*, « Evidence of a possible link between obesogenic food advertising and child overweight », *Obes Rev*, 6, 2005.
402. UFC-QueChoisir, « Marketing télévisé pour les produits alimentaires à destination des enfants [FR] », quechoisir.irg, 2010.
403. Dalton M.A. *et al.*, « Child-targeted fast-food television advertising exposure is linked with fast-food intake among pre-school children », *Public Health Nutr*, 20, 2017.
404. Utter J. *et al.*, « Associations between television viewing and consumption of commonly advertised foods among New Zealand children and young adolescents », *Public Health Nutr*, 9, 2006.
405. Miller S.A. *et al.*, « Association between television viewing and poor diet quality in young children », *Int J Pediatr Obes*, 3, 2008.
406. Dixon H.G. *et al.*, « The effects of television advertisements for junk food versus nutritious food on children's food attitudes and preferences », *Soc Sci Med*, 65, 2007.
407. Wiecha J.L. *et al.*, « When children eat what they watch », *Arch Pediatr Adolesc Med*, 160, 2006.
408. Hill J.O., « Can a small-changes approach help address the obesity epidemic? A report of the Joint Task Force of the American Society for Nutrition, Institute of Food Technologists, and International Food Information Council », *Am J Clin Nutr*, 89, 2009.

409. Hall K.D. *et al.*, « Quantification of the effect of energy imbalance on bodyweight », *Lancet*, 378, 2011.
410. Birch L.L., « Development of food preferences », *Annu Rev Nutr*, 19, 1999.
411. Gugusheff J.R. *et al.*, « The early origins of food preferences », *FASEB J*, 29, 2015.
412. Breen F.M. *et al.*, « Heritability of food preferences in young children », *Physiol Behav*, 88, 2006.
413. Haller R. *et al.*, « The influence of early experience with vanillin on food preference later in life », *Chem Senses*, 24, 1999.
414. Whitaker R.C. *et al.*, « Predicting obesity in young adulthood from childhood and parental obesity », *N Engl J Med*, 337, 1997.
415. Bouchard C., « Childhood obesity », *Am J Clin Nutr*, 89, 2009.
416. Boswell R.G. *et al.*, « Food cue reactivity and craving predict eating and weight gain », *Obes Rev*, 17, 2016.
417. Schor J., *The Overspent American*, HarperPerennial, 1998.
418. Schor J., *The Overworked American*, Basic Books, 1991.
419. « Etude Nutrinet-Santé. Etat d'avancement et résultats préliminaires 3 ans après le lancement [FR] », etude-nutrinet-sante.fr, 2012.
420. Rubinstein S. *et al.*, « Is Miss America an undernourished role model? », *JAMA*, 283, 2000.
421. Volonte P., « The thin ideal and the practice of fashion », *J Consum Cult*, 19, 2019.
422. Record K.L. *et al.*, « "Paris Thin" : A Call to Regulate Life-Threatening Starvation of Runway Models in the US Fashion Industry », *Am J Public Health*, 106, 2016.
423. Swami V. *et al.*, « Body image concerns in professional fashion models: are they really an at-risk group? », *Psychiatry Res*, 207, 2013.
424. Tovee M.J. *et al.*, « Supermodels: stick insects or hourglasses? », *Lancet*, 350, 1997.
425. Fryar C. *et al.*, « Prevalence of Underweight Among Adults Aged 20 and Over: United States, 1960–1962 Through 2015–2016 », cdc.gov, 2018.
426. Mears A., *Pricing Beauty: The Making of a Fashion Model* University of California Press, 2011.
427. Effron L. *et al.*, « Fashion Models: By the Numbers », abcnews.go.com, 14/09/2011.
428. CDC, « Anthropometric Reference Data for Children and Adults: United States, 2011–2014 », cdc.gov, 2016.
429. Greenberg B.S. *et al.*, « Portrayals of overweight and obese individuals on commercial television », *Am J Public Health*, 93, 2003.
430. Flegal K.M. *et al.*, « Prevalence and trends in obesity among US adults, 1999–2008 », *JAMA*, 303, 2010.
431. Pont S.J. *et al.*, « Stigma Experienced by Children and Adolescents With Obesity », *Pediatrics*, 140, 2017.
432. Puhl R.M. *et al.*, « The stigma of obesity », *Obesity (Silver Spring)*, 17, 2009.
433. Puhl R.M. *et al.*, « Stigma, obesity, and the health of the nation's children », *Psychol Bull*, 133, 2007.
434. Karsay K. *et al.*, « "Weak, Sad, and Lazy Fatties" : Adolescents' Explicit and Implicit Weight Bias Following Exposure to Weight Loss Reality TV Shows », *Media Psychol*, 22, 2019.
435. Grabe S. *et al.*, « The role of the media in body image concerns among women », *Psychol Bull*, 134, 2008.
436. Becker A.E. *et al.*, « Eating behaviours and attitudes following prolonged exposure to

television among ethnic Fijian adolescent girls », *Br J Psychiatry*, 180, 2002.

437. AAP, « Policy statement – sexuality, contraception, and the media », *Pediatrics*, 126, 2010.

438. Kunkel D. *et al.*, « Sex on TV-4 », kff.org, 2005.

439. Bleakley A. *et al.*, « Trends of sexual and violent content by gender in top-grossing U.S. films, 1950–2006 », *J Adolesc Health*, 51, 2012.

440. Bleakley A. *et al.*, « It Works Both Ways », *Media Psychol*, 11, 2008.

441. Ashby S.L. *et al.*, « Television viewing and risk of sexual initiation by young adolescents », *Arch Pediatr Adolesc Med*, 160, 2006.

442. Collins R.L. *et al.*, « Relationships Between Adolescent Sexual Outcomes and Exposure to Sex in Media », *Dev Psychol*, 47, 2011.

443. Brown J.D. *et al.*, « Sexy media matter », *Pediatrics*, 117, 2006.

444. O'Hara R.E. *et al.*, « Greater exposure to sexual content in popular movies predicts earlier sexual debut and increased sexual risk taking », *Psychol Sci*, 23, 2012.

445. Wright P., « Mass Media Effects on Youth Sexual Behavior Assessing the Claim for Causality », *Ann Int Comm Ass*, 35, 2011.

446. Collins R.L. *et al.*, « Watching sex on television predicts adolescent initiation of sexual behavior », *Pediatrics*, 114, 2004.

447. Chandra A. *et al.*, « Does watching sex on television predict teen pregnancy? Findings from a national longitudinal survey of youth », *Pediatrics*, 122, 2008.

448. Wingood G.M. *et al.*, « A prospective study of exposure to rap music videos and African American female adolescents' health », *Am J Public Health*, 93, 2003.

449. Quadrara A. *et al.*, « The effects of pornography on children and young people, Research Report, Australian Institute of Family Studies », aifs.gov.au, 2017.

450. Australian Psychological Society, « Submission to the Senate Environment and Communications References Committee Inquiry into the harm being done to Australian children through access to pornography on the internet », psychology.org.au, 2016.

451. Flood M., « The harms of pornography exposure among children and young people », *Child Abuse Review*, 18, 2009.

452. Ybarra M.L. *et al.*, « X-rated material and perpetration of sexually aggressive behavior among children and adolescents: is there a link? », *Aggress Behav*, 37, 2011.

453. Peter J. *et al.*, « Adolescents and Pornography: A Review of 20 Years of Research », *J Sex Res*, 53, 2016.

454. Collins R.L. *et al.*, « Sexual Media and Childhood Well-being and Health », *Pediatrics*, 140, 2017.

455. Principi N. *et al.*, « Consumption of sexually explicit internet material and its effects on minors' health: latest evidence from the literature », *Minerva Pediatr*, 2019.

456. Gestos M. *et al.*, « Representation of Women in Video Games: A Systematic Review of Literature in Consideration of Adult Female Wellbeing », *Cyberpsychol Behav Soc Netw*, 21, 2018.

457. Dill K. *et al.*, « Effects of exposure to sex-stereotyped video game characters on tolerance of sexual harassment », *J Exp Soc Psychol*, 44, 2008.

458. Stermer S. *et al.*, « SeX-Box: Exposure to sexist video games predicts benevolent sexism », *Psychol Pop Media Cult*, 4, 2015.

459. Stermer S. *et al.*, « Xbox or SeXbox? An Examination of Sexualized Content in Video Games », *Soc Pers Psychol Comp*, 6, 2012.

460. Ward L., « Media and Sexualization: State of Empirical Research, 1995–2015 », *J Sex Res*, 53, 2016.

461. Gabbiadini A. *et al.*, « Grand Theft Auto is a "Sandbox" Game, but There are Weapons, Criminals, and Prostitutes in the Sandbox: Response to Ferguson and Donnellan (2017) », *J Youth Adolesc*, 46, 2017.

462. Gabbiadini A. *et al.*, « Acting like a Tough Guy: Violent-Sexist Video Games, Identification with Game Characters, Masculine Beliefs, & Empathy for Female Violence Victims », *PLoS One*, 11, 2016.

463. Fox J. *et al.*, « Lifetime Video Game Consumption, Interpersonal Aggression, Hostile Sexism, and Rape Myth Acceptance: A Cultivation Perspective », *J Interpers Violence*, 31, 2016.

464. Begue L. *et al.*, « Video Games Exposure and Sexism in a Representative Sample of Adolescents », *Front Psychol*, 8, 2017.

465. Kahneman D., *Thinking, Fast and Slow*, Farrar, Straus and Giroux, 2011.

466. Danziger S. *et al.*, « Extraneous factors in judicial decisions », *Proc Natl Acad Sci USA*, 108, 2011.

467. Wansink B., *Mindless eating*, Bantam Books, 2007.

468. Zuboff S., *The Age of Surveillance Capitalism*, Profiles Books, 2019.

469. Cadwalladr C., « Fresh Cambridge Analytica leak 'shows global manipulation is out of control' », theguardian.com, 2020.

470. Confessore N., « Cambridge Analytica and Facebook: The Scandal and the Fallout So Far », nytimes.com, 2018.

471. Wylie C., *Mindf*ck*, Random House, 2019.

472. « The Great Hack », Documentary, Netflix, 2019

473. Dixon T., in *Race And Gender in Electronic Media* (ed. Lind R.), « Understanding How the Internet and Social Media Accelerate Racial Stereotyping and Social Division: The Socially Mediated Stereotyping Modelnull », Taylor & Francis, 2017.

474. Dixon T. *et al.*, in *Oxford Research Encyclopedia of Communication*, « Media Constructions of Culture, Race, and Ethnicity », Oxford University Press, 2019.

475. Appel M. *et al.*, « Do Mass Mediated Stereotypes Harm Members of Negatively Stereotyped Groups? A Meta-Analytical Review on Media-Generated Stereotype Threat and Stereotype Lift », *Comm Res*, 2017.

476. Collectif, « Virtual Violence (AAP Council on Communications and Media) », *Pediatrics*, 138, 2016.

477. Anderson C.A. *et al.*, « Violent video game effects on aggression, empathy, and prosocial behavior in eastern and western countries », *Psychol Bull*, 136, 2010.

478. Greitemeyer T. *et al.*, « Video games do affect social outcomes: A Meta-Analytic Review of the Effects of Violent and Prosocial Video Game Play », *Pers Soc Psychol Bull*, 40, 2014.

479. Bushman B.J. *et al.*, « Understanding Causality in the Effects of Media Violence », *Am Behav Sci*, 59, 2015.

480. Bushman B.J., « Violent media and hostile appraisals: A meta-analytic review », *Aggress Behav*, 42, 2016.

481. Anderson C. *et al.*, « SPSSI Research Summary on Media Violence », *Anal. Soc. Issues Public Policy*, 15, 2015.

482. Calvert S.L. *et al.*, « The American Psychological Association Task Force assessment of

violent video games », *Am Psychol*, 72, 2017.

483. Bender P.K. *et al.*, « The effects of violent media content on aggression », *Curr Opin Psychol*, 19, 2018.

484. Prescott A.T. *et al.*, « Metaanalysis of the relationship between violent video game play and physical aggression over time », *Proc Natl Acad Sci USA*, 115, 2018.

485. Plante C. *et al.*, in *The Wiley Handbook of Violence and Aggression (Vol 1)* (ed. Sturmey P.), « Media, Violence, Aggression, and Antisocial Behavior: Is the Link Causal? », Wiley-Blackwell, 2017.

486. Carey B., « Shooting in the Dark », nytimes.com, 2013.

487. Soullier L., « Jeux vidéo: le coupable idéal [FR] », lexpress.fr, 2012.

488. Bushman B.J. *et al.*, « There is broad consensus », *Psychol Pop Media Cult*, 4, 2015.

489. Bushman B. *et al.*, « Agreement across stakeholders is consensus », *Psychol Pop Media Cult*, 4, 2015.

490. Anderson C. *et al.*, « Consensus on media violence effects », *Psychol Pop Media Cult*, 4, 2015.

491. « Surgeon General's Scientific Advisory Committee on Television and Social Behavior. Television and growing up: The impact of televised violence », Washington, DC: U.S. Government Printing Office, 1972.

492. NSF, « Youth violence: what we need to know », National Science foundation, 2013.

493. « Joint Statement on the Impact of Entertainment Violence on Children », Congressional Public Health Summit, 26 juillet 2000. Signed by: The American Academy of Pediatrics, The American Academy of Child & Adolescent Psychiatry, The American Psychological Association, The American Medical Association, The American Academy of Family Physicians and The American Psychiatric Association, aap.org, accès 08/2010.

494. AAP, « Policy statement – Media violence », *Pediatrics*, 124, 2009.

495. Appelbaum M. et al., « Technical report on the violent video game literature», APA task force on violent media, 2015.

496. ISRA, « Report of the Media Violence Commission », *Aggress Behav*, 38, 2012.

497. Bushman B.J. *et al.*, « Short-term and long-term effects of violent media on aggression in children and adults », *Arch. Pediatr. Adolesc. Med*, 160, 2006.

498. Huesmann L.R. *et al.*, « The role of media violence in violent behavior », *Annu. Rev. Public Health*, 27, 2006.

499. Paik H. *et al.*, « The effects of television violence on antisocial behavior », *Comm Res*, 21, 1994.

500. Anderson C.A. *et al.*, « Effects of violent video games on aggressive behavior, aggressive cognition, aggressive affect, physiological arousal, and prosocial behavior », *Psychol Sci*, 12, 2001.

501. Bushman B. *et al.*, « Twenty-Five Years of Research on Violence in Digital Games and Aggression Revisited », *Eur Psychol*, 19, 2014.

502. Mifflin L., « Many Researchers Say Link Is Already Clear on Media and Youth Violence », nytimes.com, 1999.

503. Bushman B.J. *et al.*, « Media violence and the American public. Scientific facts versus media misinformation », *Am. Psychol*, 56, 2001.

504. Martins N. *et al.*, « A Content Analysis of Print News Coverage of Media Violence and Aggression Research », *J Commun*, 63, 2013.

505. Rideout V., « The common sense census : Media use by tweens and teens », Common sense media, 2015.
506. Strasburger V.C. *et al.*, « Why is it so hard to believe that media influence children and adolescents? », *Pediatrics*, 133, 2014.
507. Ferguson C.J., « No Consensus Among Scholars on Media Violence », huffingtonpost.com, 2013.
508. Ferguson C.J., « Video Games Don't Make Kids Violent », time.com, 2011.
509. Ferguson C.J., « Stop Blaming Violent Video Games », usnews.com, 2016.
510. DeCamp W. *et al.*, « The Impact of Degree of Exposure to Violent Video Games, Family Background, and Other Factors on Youth Violence », *J Youth Adolesc*, 46, 2017.
511. Ferguson C.J., « Do Angry Birds Make for Angry Children? A Meta-Analysis of Video Game Influences on Children's and Adolescents' Aggression, Mental Health, Prosocial Behavior, and Academic Performance », *Perspect Psychol Sci*, 10, 2015.
512. Ferguson C.J., « A further plea for caution against medical professionals overstating video game violence effects », *Mayo Clin Proc*, 86, 2011.
513. Ferguson C.J. *et al.*, « The public health risks of media violence », *J Pediatr*, 154, 2009.
514. Ferguson C.J., « The good, the bad and the ugly », *Psychiatr Q*, 78, 2007.
515. Ferguson C., « Evidence for publication bias in video game violence effects literature », *Aggress Violent Behav*, 12, 2007.
516. Bushman B. *et al.*, « Much ado about something: Reply to Ferguson and Kilburn (2010) », *Psychol Bull*, 136, 2010.
517. Gentile D.A., « What Is a Good Skeptic to Do? The Case for Skepticism in the Media Violence Discussion », *Perspect Psychol Sci*, 10, 2015.
518. Boxer P. *et al.*, « Video Games Do Indeed Influence Children and Adolescents' Aggression, Prosocial Behavior, and Academic Performance », *Perspect Psychol Sci*, 10, 2015.
519. Rothstein H.R. *et al.*, « Methodological and Reporting Errors in Meta-Analytic Reviews Make Other Meta-Analysts Angry: A Commentary on Ferguson (2015) », *Perspect Psychol Sci*, 10, 2015.
520. Comprehensive Meta-Analysis, meta-analysis.com, accès 10/2020
521. Borenstein M. *et al.*, *Introduction to Meta-Analysis*, Wiley & Sons, 2009.
522. Borenstein M. *et al.*, *Computing Effect Sizes for Meta-analysis*, Wiley & Sons, 2018.
523. Rothstein H.R. *et al.*, *Publication Bias in Meta-Analysis*, Wiley & Sons, 2005.
524. Borenstein M. *et al.*, « A basic introduction to fixed-effect and random-effects models for meta-analysis », *Res Synth Methods*, 1, 2010.
525. Borenstein M. *et al.*, « Basics of meta-analysis », *Res Synth Methods*, 8, 2017.
526. Valentine J.C. *et al.*, « How Many Studies Do You Need? », *J. Educ. Behav. Stat*, 35, 2010.
527. Anderson C.A. *et al.*, « Psychology. The effects of media violence on society », *Science*, 295, 2002.
528. Federman J., *National Television Violence Study, Vol. 3*, Sage, 1998.
529. Carver C.S. *et al.*, « Modeling: An Analysis in Terms of Category Accessibility », *J Exp Soc Psychol*, 19, 1983.
530. Bushman B., « Priming Effects of Media Violence on the Accessibility of Aggressive Constructs in Memory », *Pers Soc Psychol Bull*, 24, 1998.
531. Zillmann D. *et al.*, « Effects of prolonged exposure to gratuitous media violence on provoked and unprovoked hostile behavior », *J Appl Soc Psychol*, 29, 1999.

532. Leyens J.P. *et al.*, « Effects of movie violence on aggression in a field setting as a function of group dominance and cohesion », *J Pers Soc Psychol*, 32, 1975.
533. Lovaas O.I., « Effect of exposure to symbolic aggression on aggressive behavior », *Child Dev*, 32, 1961.
534. Liebert R.M. *et al.*, in *Television and Social Behavior. Reports and Papers, Vol. II. Television and Social Learning* (eds. Murray J.P. *et al.*), « Short term effects of television aggression on children's aggressive behavior », US Government Printing Office, 1972.
535. Hasan Y. *et al.*, « The more you play, the more aggressive you become: A long-term experimental study of cumulative violent video game effects on hostile expectations and aggressive behavior », *J Exp Soc Psychol*, 49, 2013.
536. Robinson T.N. *et al.*, « Effects of reducing children's television and video game use on aggressive behavior: a randomized controlled trial », *Arch Pediatr Adolesc Med*, 155, 2001.
537. Joy L.A. *et al.*, in *The Impact of Television: a Natural Experiment in Three Communities* (ed. MacBeth Williams T.), « Television and Children's Aggressive Behavior », Academic Press, 1986.
538. Zimmerman F.J. *et al.*, « Early cognitive stimulation, emotional support, and television watching as predictors of subsequent bullying among grade-school children », *Arch Pediatr Adolesc Med*, 159, 2005.
539. Christakis D.A. *et al.*, « Violent television viewing during preschool is associated with antisocial behavior during school age », *Pediatrics*, 120, 2007.
540. Huesmann L.R. *et al.*, « Longitudinal relations between children's exposure to TV violence and their aggressive and violent behavior in young adulthood », *Dev Psychol*, 39, 2003.
541. Anderson C.A. *et al.*, « Longitudinal effects of violent video games on aggression in Japan and the United States », *Pediatrics*, 122, 2008.
542. Graber J. *et al.*, « A Longitudinal Examination of Family, Friend, and Media Influences on Competent Versus Problem Behaviors Among Urban Minority Youth », *Appl Dev Sci*, 10, 2006.
543. Johnson J.G. *et al.*, « Television viewing and aggressive behavior during adolescence and adulthood », *Science*, 295, 2002.
544. Krahe B. *et al.*, « Longitudinal effects of media violence on aggression and empathy among German adolescents », *J Appl Dev Psychol*, 31, 2010.
545. Moller I. *et al.*, « Exposure to violent video games and aggression in German adolescents: a longitudinal analysis », *Aggress Behav*, 35, 2009.
546. Bandura A., *Social learning theory*, Prentice Hall, 1977.
547. Dominick J. *et al.*, in *Television and Social Behavior. Reports and Papers, Vol. III. Television and adolescent aggressiveness* (eds. Comstock G. *et al.*), « Attitudes towards violence », US Government Printing Office, 1972.
548. Huesmann L.R. *et al.*, « Children's normative beliefs about aggression and aggressive behavior », *J Pers Soc Psychol*, 72, 1997.
549. Funk J.B. *et al.*, « Violence exposure in real-life, video games, television, movies, and the internet: is there desensitization? », *J Adolesc*, 27, 2004.
550. Krahe B. *et al.*, « Playing violent electronic games, hostile attributional style, and aggression-related norms in German adolescents », *J Adolesc*, 27, 2004.
551. Uhlmann E. *et al.*, « Exposure to violent video games increases automatic aggressiveness », *J Adolesc*, 27, 2004.
552. Tighe T. *et al.*, *Habituation*, Routledge, 1976.

553. Dalton P., « Psychophysical and behavioral characteristics of olfactory adaptation », *Chem Senses*, 25, 2000.

554. Anderson C.A. *et al.*, « The Influence of Media Violence on Youth », *Psychol Sci Public Interest*, 4, 2003.

555. Nias D.K., « Desensitisation and media violence », *J Psychosom Res*, 23, 1979.

556. Brockmyer J.F., « Playing violent video games and desensitization to violence », *Child Adolesc Psychiatr Clin N Am*, 24, 2015.

557. Prot S. *et al.*, « Long-term relations among prosocial-media use, empathy, and prosocial behavior », *Psychol Sci*, 25, 2014.

558. Hummer T., « Media Violence Effects on Brain Development », *Am Behav Sci*, 59, 2015.

559. Kelly C.R. *et al.*, « Repeated exposure to media violence is associated with diminished response in an inhibitory frontolimbic network », *PLoS One*, 2, 2007.

560. Strenziok M. *et al.*, « Fronto-parietal regulation of media violence exposure in adolescents », *Soc Cogn Affect Neurosci*, 6, 2011.

561. Strenziok M. *et al.*, « Lower lateral orbitofrontal cortex density associated with more frequent exposure to television and movie violence in male adolescents », *J Adolesc Health*, 46, 2010.

562. Cline V.B. *et al.*, « Desensitization of children to television violence », *J Pers Soc Psychol*, 27, 1973.

563. Thomas M.H. *et al.*, « Desensitization to portrayals of real-life aggression as a function of exposure to television violence », *J. Pers. Soc. Psychol*, 35, 1977.

564. Bartholow B. *et al.*, « Chronic violent video game exposure and desensitization to violence: Behavioral and event-related brain potential data », *J Exp Soc Psychol*, 42, 2006.

565. Montag C. *et al.*, « Does excessive play of violent first-person-shooter-video-games dampen brain activity in response to emotional stimuli? », *Biol Psychol*, 89, 2012.

566. Gentile D. *et al.*, « Differential neural recruitment during violent video game play in violent-and nonviolent-game players », *Psychol Pop Media Cult*, 5, 2016.

567. Engelhardt C. *et al.*, « This is your brain on violent video games », *J Exp Soc Psychol*, 47, 2011.

568. Fanti K.A. *et al.*, « Desensitization to media violence over a short period of time », *Aggress Behav*, 35, 2009.

569. Cantor J., in *Handbook of Children and the Media* (eds. Singer D.G. *et al.*), « The media and children's fears, anxieties, and perception of danger », Sage Publications, 2001.

570. Houston J., « Media Coverage of Terrorism: A Meta-Analytic Assessment of Media Use and Posttraumatic Stress », *Journal Mass Commun Q*, 86, 2009.

571. Wilson B.J., « Media and children's aggression, fear, and altruism », *Future Child*, 18, 2008.

572. Hopwood T. *et al.*, « Psychological outcomes in reaction to media exposure to disasters and large-scale violence: A meta-analysis », *Psychol Violence*, 7, 2017.

573. Pearce L. *et al.*, « The Impact of "Scary" Tv and Film on Children's Internalizing Emotions: A Meta-Analysis », *Hum Commun Res*, 42, 2016.

574. Pettit H., « Countries that play more violent video games such as Grand Theft Auto and Call of Duty have FEWER murders », dailymail.co.uk, 2017.

575. Fisher M., « Ten-country comparison suggests there's little or no link between video games and gun murders », thewashingtonpost.com, 2012.

576. Abad-Santos A., « Don't Blame Violent Video Games for Monday's Mass Shooting », theatlantic.com, 2013.

577. Murphy M., « Nations where video games like Call of Duty, Halo, and Grand Theft Auto are

hugely popular have FEWER murders and violent assaults », thesun.co.uk, 2017.

578. Roeder O. *et al.*, « What caused the crime decline? », Brennan Center for Justice, 2015.

579. Carpenter D.O. *et al.*, « Environmental causes of violence », *Physiol Behav*, 99, 2010.

580. National Research Council, *Understanding Crime Trends: Workshop Report*, The National Academies Press, 2008.

581. Shader M., « Risk Factors for Delinquency », US Department of Justice, 2004.

582. Levitt S., « Understanding Why Crime Fell in the 1990s: Four Factors that Explain the Decline and Six that Do Not », *J Econ Perspect*, 18, 2004.

583. Greenfeld L., « Alcohol and Crime », U.S. Department of Justice, 1998.

584. Kain E., « As Video Game Sales Climb Year Over Year, Violent Crime Continues To Fall », forbes.com, 2012.

585. Markey P. *et al.*, « Violent video games and real-world violence », *Psychol Pop Media Cult*, 4, 2015.

586. Garcia V., « Les jeux vidéo violents réduisent-ils la criminalité ? [FR] », lexpress.fr, 2014.

587. « Les jeux vidéo violents réduiraient la criminalité [FR] », 7sur7.be, 2014.

588. ESA, « Essential Facts About Games and Violence », theesa.com, 2016.

589. Supreme Court of the United States, Brown vs EMA (No 08-1448), supremecourt.gov, 06/2011.

590. Bushman B.J. *et al.*, « Supreme Court decision on violent video games was based on the First Amendment, not scientific evidence », *Am Psychol*, 69, 2014.

591. Liptak A., « Justices Reject Ban on Violent Video Games for Children », nytimes.com, 2011.

结 语

1. Reich W., *Écoute, petit homme* [FR], Payot & Rivages, 1973.

2. Postman N., *The Disappearance of childhood*, Vintage Book, 1994/1982.

3. Santi P., « Ecrans : appel des académies à une "vigilance raisonnée" [FR] », lemonde.fr, 2019.

4. Sophocle, *Antigone* [FR], Hachette, 1868.

5. Bowles N., « A Dark Consensus About Screens and Kids Begins to Emerge in Silicon Valley », nytimes.com, 2018.

6. Desmurget M., *L'Antirégime au quotidien* [FR], Belin, 2017.

7. Castellion S., in Zweig S., *The Right to Heresy: Castellio Against Calvin*, The Viking Press, 1936.

出版后记

数字化时代已经到来。大到云计算、智慧＋，小到智能家居、日益先进的个人设备，数字技术越来越深地嵌入我们的日常生活，电子设备无处不在。因此毫不意外，年轻的家长们很容易想到把一部分的育儿压力转嫁给"电子保姆"，让电子产品也进入幼儿的世界。殊不知，"电子保姆"的陪伴隐藏着巨大的危险。

相较于 2019 年初版于法国的版本，本次中文版的内容经过作者修订，更新了最新数据（如图 1 的数据由 2015 年换为 2019 年），增添了最近发表的研究；删除了过于法国化的内容，并对一些段落进行了重新组织。最终，我们得到了这个更适合国际市场、更精简和更科学的新版本。另外，本书的讨论对象是 Des Écrans，直译为屏幕，一般指的是带屏幕（供观看、互动）的电子产品，在有些语境中，它又与数码产品的含义有重叠。在中译时，考虑到通常的语言习惯，我们最终选择了"电子产品"这一更通俗的译名。

正如作者所展示的，电子产品的普及远非毫无问题，它需要在很多方面进行严格的限制，尤其在涉及孩子们时。衷心希望中译本的出版能有助于让更多的人认识到这一点。

服务热线：133-6631-2326　188-1142-1266

服务信箱：reader@hinabook.com

后浪出版公司

2022 年 7 月

图书在版编目（CIP）数据

制造白痴：电子产品如何威胁下一代 / (法) 米歇尔·
德米尔热 (Michel Desmurget) 著；杜若琳译 . —广州：
广东旅游出版社 , 2022.11
　　ISBN 978-7-5570-2857-2

Ⅰ . ①制… Ⅱ . ①米… ②杜… Ⅲ . ①电子产品—影
响—青少年教育—研究 Ⅳ . ① G775

中国版本图书馆 CIP 数据核字 (2022) 第 158738 号

La Fabrique du Crétin Digital: Les Dangers des Écrans pour Nos Enfants by
Michel Desmurget
　　Copyright © Éditions du Seuil, 2019 © Éditions du Seuil, 2020 for the abridge
and updated version
　　First published by Éditions du Seuil, Paris
　　Current Chinese translation rights arranged through Divas International, Paris.
　　Simplified Chinese edition copyright © 2022 Ginkgo (Shanghai) Book Co., Ltd.
　　All rights reserved.

巴黎迪法国际版权代理（www.divas-books.com）
本书简体中文版权归属于银杏树下（上海）图书有限责任公司
图字：19-2022-135 号

出 版 人：刘志松　　　　　　　选题策划：后浪出版公司
著　　者：〔法〕米歇尔·德米尔热　译　　者：杜若琳
出版统筹：吴兴元　　　　　　　责任编辑：方银萍
编辑统筹：张　鹏　　　　　　　特约编辑：费佳伦
责任校对：李瑞苑　　　　　　　责任技编：冼志良
装帧制造：墨白空间·杨和唐　　营销推广：ONEBOOK

制造白痴：电子产品如何威胁下一代
ZHIZAO BAICHI: DIANZI CHANPIN RUHE WEIXIE XIAYIDAI

广东旅游出版社出版发行
（广州市荔湾区沙面北街 71 号）
邮编：510130
印刷：北京天宇万达印刷有限公司　　开本：889 毫米 ×1194 毫米　1/32
字数：230 千字　　　　　　　　　　印张：10.25
版次：2022 年 11 月第 1 版第 1 次印刷　定价：58.00 元